国家社科基金
后期资助项目

制度建设中的试验机制：以相对集中行政处罚权制度为案例的研究

Institution Building by the Experiment:
A Case Study on the System of Urban Administrative
Enforcement in China

李 振 著

中国社会科学出版社

图书在版编目（CIP）数据

制度建设中的试验机制：以相对集中行政处罚权制度为案例的研究/李振著 . —北京：中国社会科学出版社，2019.6
ISBN 978 - 7 - 5203 - 3009 - 1

Ⅰ.①制… Ⅱ.①李… Ⅲ.①行政处罚法—研究—中国 Ⅳ.①D922.112.4

中国版本图书馆 CIP 数据核字（2018）第 186510 号

出 版 人	赵剑英
责任编辑	赵　丽
责任校对	闫　萃
责任印制	王　超

出　　版	中国社会科学出版社
社　　址	北京鼓楼西大街甲 158 号
邮　　编	100720
网　　址	http://www.csspw.cn
发 行 部	010 - 84083685
门 市 部	010 - 84029450
经　　销	新华书店及其他书店
印　　刷	北京明恒达印务有限公司
装　　订	廊坊市广阳区广增装订厂
版　　次	2019 年 6 月第 1 版
印　　次	2019 年 6 月第 1 次印刷
开　　本	710×1000　1/16
印　　张	15.5
插　　页	2
字　　数	278 千字
定　　价	66.00 元

凡购买中国社会科学出版社图书，如有质量问题请与本社营销中心联系调换
电话：010 - 84083683
版权所有　侵权必究

国家社科基金后期资助项目
出 版 说 明

后期资助项目是国家社科基金设立的一类重要项目，旨在鼓励广大社科研究者潜心治学，支持基础研究多出优秀成果。它是经过严格评审，从接近完成的科研成果中遴选立项的。为扩大后期资助项目的影响，更好地推动学术发展，促进成果转化，全国哲学社会科学工作办公室按照"统一设计、统一标识、统一版式、形成系列"的总体要求，组织出版国家社科基金后期资助项目成果。

全国哲学社会科学工作办公室

序

王绍光

这是一部有关中国城管体制变革的研究。

说到"城管",很多人头脑中联想的第一个画面,可能是对摊贩的驱赶。其实,正如李振在这本书中指出的,所谓"城管"是指对城市经济、社会秩序相关的各类事务进行管理,涉及市容环境卫生管理、规划管理、绿化管理、市政管理、环境保护管理、工商行政管理、公安交通管理等诸多方面,绝不仅限于对摊贩的规管;但也不可否认,摊贩管理是世界各国城市管理的一个难点与痛点。

这本书关注的理论重心是,制度变迁如何发生?但先于"如何发生",还有一个"为何发生"的问题。限于篇幅,这篇序言无法面面俱到,它试图从长时段历史的视角,考察一下城市管理的一个侧面,即人类社会的城市市场管理体制为何会发生变化,以及这种变化趋向何方。

有城市,才会产生对其经济、社会秩序管不管、归谁管、管什么、怎么管等问题。人类历史长达300万年,前299万多年,并不存在城管问题。人类最早记录的城市位于美索不达米亚平原的苏美尔地区,即今日科威特和伊拉克的所在,距今约5700年。在此前后,今天中国的土地上也出现了城市的雏形(如位于湖南澧县的头山城,位于浙江余杭地区的良渚古城等)。

在城市史的最初一两千年,它们数目很少,规模不大,结构简单、发展缓慢。除了抵御外敌、遏制暴力、敬奉神明外,那时的主政者似乎对城市事务几乎放手不管。在对美索不达米亚地区古城乌尔城(Ur)遗址进行发掘时,考古学家观察到,其街道的地面不断升高,以至于原来房屋的大门深陷地下,这是因为渣土、垃圾被抛弃在街道上,猪狗牛羊随意在城里游荡,留下遍地排泄物,日复一日、年复一年,越堆越高,从未有人清除。对如此污浊的生活环境都听任不管,遑论其他。

2 制度建设中的试验机制：以相对集中行政处罚权制度为案例的研究

到公元前2000年左右，随着生产力水平提高、人口达到一定规模、农产品在自给自足之外有了剩余，市场出现在城市中。在苏美尔的表意文字中，市场一词呈Y形，意指市场往往位于道路的交汇之处；其他文明中城市市场的位置大概也是如此。最早的市场上也许很少有固定门店，绝大多数进行交易的主体都是街边摊贩。那时对市场是否有人规管，我们不得而知。

到了中国的西周时期（公元前1046年至公元前771年），政府对市场的组织与管理已形成一套制度，其核心是在各个城市的特定空间里，由王国、侯国设立固定的交易场所，即"市"。市有营业时间限制，朝开夕闭。市中列肆成行、摊位林立，按商品种类分布；在其中经商的摊贩需缴纳"市租""市税"以获得"市籍"。王城与各诸侯国在"市"内设立主管交易的各级专职官员："司市"为市场管理的总负责人；"胥师"是市场分片的负责人，并负责辨别货物的真假；"贾师"掌管物价；此外，还有维持市场秩序、禁止斗嚣的"司虣"，缉捕盗贼的"司稽"，查验度量衡与产品质量的"质人"，以及征收商税的"廛人"。这时官府管的主要是，什么商品可以入"市"流通？什么人、用什么方式、满足什么条件，可以入"市"参与交易。

同样的情形也出现在稍晚的古希腊、古罗马时期。例如，在公元前5世纪至公元前4世纪，雅典的公职人员中包括10位城市法监（负责维持街道整洁与秩序，执行市政法规），10位市场法监（负责维持市场秩序，处理虚假广告、售卖伪劣产品、价格欺诈等），以及分工更专门的监察员（规管粮食零售、粮食批发、市场用度量衡等事务）。又如，在被罗马帝国征服的那些城市，原本的军政首长（strategus）降格为仅能监督市场、维持街道秩序的官员。不过，设置专职官员未必就能带来城市秩序井然。在古罗马讽刺诗人马休尔（Martial，40—102年）笔下，罗马城的许多街道两旁挤满了屠户、酒铺、剃头铺，以及杂货店的坛坛罐罐，杂乱无章。

秦统一天下后，中国的城郡数目逐渐增加。西汉时，包括县、邑、道、国四类的县级单位共计1587个。此后，除东汉等例外时期，中原地区的县治数目稳定在1500个左右，一直延续至清代。宋代以后，在县治之下，还出现了一些市与镇，致使城市人口比重一度超过22%；到清代，市、镇数目达三万多个。中国古代城镇有的规模宏大，如唐天宝年间的长安（今西安，60万人）、北宋的东京（今开封，人口超百万）与南宋的临安（今杭州，约250万人）。不过，南宋是中国古代城市化的巅峰；其后直到20世纪，中国境内再也没有出现过人口超过150万的大都市，绝大多数城镇的人口都不到一万，城市人口比重也下滑至清末的7%左右。

从先秦到唐代，城镇中的商业活动一直被限定在"市"内进行，其相关制度安排也代代因袭。例如，西汉长安城内有东、西九市，市门有专人看守，叫作"监门市卒"。班固《西都赋》这样描述当时长安城兴盛的商品经济："九市开场，货别隧分。人不得顾，车不得旋，阗城溢郭，旁流百廛。红尘四合，烟云相连。"其他十几个大中城市同样设有"市"。几百年后，唐代长安也设有东、西两市，作为交易的集中场所，封闭运作，聚散以时，由市署和平准署主管。因朝代更替，主管市场的官署名称也许不断变化，但他们的功能与运作方式与先秦时期、秦汉时期几乎没有什么变化。这种制度安排之所以得以延续两千余年，是因为它简单易行：把交易限制在特定的空间与时间之内。

时空限制便于管理，但对商业发展形成人为障碍。中唐以后，已有工商店铺冲破"市"的樊篱，渗入"里坊"（居民区）之内。到五代后周（公元951—960年）时，民间"侵街"的冲击力之大，朝廷不得不做出让步，拓宽街道。进入北宋，面对东京"侵街"浪潮日高的局面，宋太宗与宋真宗时期曾严加禁止，又是发诏令，又是立"表木"，试图恢复了唐时的里坊制。但"侵街"潮流势不可当；到宋仁宗时，新的街坊制取代了以往封闭的里坊制。从此以后，坊内店肆、临街店肆、夹街店肆层出不穷；店肆之外，还有无数走街串巷的摊贩。繁华街市在孟元老（北宋末南宋初年人）的《东京梦华录》中以及在张择端（北宋画家，1085—1145年）的《清明上河图》中有生动的描绘。这就是说，北宋中期以后，对于市场的时空限制已经失效。

而在西方，罗马帝国于公元476年灭亡后，整个欧洲的历史进入长期动荡不安的中世纪。乱世中，原有的市镇普遍衰落；残留下来的市镇退化为教会的集会场所，即由地方教士掌控的所谓"主教城市"。那时，在教堂门前的空地上，往往会形成一个定期集市，由主教控制，并从中提取税收。市场之所以设在教堂附近，一是因为居民常常在教堂相聚；二是因为便于教会把持市场特权；破坏市场规约会遭受严厉的惩罚。

公元11—12世纪以后，欧洲重新出现一些城镇，其规模普遍很小，人口很少能超过两万。这些自治市或多或少摆脱了教会与封建领主的控制；通过赎买、讨价还价、斗争，或通过这些手段的综合使用，它们赢得了举办和规管定期市场的权力。这时的中国已经放弃了对市场的时空限制，而欧洲的市场则开始实行严格的时空控制。从那时直到19—20世纪以前，欧洲市政当局对其市场的运作严加管控，目的是从许可证、租金与税款中获取可观的收益。它们规定集市的空间位置与开闭时间，并在其中设立永久性摊位、库房，以便识别与控制。凡是在集市内销售的商品，其摊位、定价、推销方式、支付方式、存储地点都必须符合市政当局的规定，服从市政当局的查验。位于市场中心的市政厅是自治市活动的中心，它最初也是市场的一部分，往往被用来出售较为珍贵、适于室内保管与销售的商品。设有许许多多的摊位的市场同时也是公众集会、举办盛典、文体表演、处罚罪犯的场所。

在商品经济不太发达时，这种时空控制的规管方式问题也许不大，但免不了闭市后仍有人进行交易，在市场外活动的走街商贩也一直是市政当局面临的棘手问题。随着商品经济的发展，对市场的时空限制驱使越来越多的商家寻求封闭集市以外的营商机会，更不要提那些走街串巷的小商小贩了。

到17—18世纪，尽管官府的限制依然很严，欧洲城市已经出现一批在家中或旅舍里偷偷摸摸做买卖的人，或者走街串巷的货郎。与那些留在市场内做生意的人相比，场外的商家不必缴费，也少了官家干预的烦恼：他们可以不受开市闭市的时间限制，可以避开与同行挤在一起相互竞争，可以任意定价、任意选择销售与支付方式，具有相当多的优势。这种西式的"侵街"现象也许一直或隐或现地存在了好几个世纪，但此时已呈愈演愈烈之势。久而久之，圈内的市场与周边和附近的商铺逐渐连成了一片，使得市场原有的边界越来越模糊，直至失去任何意义。与此同时，越来越多的商人与小贩选择到各处的街头开店或叫卖。

以上描述显示，工业革命之前，无论在中国，还是在西方，在城市当局眼里，违反规定在市场之外进行交易也许是个问题，但占街摊贩本身并没有什么。瑞典学者吉迪恩·斯乔贝格（Gideon Sjoberg）在其名著《前工业化城市：过去与现在》中这样描述那时的街道：走街串巷的商贩四处叫卖，数不清的小店与摊位犬牙交错，地上铺满了待售的货品，挤占了路人的通道，让他们难以挪步。再加上玩耍跑动的孩子，交头接耳的闲人，满处乱窜的猪狗牛羊，城里拥挤不堪，热闹非凡，"可以说，经济活动的理性化几乎完全不存在"。其实，这还不是街景的全部。美国学者林·H. 乐芙兰（Lyn H. Lofland）在《陌生人的世界：城市公共空间的秩序与行为》中进一步补充，不仅大部分交易是在街头完成的，其他许多人类活动也发生在街头：垃圾被倾倒在街头，大小便遗留在街头，马车、牛车在街头穿行，乞丐在街头讨要，老师在街头给学生上课，艺人表演在街头招徕观众，集会在街头进行，鞭刑、绞刑、死囚示众也发生在街头。乐芙兰据此提出了自己的理论概括：前工业化城市的公共空间与私人空间是混杂在一起的；那时的城市看似乱七八糟，但不是无序或失序，而是那时对秩序有着与现代完全不同的理解。

工业革命之后，在18—19世纪的欧美，沿街固定门面的商店后来居上，逐渐成为商业零售的主流；1850年后，又出现了百货商店这种新业态。伴随这场"零售革命"而来的是对公共空间秩序的理解发生变化：在公共空间，有些行为是被允许的，另一些行为则不再是被允许的。市政当局开始对摊贩加以限制；不过，集市与摊贩从未完全消失，只是其所占份额有所下降，不再像此前千百年那样，在城市生活中唱主角。事实上，直到18世纪末，巴黎当时最繁华的商业街区（如圣奥诺雷路）还满是摊位和叫卖的小贩。对17—18世纪的英国街市，历史学家常用"难看无比"或"杂乱无章"来形容。即使到19世纪中叶，据统计伦敦还有43600个小贩，沿街叫卖鱼虾、水果、蔬菜、肉类、鲜花等等。从19世纪初开始，比利时的市政当局几次三番试图禁止街头叫卖，但直到19世纪末，这种现象依然十分常见。而19世纪末美国城市的主道被装货、卸货、等客的马车堵塞得一塌糊涂，人行道上则挤满了摊贩、卖艺者、皮条客、娼妓和寻求工作机会的工人。

至于中国的情形，王笛所著的《街头文化：成都公共空间、下层民众与地方政治，1870—1930》中有生动的描述。19世纪末、20世纪初，除了交通功能外，中国的街道普遍用作自由市场与休闲空间。"20世纪以前地方官员很少控制集市、市场、小贩和店铺"；"商人、小贩没有任何限制地在街头出售商品"；"大多数游动商贩挑着担子沿街叫卖，他们的货摊可分为行摊、坐摊和地摊。当夜晚来临，交通不再拥挤之时，一些街道又变成熙熙攘攘的夜市"。直到1902年，成都才建立警察机构，开始限制街头商业活动，尤其是小贩的活动。

19世纪末、20世纪初，汽车开始出现在城市中。这种新型交通工具的问世为各国政府出台一系列措施、限制街头摊贩提供了一个绝佳的理由。以纽约为例，对于摊贩，在大约半个世纪里，市政府曾采取过几种不同的策略。最初，尽管它的法规不允许小贩在任何一个地点停留超过15分钟或半个小时，大量小贩依然满街转悠，与执勤警察捉迷藏。到1912年时，纽约的摊贩协会有5000位拥有营业执照的成员，而没有执照的摊贩估计高达22000人之多。这些小贩在城里各处形成了很多非法街市。到1913年，政府拿出了第二招：在几个公路桥下设立了摊贩市场，其设想用把小贩们圈起来的方式，避免他们影响交通与市容。不过，第一次世界大战开始后,美国遭遇粮食短缺与商品流通问题,迫使政府再次调整小贩政策:开放了几十条街道作为集市地点。到20世纪30年代初,纽约共有60个这样的街市。最后,在拉瓜迪亚(Fiorello Henry La Guardia)担任市长期间(1934—1945),纽约开始大举压制摊贩。他一方面关闭了绝大多数街市;另一方面将全市小贩执照数量从7000锐减至1000左右,残留下来的摊贩还被强制进入9个封闭的室内市场营业。到20世纪40年代初,纽约街头的摊贩已经很少见了;其他美国城市也大同小异,以至于1940年的人口普查不再将"摊贩"列为一种职业。

纽约追求的现代都市秩序也正是美国以及世界各地其他城市或迟或早会追求的。这就是说,到20世纪,世界各国的市政当局已产生了某种共识:街头摊贩堵塞交通、有碍观瞻,与现代城市秩序背道而驰,有必要加以限制,甚至取缔。但在不同地方和时点,追求这个目标的方式不尽相同。

在大洋这边的上海,我们可以考察一下三个时点的情形。

第一个时点是国民政府所谓"黄金十年"里的1936年。那一年,茅盾先生主编过《中国的一日》,收录了469篇来稿,记述在当年5月21日这一天里发生的事。其中一篇题为"整饬市容",说的是上海警察如何挥舞警棍驱赶、追打菜贩。

第二个时点是抗战胜利后的1946年。那一年,发生了震惊全国的"上海摊贩事件":当局厉行取缔摊贩,危及十万以上摊贩的生计,导致成千上万的摊贩多次上街抗争,引发大规模的冲突。

第三个时点是1949—1956年间。上海解放不到一个月,政府就颁布了《管理摊贩暂行规则》,但新中国没有采取强行取缔摊贩的做法。事实上,从1949年12月到1955年,上海摊贩数量不降反升,从8.5万户增加到19万多户,这是因为政府在考虑摊贩生计的同时,把整顿重点放在解决交通、市容、工商税收等实际问题上,而不是一禁了之;具体做法是,千方百计地将流动摊贩变为固定摊贩。当然,这期间,上海也走过弯路:1951年下半年,负责摊贩管理的市工商局曾采取了"限制发展,逐步淘汰"的方针,一度造成摊贩们的恐慌;到1953年上半年它才顺应民情,回到了"区别不同情况,逐步进行改造"的思路上。到1956年,上海完成了对摊贩的社会主义改造,将他们组织成一批实行统一经营、共负盈亏的合作商店,或实行统一进货、分散经营、各负盈亏的合作小组,把无序的摊贩纳入有序的商业网点之中,并在实现全行业公私合营后,将摊贩市场按行业交由相关专业公司管理。至此,中华人民共和国成立初期摊贩混乱的局面彻底改观。其他中国城市，如北京、武汉，做法与效果大致相同。如果查阅《人民日报》上"摊贩""小贩"出现的词频，就会发现，1956年以后，这两个词几乎从《人民日报》上消失了；直到1979年以后才重新出现。

再回头看1940年代以后的纽约。摊贩大体消失后，有些市民开始怀念有生气、有活力的街道，结果1960年代一批持牌摊贩重新现身，成为城市的点缀。但在接下来的1970—1980年代，移民潮却导致纽约（以及其他美国城市）出现大批没有营业执照的非法摊贩。用一位学者的话说，这时，在"第一世界"的城市里，出现了"第三世界"的现象。1983年，纽约通过的第17号地方法，有史以来第一次对摊贩牌照数量作出上限：全市只发放牌照给853个一般商品摊贩与3000个流动食品摊贩，并对他们的营业地点作出明确的限制。第二年，多条街市被关闭。1985年，以特朗普牵头的第五大道商会要求市长郭德华（Ed Koch，1978—1989年在位）认真执行法律，清理街头摊贩；作为回应，纽约警察局内新设了一支由34位警官组成的"街头摊贩工作队"（The Street Vendor Task Force），负责对违规摊贩进行罚款，甚至逮捕。更值得注意的是，由詹姆士·威尔逊（James Q. Wilson）及乔治·凯林（George L. Kelling）于1982年提出的"破窗理论"受到郭德华的青睐，并开始推进所谓"生活质量执法"（Quality-of-life policing）。尽管如此，成千上万拿不到牌照的摊贩还是在纽约街头兜揽生意。

在对付犯罪与失序方面，郭德华的继任者一个比一个强硬。戴维·丁金斯市长（David Dinkins，1990—1993年在位）上任后就推出"安全城市、安全街道"法规，任期内增加了5000名警察，并于1993年设立了一个社区法庭，专门处理"损害生活质量"案件，包括无证摊贩问题。鲁迪·朱利安尼（Rudy Giuliani，1994—2001年在位）竞选市长时的口号就是"法律与秩序"；上任后，他任命的摊贩审议四人小组（Street Vendor Review Panel）对摊贩关闭了130条街道。1994年10月17日驱赶125街上的摊贩时，纽约动用了大量警力，逮捕了22名摊贩。因此，有学者把这位市长的所作所为称之为"复仇主义"（Revanchism）。但即便是这位以"零容忍"著称的市长，最终也没有成功把摊贩完全赶出曼哈顿中心区。为了对付不守规矩的摊贩，继任市长迈克尔·布隆伯格（Michael Bloomberg，2002—2013年在位）还把最高刑罚提升至了1000美金或/和3个月监禁，并在2006—2010年间发出了127758张违规通知单。纽约的法院每年处理近6万件与摊贩相关的案子，每个摊贩平均每年被罚款433美元，对做小本生意的他们，负担不可谓不重。美国其他城市的情况也差不太多。尽管受到严格管制，美国的摊贩至今还是很多：纽约大约有2万，洛杉矶有1万—5万，全美有约76万之多。

虽然有学者把纽约的个案称作"规管神话"（Regulating fiction），但"零容忍"（或美其名曰"生活质量执法"）却使朱利安尼和他的警察局长威廉·布顿（William Bratton）声名大噪。布顿2002年被聘为洛杉矶警察局长；朱利安尼更是设立了一个安全咨询公司，被墨西哥城、里约热内卢等城市聘为城市公共空间管理的顾问。还有不少第三世界的城市（如厄瓜多尔的首都基多、哥伦比亚的首都波哥大）也纷纷效仿纽约的做法来处理自己的摊贩问题。

既然纽约的做法在纽约都不怎么成功，把它移植到第三世界国家的城市，效果可想而知。以墨西哥城为例，遵照朱利安尼的建议，它于2004年通过整顿城市失序的法律（所谓《文明文化法》）；于2007年年初吊销了所有街头摊贩的许可证；于2007年10月部署2000警察清除街头摊贩；被拘捕的摊贩数量从2004年的2389人次猛增至2008年的28842人次，以至于被拘捕摊贩占警察拘捕总数的比重一度高达93%。尽管如此，到现在，墨西哥城仍有上十万在册摊贩；除此之外，对许可证和营业地点的严格规管反倒产生了负面效果：相当多的人干脆放弃申请许可，而是径直到街上与警察玩起了猫与鼠的游戏。以摊贩为特征的非正式经济今天仍被认为是墨西哥的生活方式。

同样的情况出现在玻利维亚首都拉巴斯、哥伦比亚首都波哥大、秘鲁首都利马。除了拉丁美洲国家，非洲与亚洲的城市上演着同样的活剧：南非最大城市约翰内斯堡、埃及首都开罗、肯尼亚首都内罗毕、突尼斯首都突尼斯市、印度首都新德里、孟加拉首都达卡、菲律宾首都马尼拉、泰国首都曼谷、马来西亚首都吉隆坡、越南首都河内、韩国首都首尔，它们都有庞大数量的摊贩，少则三五万（如吉隆坡），多则二三十万（如利马、波哥大、新德里）；在首都之外，其他城市的摊贩问题更加严重，几乎每个城市都有那么几个容易发生监管者与摊贩之间冲突的区域。

在中国，改革开放启动后，最早出现的个体户几乎都是摊贩。在20世纪80年代，甚至90年代初期，作为"社会主义经济的必要补充"，摊贩实际上受到鼓励。那时，城市管理虽然已经提上议事日程，但其重要性远低于促进商业发展。这一点，对比《人民日报》上"摊贩"与"城市管理"的词频就很清楚了：在20世纪90年代中期以前，前者的词频一直高于后者。变化发生在1995年之后：1996年，中国的城镇化率突破30%

大关；此前，城镇化率每年平均增加0.7%；此后，城镇化率每年平均增加1.4%，进入城镇化的快车道。恰恰在这个当口，国有企业与集体企业的"抓大放小、减员增效"改革导致其后几年有约6000万城镇职工下岗失业。两股洪流交汇，使得中国各个城市的街头增加了大量的摊贩。于是，我们看到，大约就在这个时点，《人民日报》上"城市管理"的词频第一次超过了"摊贩"的词频，并一直延续至今。

城市管理搞得好的话，可以在保留甚至促进摊贩经济的同时，规范摊贩的行为，解决诸如占道、卫生不达标等问题；但如果搞得不好的话，城管却可能与摊贩发生冲突，并引发市民的不满。从"搞得不好"到"搞得好"也许是个学习过程；从前面提到的其他国家的经历看，这个学习过程很可能相对漫长。

李振这本书讲的是中国故事，即中国城管执法体制从无到有、从挑战重重到走上正轨的故事。李振笔下的城管涉及很多方面（以及与之相关的"相对集中行政处罚权"），而不仅仅限于摊贩管理。但摊贩管理这种世界性难题可以看作整个城市管理的一个缩影。李振这本书告诉我们，相对于其他许多国家，中国在城市管理方面的学习过程是比较快的。这可以从"城管"一词在搜索引擎中的出现频率看出：它高频出现时，意味着城管方面出了问题，引起社会广泛关注；反之，它出现频率很低时，意味着城管工作相当顺利、水波不惊。不管是"百度指数"还是"谷歌趋势"都显示，在21世纪的头十几年，"城管"曾经是个被热搜的词，并一度（2008—2013年）出现奇高的频率；但在过去4—5年，"城管"已不再被热搜，不再是舆论的焦点。从20世纪90年代中后期算起，中国的学习过程大约不到20年，这也正是李振这本书着重分析的时期。

至于为什么中国的制度学习会比较高效，李振这本书对此的实证考察与理论解读都十分精到，无须我在此赘言。读者就把我这篇序言当作该书的引言吧！

香港吐露湾
2018年9月3日

目　录

第一章　导论 …………………………………………………（1）
　一　研究背景及研究问题 ……………………………………（1）
　二　案例选择的原因 …………………………………………（3）
　三　相关概念的厘清 …………………………………………（8）
　四　本书的章节安排 …………………………………………（10）

第二章　比较视野下的制度（政策）试验：一个分析框架 ………（12）
　一　制度（政策）试验及其实践 ……………………………（12）
　二　新制度理念的形成：制度学习 …………………………（30）
　三　研究方法、分析框架与研究假设 ………………………（35）

第三章　新制度的基础：相对集中行政处罚权制度建立前的
　　　　　体制沿革 ………………………………………………（43）
　一　作为城市管理前提的城市：出现及发展历程 …………（43）
　二　从古代到鸦片战争之前：零散的制度与组织 …………（45）
　三　从鸦片战争到1949年之前的城管执法体制 ……………（51）
　四　1949年后的城管执法体制 ………………………………（62）

第四章　制度试验的探索和试点：相对集中行政处罚权
　　　　　制度的出现 ……………………………………………（77）
　一　正式试验前的地方实践 …………………………………（77）
　二　制度试验的正式开始：试点的启动 ……………………（84）
　三　试点经验的初步总结和试点范围的扩大 ………………（99）

第五章 制度试验的总结和扩散：相对集中行政处罚权制度的成熟与推广 …………………………………………… （107）
- 一 试点经验的总结：一次会议和一个《决定》……………… （107）
- 二 试验中的初级制度扩散：城管执法体制由点到面 ………… （113）
- 三 制度试验的结果：允许地区间制度差异的存在 …………… （124）
- 四 制度试验的延续：城管的将来 ……………………………… （131）
- 五 制度试验的外溢：其他领域的"相对集中" ……………… （139）

第六章 制度试验的特征、优势与产生的问题 ……………… （146）
- 一 制度试验模式的特征 ………………………………………… （146）
- 二 试验机制的优势之一：应对制度变迁的不确定性 ………… （150）
- 三 试验机制的优势之二：吸纳更多的参与主体 ……………… （158）
- 四 制度试验的问题之一：新旧制度冲突中的城管 …………… （166）
- 五 制度试验的问题之二："孤独"的城管执法机构和人员 …… （173）

第七章 结论 …………………………………………………… （185）
- 一 本书的基本结论 ……………………………………………… （186）
- 二 如何认识试验机制在当下中国的地位 ……………………… （189）
- 三 本书的现实意义：客观认识当下的中国城管执法体制 …… （193）
- 四 本书存在的不足与进一步研究的方向 ……………………… （201）

附　件 ………………………………………………………… （204）

参考文献 ……………………………………………………… （213）

致　谢 ………………………………………………………… （230）

第一章 导论

一 研究背景及研究问题

近几十年来,已有许多学者注意到制度(institution)对经济社会发展的重要性。[1] 例如,道格拉斯·C. 诺思等人对西方世界崛起的研究认为,制度在社会中具有更为基础性的作用,它们是决定长期经济绩效的根本因素。[2] 如果能搭建良好的经济制度框架,为人们提供激励,则会有助于长远的发展。[3] 更有学者认为,对所有转型国家来说,要实现政治发展,就必须要完成制度化建设的重任。[4] 当然,这里的制度并非仅限于宏观意义上的政治体制(regime)。

良好的制度虽然重要,但并非所有国家或组织都能如愿以偿地建立起

---

[1] 这其中,最突出的代表人物应该是道格拉斯·C. 诺思(Douglass C. North),他以及他的合作者的相关研究包括(但不仅限于):Douglass Cecil North and Robert Paul Thomas, *The Rise of the Western World: A New Economic History*, Cambridge [Eng.]: University Press, 1973; Douglass C. North, *Structure and Change in Economic History*, New York, W. W. Norton, 1980; Douglass North, "Institutions and Economic Growth: An Historical Introduction." *World Development*, Vol. 17, No. 9, 1989, pp. 1319 – 1332; Douglass C. North, *Institutions, Institutional Change and Economic Performance*, Cambridge, Cambridge University Press, 1990; Douglass C. North, "Some Fundamental Puzzles in Economic History/Development." in W. Brian Arthur, Steven N. Durlauf and David A. Lane, ed., *The Economy as an Evolving Complex System II*, London: Addison-Wesley, 1997, pp. 223 – 237.

[2] Douglass C. North, *Institutions, Institutional Change and Economic Performance*, Cambridge, Cambridge University Press, 1990, p. 107.

[3] Douglass North, "Institutions and Economic Growth: An Historical Introduction." *World Development*, Vol. 17, No. 9, 1989, pp. 1319 – 1332.

[4] Samuel P. Huntington, "Political Development and Political Decay." *World Politics*, Vol. 17, No. 3, 1965, pp. 386 – 430; Samuel P. Huntington, *Political Order in Changing Societies*, New Haven: Yale University Press, 1968.

有效的制度。近年来对发展中国家政治制度强度的研究就表明，那里的很多政治制度，大到宪法，小到各种制度或政策，都是既缺乏强度又不稳定的，制度没有得以有效执行的案例比比皆是。[1] 那么，为什么有的国家可以建立良好的或者行之有效的制度，而有的国家却不能呢？即使在同一个国家或组织内部，为什么有的领域能够建立起良好的或者行之有效的制度，而在另外一些领域却不能呢？或者说，那些有效的制度是如何建立起来的呢？

在过去 30 多年里，中国经历了，并且还在经历着经济和社会全方位和快速的变迁和发展；这期间，一大批旧有的制度逐渐消亡，而另一批新的制度被建立起来。这也使得理解和解释中国的转型和崛起成为全世界众多学者关注的焦点之一。诸多社会科学界的学者已经从某些具体制度的建设或变迁来解释中国的转型和崛起。例如钱颖一等人的财政联邦制[2]、戴慕珍的农村土地承包制度改革[3]等。当然，我们也不能就此认为中国在所有领域的制度建设都取得了成功，但至少在诸多领域的制度建设是富有成效的。那么，为什么中国在某些领域的制度建设可以是有效的，而在其他领域则是低效或者无效的？为什么其他发展中国家未能像中国一样，在上述领域的制度转型中取得成功呢？

诚然，前述已有学者的解释都具有其各自的学术价值，但是他们可能只是触及了中国发展和变迁这只"巨象"的不同部分。我们需要进一步追问的是，潜藏在这些"部分"之下，是否存在一种普遍运用的机制，使得某些制度都得以有效建立呢？对如上问题的回答，构成了本书的主要内容。

本书认为，正是由于中国在制度建设过程中采取了一种制度试验的机制，从而使得诸多领域的（当然并非全部）制度得以有效建立。事实上，该机制在当代中国已经有相当长的历史，并且已经成为近年来西方国家，特别是欧盟地区制度建设和治理实践中的重要方式。对它的研究和总结，相信对中国未来的制度建设有着非常重要的理论和实践意义。

---

[1] Steven Levitsky and Maria Victoria Murillo, "Variation in Institutional Strength." *Annual Review of Political Science*, Vol. 12, 2009, pp. 115 – 133.

[2] Gabriella Montinola, Yingyi Qian and Barry R. Weingast, "Federalism, Chinese Style: The Political Basis for Economic Success in China." *World Politics*, Vol. 48, No. 1, 1995, pp. 50 – 81.

[3] Jean C. Oi, "The Role of the Local State in China's Transitional Economy." *The China Quarterly*, Vol. 144, December 1995, pp. 1132 – 1149; Jean Chun Oi, *Rural China Takes Off: Institutional Foundations of Economic Reform*, Berkeley: University of California Press, 1999.

本书所选取的案例是当代中国的相对集中行政处罚权制度的提出和推广，具体来说是城管执法体制（制度＋组织）的建立过程。之所以选择这一案例作为研究对象，一方面因为它是非常典型的通过制度试验的方式进行的制度建设过程；另一方面则是因为相对集中行政处罚权制度（城管执法体制）在当下中国的重要性和特殊性。后一方面的具体原因将在下文中加以详细讨论。这里需要特别指出的是，这一选择使得本书的写作面临一定的风险，也即部分读者会将关注的重点放在对案例本身的分析上，而忽视了本书的重心其实是对相对集中行政处罚权制度（城管执法体制）生成史所展示的制度试验机制的讨论。实际上，学术界关于中国城管执法的相关研究成果颇多，不过对该体制背后的制度基础（相对集中行政处罚权）的探讨则相对较少，而对该体制生成史的详细讨论则更是缺乏。因此，笔者试图通过对案例的细致研究，引发读者对中国制度试验机制的深入思考；当然，笔者也希望此一研究能有助于读者对当代中国的城管执法体制的形成背景、运行状况及存在的问题有一个更为全面的认识。

二 案例选择的原因

为了更好地呈现制度试验在中国运作的详细过程，本书选取了相对集中行政处罚权制度（具体来说是城市管理行政执法体制，以下简称城管执法体制）作为案例。正如前文提及的，这一体制在当下的中国有其相当的重要性和特殊性。

1949 年以来，中国经历了一个快速的城市化进程，城市数量从 1949 年的 132 个增加到 2016 年年底的 657 个（其中直辖市 4 个、副省级城市 15 个、地级市 278 个、县级市 360 个）；[1] 根据联合国经济与社会事务部（DESA）2010 年的数据，世界上 50 万人口以上的城市中，有 1/4 在中国。[2] 中国的城市化率由 1949 年的 7.30%、1978 年的 17.92% 提高到

---

[1] 数据分别来自中华人民共和国国家统计局《中国统计年鉴 2013》，中国统计出版社 2013 年版；国家统计局《城镇化水平持续提高　城市综合实力显著增强——党的十八大以来经济社会发展成就系列之九》（http：//www.stats.gov.cn/tjsj/sjjd/201707/t20170711_1511794.html）。

[2] Department of Economic and Social Affairs, UN, "2009 Revision of World Urbanization Prospects." New York：United Nations, 2010.

4　制度建设中的试验机制：以相对集中行政处罚权制度为案例的研究

2016 年年末的 57.40%；① 根据中国国家统计局的数据，在 2011 年年末，中国城镇人口占总人口比重达到 51.27%，从而超过了乡村人口数。② 从联合国 1975—2000 年的统计资料来看，中国这期间的城市化率增长幅度（18.80%），不仅远远超过了同期的发达国家（6.50%）和世界平均水平（9.30%），也超过了发展中国家的平均水平（13.90%），从而成为世界上城市化进程最快的国家之一。③ 如果再将这一速率乘以中国庞大的人口规模，那么几乎可以断定，中国经历的是全世界规模最大的城市化运动。而约瑟夫·E. 斯蒂格利茨（Joseph E. Stiglitz）更是将中国的城镇化进程与美国的技术革新并称为在 21 世纪影响人类发展的两大最重要的议题。④

如此快速而大规模的城市化进程，给中国的城市治理带来了严峻的挑战。这其中就包括一个备受关注的问题。它的一方面是当下的各类媒体充斥着对中国城市管理行政执法的诸多负面报道，例如城管执法人员"暴力执法"、被执法对象"暴力抗法"等；⑤ 恐怕没有哪一个中国的政府部门会引起如此多的争议。而另一方面则是这一体制被越来越多的城市所采纳。

事实上，中国的城管执法体制是建立在名为"相对集中行政处罚权"⑥ 的制度之上的。1997 年，北京市宣武区在中国率先开展了城市管理综合执法试点工作；到 2010 年 5 月，全国开展相对集中行政处罚权的城市包括 4 个直辖市、15 个副省级城市、26 个省会城市、12 个国务院批准的"较大

---

① 数据来自中华人民共和国国家统计局《中国统计年鉴 2010》，中国统计出版社 2010 年版；及国家统计局《城镇化水平持续提高　城市综合实力显著增强——党的十八大以来经济社会发展成就系列之九》（http：//www.stats.gov.cn/tjsj/sjjd/201707/t20170711_1511794.html）。
② 马建堂：《2011 年国民经济继续保持平稳较快发展》（http：//www.stats.gov.cn/tjfx/jdfx/t20120117_402779443.htm）。
③ United Nations Development Programme, "Human Development Report 2002." New York；Oxford：Oxford University Press, 2002, pp. 162 – 165.
④ Bloomberg News, "China's Urban Population Exceeds Rural Dwellers for First Time in History." January 17, 2012, Seattle Times（http：//www.seattletimes.com/nation-world/for-first-time-more-chinese-live-in-cities-than-in-rural-areas/）。
⑤ 具体事例可参见马怀德主编《共和国六十年法学论争实录·行政法卷》，厦门大学出版社 2009 年版，第 75—80 页。
⑥ 在制度试验初期，各地大多采用"综合执法"这一名称。直到 2000 年 7 月之后，才由国务院统一为"相对集中行政处罚权"。本书将在第四章详细讨论这两个名称所引发的争议。

的市"、169个地级以上城市以及806个县。① 而山东、江苏等省则更将这一体制推广到建制镇；截至2009年年底，山东省已经在70多个建制镇实施了相对集中行政处罚权制度。② 伴随着众多城管部门的成立，所有城市都出台了相应的规范性文件；部分省份和具有地方立法权的城市还颁布了地方性法规和规章；例如，浙江省人大通过的《浙江省城市管理相对集中行政处罚权条例》、安徽省政府颁布的《安徽省城市管理领域相对集中行政处罚权办法》、广东、陕西两省人大通过的《广州市城市管理综合执法条例》和《西安市城市管理综合行政执法条例》等。

近年来，来自舆论对城管执法的批评并不鲜见，相关新闻报道举不胜举。国内外学者对中国城管执法体制的相关研究也可谓成果颇丰。相比较于媒体和舆论近乎一边倒的论调而言，学术研究及讨论的客观理性明显更有利于我们准确地认识这一体制的特征、效用及存在的问题。有学者从执法依据的角度论证了城管执法部门执法权来源的不合法性；③ 也有学者从"街头政治"的维度探讨了摊贩与城管之间的冲突可能引发的危险；④ 还有学者多方位地讨论了城管执法在实践中存在的诸多困境；⑤ 更有学者从行政吸纳政治的角度来分析了当前有关城管执法问题的讨论中存在泛政治化和去政治化两种倾向。⑥ 当然，上述学者的讨论中，大都也认可了城管执法体制在实践中取得的成绩，例如在维护城市秩序、提升城市形象、促成新形式的城市规划和管理等方面。

总结学术界关于城管执法体制的相关研究可以发现，一方面，针对

---

① 江陵、张水海（国务院法制办公室）：《相对集中行政处罚权制度：发展历程、实施情况与基本经验》，第五届全国城市管理执法论坛暨城市管理行政执法工作现场会，长沙市，2010年5月，第15页。

② 山东省政府法制办：《分步实施 立体推进 全面做好相对集中行政处罚权工作》，第五届全国城市管理执法论坛暨城市管理行政执法工作现场会，长沙市，2010年5月，第81、85页；又见于访谈对象MC-201007-06访谈记录。

③ 饶雷际、秦玮：《论城管执法权来源的非法性》，《江南大学学报》（人文社会科学版）2010年第6期。

④ Amy Hanser, "Street Politics: Street Vendors and Urban Governance in China," *The China Quarterly*, Vol. 226, June 2016, pp. 363-382.

⑤ 马怀德、车克欣：《北京市城管综合行政执法的发展困境及解决思路》，《行政法学研究》2008年第2期；刘昕、刘颖、董克用：《破解"城管困境"的战略性人力资源管理视角——基于对北京城市管理综合执法队伍的调查研究》，《公共管理学报》2010年第9卷第2期；陈柏峰：《城管执法冲突的社会情境——以〈城管来了〉为文本展开》，《法学家》2013年第6期；刘磊、王会：《谋利空间的形成：对城管违建执法困境的分析》，《华中科技大学学报》（社会科学版）2015年第4期。

⑥ 刘磊：《执法吸纳政治：对城管执法的一个解释框架》，《政治学研究》2015年第6期。

6　制度建设中的试验机制：以相对集中行政处罚权制度为案例的研究

该体制的讨论往往聚焦于当下的时空，而较少触及这一体制背后的制度基础——"相对集中行政处罚权"；部分研究则仅对该体制的历史形成进行简要概括，从而缺乏针对这一体制历史沿革的、跨越较长时段的纵贯式分析；另一方面，现有研究者大多来自法学、社会学，乃至人类学界，相关成果也以论文居多，从而缺乏来自政治学领域的、专著体量的研究。

而具有官方背景的研究者也在总结该体制形成历史的基础上，肯定了它取得的成效。① 这一体制的实践成效获得官方认可的另一佐证来自将其实践经验推广到城市管理执法以外其他领域的相关尝试。例如在十八届三中全会决议中就提出："深化行政执法体制改革。整合执法主体，相对集中执法权，推进综合执法，着力解决权责交叉、多头执法问题，建立权责统一、权威高效的行政执法体制。减少行政执法层级，加强食品药品、安全生产、环境保护、劳动保障、海域海岛等重点领域基层执法力量。"近年来，部分省份开始推行县级市场监管部门体制改革：通过整合工商、质监、食药监三个部门的监管队伍，开展相对集中统一执法。② 中国共产党第十九次全国代表大会报告中进一步提出了为"加强对生态文明建设的总体设计和组织领导，设立国有自然资源资产管理和自然生态监管机构……统一行使监管城乡各类污染排放和行政执法职责"的设想。

综上，选择城管执法体制的建立过程作为研究对象，第一是因为它是典型的通过制度试验的方式进行制度建设的案例。第二是因为城管执法已经成为当今中国社会关注的焦点问题之一。要探究这一制度安排背后的逻辑，学者们不应该被舆论媒体或者政府的公开话语所左右，而应秉持客观的态度来加以分析。第三个方面的原因则是来自这一体制的重要性和特殊性。它的重要性体现在两个方面，一是它的确立是地方政府部门间一次大规模的行政职能的横向调整；二是它的确立是中央与地方政府之间明确权力划分的一次尝试。它的特殊性则在于，城管执法部门在相当长的一段时间里，几乎是当下中国唯一的一类只设立在城市政府而无上级主管部门的

---

① 江凌、张水海：《相对集中行政处罚权：发展历程、实施情况与基本经验——城管执法体制改革12年回顾》，《行政法学研究》2008年第4期。
② 当然，这样的改革在实践中也产生了一些问题，相关讨论可参见佚名《当前市场监督管理改革所面临的问题及对策》（http://www.wfgx.gov.cn/GXQXXGK/SCJDGLJ/201605/t20160505_1632126.html）。

政府机构。① 另外，城管执法体制在中国是一个新生事物，它的正式出现距今只有20多年的时间。如果追溯起来，在数据的获取上相对比较容易。表1-1是中国城管执法体制确立的大致历程，其中列举了相关的重要时间点和政府文件。

表1-1　　　　　　　　中国城管执法体制确立历程

时期	时间跨度	改革目标	主要法规和文件	涉及城市
初步试点	1996—2000	开展城市管理综合执法试点	《中华人民共和国行政处罚法》；《国务院关于贯彻实施〈中华人民共和国行政处罚法〉的通知》（国发〔1996〕13号）；《国务院关于全面推进依法行政的决定》（国发〔1999〕23号）	北京、南宁、广州等14个城市
试点扩大	2000—2002	规范和总结相对集中行政处罚权试点	《国务院办公厅关于继续做好相对集中行政处罚权试点工作的通知》（国办发〔2000〕63号）	重庆、哈尔滨等66个城市
总结扩散	2002—2008	进一步推进相对集中处罚权改革	《国务院关于进一步推进相对集中行政处罚权工作的决定》（国发〔2002〕17号）；《国务院办公厅转发〈中央编办关于清理整顿行政执法队伍试行综合行政执法试点工作意见〉的通知》（国办发〔2002〕56号）	各省普遍展开
城市政府自主	2008—	由城市人民政府自主确定相关体制的设立	《国务院办公厅关于印发住房和城乡建设部主要职责内设机构和人员编制的通知》（国办发〔2008〕74号）	所有城市

资料来源：根据前引江陵、张水海（国务院法制办公室）《相对集中行政处罚权制度：发展历程、实施情况与基本经验》，第11—15页整理。

---

① 根据2008年出台的《住房和城乡建设部主要职责内设机构和人员编制规定》，"将城市管理的具体职责交给城市人民政府，并由城市人民政府确定市政公用事业、绿化、供水、节水、排水、污水处理、城市客运、市政设施、园林、市容、环卫和建设档案等方面的管理体制"。详见《国务院办公厅关于印发住房和城乡建设部主要职责内设机构和人员编制的通知》（国办发〔2008〕74号）文。当然，这一情况随着2015年12月《中共中央 国务院关于深入推进城市执法体制改革 改进城市管理工作的指导意见》（http://news.xinhuanet.com/2015-12/30/c_1117631143.htm?mType=Group）的出台而改变。这份意见明确指出："国务院住房和城乡建设主管部门负责对全国城市管理工作的指导，研究拟定有关政策，制定基本规范，做好顶层设计，加强对省、自治区、直辖市城市管理工作的指导监督协调，积极推进地方各级政府城市管理事权法律化、规范化。各省、自治区、直辖市政府应当确立相应的城市管理主管部门，加强对辖区内城市管理工作的业务指导、组织协调、监督检查和考核评价。"

本书的一个目的是希望通过对该体制的生成史进行细致的过程追踪研究，全面讨论城管执法领域制度建设的成效与困境。更为重要的是，本书试图通过概括城管执法体制在中国的形成过程，总结提炼出一种制度建设的模式——制度试验机制，并将这一模式和城管执法体制分别置于国际（地区）间比较分析的框架下，从而更为全面客观地认识城管执法体制及制度试验机制在当代中国的存续性。

三 相关概念的厘清

本书将涉及多个容易混淆的概念，因此这里需要对它们进行梳理和界定。

首先需要界定的是"相对集中行政处罚权"制度。"相对集中行政处罚权"这一概念最早出现在1996年4月颁布的《国务院关于贯彻实施〈中华人民共和国行政处罚法〉的通知》（国发〔1996〕13号）文中。根据官方的界定，它"是指依法将若干行政机关的行政处罚权集中起来，交由一个行政机关统一行使，行政处罚权相对集中后，有关行政机关不再行使已经统一由一个行政机关行使的行政处罚权的法律制度"[①]。目前，在城市管理领域开展相对集中行政处罚权的具体范围一般包括（但不绝对）"市容环境卫生管理方面的法律、法规、规章规定的行政处罚权，强制查处不符合城市容貌标准、国家卫生标准的建筑物或者设施；城市规划管理方面法律、法规、规章制定的全部或者部分行政处罚权；城市绿化管理方面法律、法规、规章规定的行政处罚权；市政管理方面法律、法规、规章规定的行政处罚权；环境保护管理方面法律、法规、规章规定的部分行政处罚权；工商行政管理方面法律、法规、规章规定的对无照商贩的行政处罚权；公安交通管理方面法律、法规、规章规定的侵占城市道路行为的行政处罚权"等。[②]

其次是"城市管理"这一概念，现在更为流行使用"城市治理"这一提法。它的定义有广义与狭义之分。广义的城市管理，即通常所说的"大城管"，包括城市社会、经济、文化等各个方面，具体有三个层面的内容。第一个层面是市政、园林、市容环卫、绿化等与城市公共基础设施相关的管理；第二个层面是指小区建设、社会管理；第三个层面是指开发、经营和发

[①] 青锋（国务院法制办公室）：《行政处罚权的相对集中：现实的范围及追问》，第五届全国城市管理执法论坛暨城市管理行政执法工作现场会，长沙市，2010年5月，第1页。

[②] 同上书，第2页。

展城市经济。狭义的城市管理主要是指"大城管"中第一个层面的内容,即通常所说的"小城管"①。而本书所涉及的内容主要是狭义的城市管理。

再次是关于制度、组织(organization)和体制(system)这一组概念。尽管有的新制度主义学者并不严格地区分制度和组织。② 但是,本书还是要借用道格拉斯·C. 诺思的思路,③ 力图对两者做一定的区分。其中,制度乃是"一个社会中的游戏规则。更严谨地说,制度是人为制定的、用以约束人类互动行为的限制"④。当然,也有学者将制度界定为"在不同的政治经济单元中塑造着人际关系的正式规则、得到遵从的程序和标准的操作规程"⑤。而组织则是"一些个人为同一目标而组成的、以达至一定目标的团体"⑥,例如经济组织如企业、工会等,政治组织如政党、议会和国家的管制机构等。"徒法不足以自行",再完善的制度也要有机构和人员加以实施。因此,一个社会除了制度之外,还要有组织来负责实施已制定的制度;不同层次的组织可被视为正式制度安排的载体。⑦ 在本书中,相对集中行政处罚权制度、各城市出台的规范性文件以及部分地区制定的地方性法律法规即属于"制度"的范畴,而前述实施相对集中行政处罚权改革的城市所成立的"城市管理行政执法局""城市管理综合行政执法局"或"城市管理(综合)行政执法支(大)队",以及与之相关的其他政府部门如政府法制办公室(局)等,则属于"组织"的范畴。而体制⑧则是

---

① 秦甫编著:《城市管理行政执法手册》,中国建筑工业出版社2004年版,第1—2页。
② B. Guy Peters, *Institutional Theory in Political Science*: *The New Institutionalism*, London; New York: Pinter, 1999.
③ Douglass Cecil North, *Institutions*, *Institutional Change and Economic Performance*, Cambridge: Cambridge University Press, 1990, pp. 4 – 5.
④ Ibid., p. 1.
⑤ Peter A. Hall, *Governing the Economy*: *The Politics of State Intervention in Britain and France*, Cambridge: Polity Press, 1986, p. 19.
⑥ Douglass Cecil North, "Economic Performance through Time," *The American Economic Review*, Vol. 84, No. 3, 1994, p. 361.
⑦ W. Richard Scott, *Institutions and Organizations*, Thousand Oaks, Calif.: Sage Publications, 1995, pp. 33 – 34.
⑧ 在英语中,system 意指"A set of functionally related components which interact according to certain identifiable processes, and which produce desired (or nearly desired) outcomes";参见 Walter John Raymond, *Dictionary of Politics*: *Selected American and Foreign Political and Legal Terms* (7th ed.), Lawtenceville, Virginia: Brunswick Publishing Corporation, 1978, p. 500. 而《朗文词典》中则将 system 界定为"The official rules and powerful organizations that restrict what you can do",参见 *Longman Dictionary of Contemporary English* (5th ed.), Harlow, England: Pearson/Longman, 2009, p. 1790。

"国家机关、企事业单位在机构设置、领导隶属关系和管理权限划分等方面的体系、制度、方法、形式等的总称",如政治体制、经济体制等;[①] 或者也可以理解为"国家、国家机关、企业、事业单位等的组织制度"[②]。由此可见,体制基本上等同于"组织"与"制度"的结合。所以,本书在同时涉及城市管理行政执法的制度与组织时,一般统称为体制。

最后,需要说明一下"城管"这一称谓。它虽然时常出现在当下各种媒体或民众的话语中,但却很少有人思考一下它的确切含义。实际上,在不同的语境下,"城管"一词可能指代的对象并不完全相同。作为机构的"城管"在中国出现的历史并不长,可以追溯到20世纪80年代初期出现的各类名为城市建设监察支(大)队、城市建设管理监察支(大)队、市容管理监察支(大)队等机构。当时,它们大多隶属于当地的建设部门(一般是建设委员会或者建设局)。而在一些发展较为迅速的城市,还相继成立过市政管理委员会或市容管理委员会等协调性机构,上述城市建设管理监察支(大)队或者市容监察支(大)队也曾划归到这些委员会下设的办公室(以下简称城管办或市容办)中。现在我们所称的"城管",除了在少数还未实施相对集中行政处罚权改革的城市之外,则更多是指前文界定"组织"时所提到的城市管理(综合)行政执法局或者城市管理(综合)行政执法大队等机构。而如果指人,则"城管"指的是上述机构中的行政执法人员,而并非其中的行政文职人员或临时聘用的协管员(虽然也会有人误以为这些人员也是"城管"的一部分),因为从严格意义上来说,后者是不具备执法资格的。本书中的"城管"特指在1997年相对集中行政处罚权后与城管执法体制相关的机构和执法人员。而在此之前的城建管理监察或市容管理监察机构或人员虽然也曾被称为"城管",但在本书的表述中会列出全名,而不使用这一简称。

四 本书的章节安排

本书的写作大体是按照制度试验的进程(同时也可以视为中国城管执法体制建立的先后顺序)安排的。每个章节都尽量将叙述特定时期内发生

[①] 辞海编纂委员会:《辞海(1999年版缩印本)》,上海辞书出版社2000年版,第644页。
[②] 中国社会科学院语言研究所词典编辑室编:《现代汉语词典》,商务印书馆2005年版,第1343页。

的事件与进行相关的理论探讨相结合。

具体来说，在第二章，笔者首先梳理学术界关于试验主义治理模式的相关研究，比较分析制度（政策）试验在不同国家和地区的实践经验，并将中国政治过程中的"政策试验"机制置于比较分析框架内；进而，本章还将讨论学者们对制度变迁过程中学习行为的研究，然后在此基础上，提出"制度试验"模式的概念及其分析框架；最后提出本书的研究假设。在第三章，笔者将回溯分析中国历代以来与城管执法相关的组织和制度安排的沿革过程，以此来分析在实施相对集中行政处罚权制度之前业已存在的制度"丛林"，以及当时城市管理执行过程中暴露出来的诸多问题。第四章主要展示制度试验的前三个阶段的运作过程，笔者将通过分析城管执法体制建立的初始阶段，以此来呈现新制度建设的理念（idea）的来源、试点阶段的运作、试点的初步评估和扩大试点范围三个方面的问题。第五章主要讨论的是制度试验的后三个阶段，笔者将通过讨论城管执法体制在全国范围内的逐步推广和一系列正式制度的初步确立，来分析制度试验机制中试点经验的总结、经验的推广以及正式制度的形成过程；之后笔者还通过将中国城管执法体制置于国际（或地区）比较的框架下，探讨该体制运行的现状和发展趋势，以及相对集中行政处罚权制度为其他领域的制度建设带来的借鉴意义。第六章将总结制度试验的特征，并讨论制度试验中所体现的制度学习过程的组织化和系统性；之后，笔者将探讨制度试验具备的优势和可能带来的问题。第七章为结论，在简要总结本书的基本结论之后，笔者将进一步讨论制度试验在当今中国所面临的困境，以及如何在比较视野下思考试验机制的存续；之后，笔者还将在实证层面提出本书对于客观评价城管执法体制所持的一系列观点；最后将简要讨论本书存在的不足以及下一步的研究方向。

第二章 比较视野下的制度（政策）试验：一个分析框架[*]

本章是本书的理论先导部分，其主要目标是通过对现有制度（政策）试验机制相关理论文献的梳理和总结，在讨论制度学习在制度建设过程中的角色的基础上，为之后的实证研究构建一个分析框架。

本章内容分为三个部分，第一部分着重从比较的角度梳理了制度（政策）试验在不同国家和地区的具体实践，包括欧美国家、前共产主义国家，以及当代中国。第二部分则概述制度主义中对制度学习问题的研究进展，并指出现有研究存在的局限性。第三部分在是在前面讨论的基础上，提出制度试验模式的概念、阶段划分，从而形成本书的分析框架和研究假设。

一 制度（政策）试验及其实践

人们对在不确定环境下的人类行为机制的思考由来已久。早在20世纪50年代，艾智仁（Armen Alchian）就已经在讨论合作的进化时提出，在一个充满不确定性和信息不对称的世界里，试错（trial-and-error）行为在达至次优结果时的合理性。在一个存在着不确定性的世界里，没有人能够知晓我们所遇到的问题的正确答案，因而，事实上也没有人能够确保利润的最大化。一个社会若能极大地支持各种类型的试验，就有可能长期解决这一问题。[①]

---

[*] 本章节的部分内容先后发表在《中国社会科学报》《国外理论动态》《国外社会科学》《马克思主义与现实》，以及收录于《中国政治学评论2015》。此处都有一定程度的修改。笔者在此对以上报刊和辑刊的刊发表示感谢。

[①] Armen A. Alchian, "Uncertainty, Evolution, and Economic Theory." *Journal of Political Economy*, Vol. 58, No. 3, 1950, pp. 211–221. 实际上，弗里德里希·A.冯·哈耶克（Friedrich A. von Hayek）也持类似的观点，参见 Friedrich A. von Hayek, *The Constitution of Liberty*. Routledge & K. Paul: London, 1960, ch.2; 中文版参见〔英〕哈耶克《自由宪章》，杨玉生等译，中国社会科学出版社1999年版，特别是第二章。

在具体实践层面，多个国家的政治实践中，已经出现了运用试验机制进行制度建设或政策制定的努力。而在制度变迁框架下讨论试验问题并非学术界的一个新生视角。实际上，诸多经济学、政治学、法学等学科的学者已经做出了不同的尝试。本节就是先总结和评述这些努力和尝试。

（一）欧美国家制度（政策）试验的实践

20世纪中叶的美国法学界曾兴起过一段时间的试验法学（experimental jurisprudence）的研究热潮。只是这一研究持续时间并不算长。20世纪初期，随着自然科学研究的进步，特别是物理学研究的突破，人们对自然科学方法的信仰程度达到一个前所未有的高度。有部分法学家开始将自然科学的方法引入到法学的研究当中。杰罗姆·弗兰克（Jerome Frank）首先提出试验法学这一概念[①]。而弗里德里克·K.比特尔（Frederick K. Beutel）则是完整地提出了这一分析方法。[②] 在他看来，试验法学方法应该大体包括以下方面：一是研究法律所要规管的现象的本质。二是要精确阐明用于规管现象或致力于解决社会问题的法律或方法。三是观察和测量实施法律后对社会的影响。四是应该构建一个假设，以便去解释为何出现这种影响。五是当一部法律运用到其他类似的情况时，应该考虑说明和预测可能会出现的结果。六是如果分析表明这部法律是无效的，那么就应该建议新的方法来达至原先设想的结果。七是制定新提出的法律并重复上述过程。八是上述一系列采纳新法律和对其结果进行研究，可能使我们了解在这些制定法律背后的目的，由此，可能会导致这些目的的改变或废弃，或者以至于从长远来看，使我们现有的一系列社会和政治价值标准发生变化，形成一个新的版本。[③]

为了实现以上步骤，弗里德里克·K.比特尔认为，试验法学需要在全国（指美国）建立很多的单位，由政府主管并用以验证法学上的假设。创立这一试验科学和实验室的任务是非常巨大的。这需要对整个社会科学进行改造；并发展出众多科学的研究技术；在科学发现的基础上创立一种实

---

① Jerome Frank, "Realism in Jurisprudence." *American Law School Review*, Vol. 7, 1934, pp. 1063 – 1069.

② Frederick K. Beutel, "An Outline of the Nature and Methods of Experimental Jurisprudence." *Columbia Law Review*, Vol. 51, No. 4, 1951, pp. 415 – 438; Frederick K. Beutel, "Relationship of Natural Law to Experimental Jurisprudence." *Ohio State Law Journal*, Vol. 13, No. 2, 1952, pp. 167 – 177.

③ Frederick K. Beutel, "An Outline of the Nature and Methods of Experimental Jurisprudence." *Columbia Law Review*, Vol. 51, No. 4, 1951, pp. 425 – 426.

践法律和指导政府的艺术；另外，最重要的是彻底改变政府的目标定位和性质。① 弗里德里克·K. 比特尔认为，这样一种试验法学不仅是可能的，它是社会法学（sociological jurisprudence）发展的自然结果，而且是在现代复杂社会中解决政府问题的最明智的方案。② 有学者将这一分析框架运用到分析 20 世纪 60 年代的日本法社会学，并认为当时的日本社会经历快速的变迁，因此需要把试验法学的理念贯穿到法社会学，甚至是整个法学领域。③

弗里德里克·K. 比特尔的试验法学方法招致不少的批评。有学者认为，在弗里德里克·K. 比特尔的整个方法中充满了对专家至上的信奉。但他并不了解专家存在的局限；④ 也没有清楚地意识到立法所涉及的社会问题的复杂性。⑤ 这大体都是源于对自然科学方法在人文社会学科领域内的应用的过分自信。也正因为存在这些问题，使得试验法学在不久之后慢慢地淡出了学术界讨论的范围。美国的这一试验法学路径，是自然科学向人文社会科学领域扩张的典型。因此，可能称之为"立法实验"更为合适些。⑥

此外，在某些政策领域中，美国也以政策试验的方式进行着实践。例如，在环境保护政策领域，随着实现确立目标的难度越来越大，美国于 20 世纪 90 年代中期开始出现了政策试验式的治理模式，但是在克林顿政府后期却遭到反对。当然，这一反对到底是出于固有的环保治理结构在新方

---

① Frederick K. Beutel, "Some Implications of Experimental Jurisprudence." *Harvard Law Review*, Vol. 48, No. 2, 1934, pp. 169–197.
② Ibid., p. 197.
③ Shin Oikawa, "Application of Beutel's Experimental Jurisprudence to Japanese Sociology of Law." *Nebraska Law Review*, Vol. 39, 1960, p. 645.
④ Glendon A. Schubert, Jr., "Review: *Some Potentialities of Experimental Jurisprudence as a New Branch of Social Science.*" Administrative Science Quarterly, Vol. 2, No. 2, 1957, p. 266.
⑤ Reginald A. H. Robson, "Review: *Some Potentialities of Experimental Jurisprudence as a New Branch of Social Science.*" The University of Chicago Law Review, Vol. 26, No. 3, 1959, pp. 492–502.
⑥ 这或许也是有中国学者将这一方法称为"实验法学"的原因，参见季卫东《法律秩序的建构》，中国政法大学出版社 1999 年版，第 152—153 页。其实，"试验"和"实验"二者的英文单词都有可能是"experiment"。如若比较"试验"和"实验"两词的异同，我们可以发现，在《辞海》里，将这两者视为同义词。参见辞海编辑委员会编《辞海》（1999 年版缩印本），上海辞书出版社 2000 年版，第 2885 页。但是《现代汉语词典》还是对两者有着不同的解释，参见中国社会科学院语言研究所词典编辑室编《现代汉语词典》（第 5 版），商务印书馆 2005 年版，第 1238、1248 页。据此，本书认为，"试验"应该是更符合本书的含义。由此，本书此后的行文一律采用"试验"一词。

法下的无能，还是由于面临政体转型而出现的犹豫或抵制，现在已经难以说清楚了。布什政府也猛烈抨击了在环保领域出现的试验主义治理项目。①

但是，在环保领域之外的其他几个关键的政策领域里，还是有着试验主义政策制定和修正的成功案例的。其中最为广泛讨论的是在教育领域。在 2000 年，两党将《有教无类法案》（No Child Left Behind Act）正式推广到全国，而这一法案是始自德克萨斯州和肯塔基州的公共教育领域，经过一系列试验式改革才形成的。此外，在美国的其他一些提供社会公共服务的领域，诸如心理健康、儿童福利、警务等方面的改革，也出现了类似于上述教育领域改革的试验主义。②而美国阿拉斯加州自 20 世纪 80 年代以来开展的社会分红试验，已经在全世界范围内引发了广泛的讨论，并在一些欧洲国家得以效仿。③当然，部分学者也对政策试验在大范围推广过程中可能遇到的问题进行讨论，其中所产生的"集体效应"（collective effects）的偏离可能会导致政策试验推广过程中的低效甚至无效。④

自 20 世纪 80 年代中期起，欧盟经历了快速和大规模扩张的 30 年，加上与之并行的全球化浪潮，这都对一个庞大如欧盟的共同体的治理提出了严峻的挑战。近几年来，欧盟的试验主义治理（experimentalist governance）成为治理问题研究中的一个热门话题。一大批学者就此展开了广泛而又深入的讨论，这一话题在理论层面不仅涉及治理问题，还涉及代议制民主的适应性、宪政的局限性等问题；而在实践层面，欧洲诸多领域的规制（regulation）也都由于应用到这一模式而纳入学者们考察的范围，这些领域包括电信、能源、药品监管、数据隐私、环境保护、职业健康与安全、食品安全、海事安全、铁路安全、金融服务、司法和民政、就业促进、社

---

① Charles F. Sabel, and Jonathan Zeitlin, "Learning from Difference: The New Architecture of Experimentalist Governance in the EU." *European Law Journal*, Vol. 14, No. 3, 2008, p. 324.

② Craig Volden, "States as Policy Laboratories: Emulating Success in the Children's Health Insurance Program." *American Journal of Political Science*, Vol. 50, No. 2, 2006, pp. 294 – 312; Charles F. Sabel, and Jonathan Zeitlin, "Learning from Difference: The New Architecture of Experimentalist Governance in the EU." *European Law Journal*, Vol. 14, No. 3, 2008, pp. 324 – 325.

③ Karl Widerquist and Michael Wayne Howard, *Exporting the Alaska Model: Adapting the Permanent Fund Dividend for Reform around the World*. New York, NY: Palgrave Macmillan, 2012. 更为详尽的相关讨论，可参见由清华大学崔之元教授主持的微信公众号"实验主义治理"中推送的相关文献。只是，此微信公众号使用了"实验"而非"试验"一词。

④ Andrew M. Penner, Thurston Domina, Emily K. Penner, and AnneMarie Conley. "Curricular Policy as a Collective Effects Problem: A Distributional Approach." *Social Science Research*, Vol. 52, July, 2015, pp. 627 – 641.

会融合和养老金制度改革等。① 近年来对医疗等社会政策领域的研究中，也发现了试验机制在实践中的运用。②

在有关欧盟的试验主义治理机制的研究中，查尔斯·F. 萨贝尔（Charles F. Sabel）和乔纳森·泽特林（Jonathan Zeitlin）的总结提炼堪称这一领域的集大成者。③ 正如有学者指出的，他们的突出贡献是确定了试验主义治理的不同要素是如何实现有机结合，以提高治理的灵活性、专业性和可问责性的。④

试验主义治理在欧盟的出现，并不是人们有意设计出来的，而是在行动中逐步形成的。直到试验主义治理体系第一次运作起来前，没有人知道它能够建立起来。也就是在近些年，试验主义治理的特点才得到较好的归纳和认识，并成为在一些新的领域进行治理改革的模板。即便是在一些被学者关注的政策领域中，参与者们也是在没有明确意识的情况下"跌跌撞撞地"进入这一模式中的。⑤

试验主义治理在欧盟并非突然出现的，也非出现在欧盟规制体系的某个部分；它是源自人们越来越意识到对从差异和多样性中学习的必要性，以便可以在不诉诸一种无法运作的、整齐划一的情况下，达至规制规则的和谐、统一和不断改进。这一新型的治理模式大致形成于20世纪80年代中期至2000年，也即从签订《单一欧洲法案》（the Single European Act,

---

① Charles F. Sabel, and Jonathan Zeitlin, "Learning from Difference: The New Architecture of Experimentalist Governance in the EU." *European Law Journal*, Vol. 14, No. 3, 2008, pp. 271 – 327.

② Resul Cesur, Pınar Mine Güneş, Erdal Tekin, and Aydogan Ulker, "The Value of Socialized Medicine: The Impact of Universal Primary Healthcare Provision on Mortality Rates in Turkey." *Journal of Public Economics*, Vol. 150, No. Supplement C, 2017, pp. 75 – 93.

③ Charles F. Sabel, and Jonathan Zeitlin, "Learning from Difference: The New Architecture of Experimentalist Governance in the EU." *European Law Journal*, Vol. 14, No. 3, 2008, pp. 271 – 327; Charles F. Sabel and Jonathan Zeitlin, Eds, *Experimentalist Governance in the European Union: Towards a New Architecture*, Oxford: Oxford University Press, 2010; Charles F. Sabel and Jonathan Zeitlin, "Experimentalism in the EU: Common Ground and Persistent Differences." *Regulation & Governance*, Vol. 6, No. 3, 2012, pp. 410 – 426.

④ Malcolm Campbell-Verduyn and Tony Porter, "Experimentalist in European Union and Global Financial Governance: Interactions, Contrasts, and Implications." *Journal of European Public Policy*, Vol. 21, No. 3, 2014, p. 408.

⑤ Charles F. Sabel and Jonathan Zeitlin, "Learning from Difference: The New Architecture of Experimentalist Governance in the EU." in Charles F. Sabel and Jonathan Zeitlin, Eds, *Experimentalist Governance in the European Union: Towards a New Architecture*, Oxford: Oxford University Press, 2010, p. 9.

1986 年）到里斯本峰会（2000 年 3 月）这段时期。①

概括来说，试验主义治理在欧盟出现的原因主要是两个方面，一是社会结构方面，也即当下社会所呈现的高度的策略不确定性和技术复杂性；二是政治结构方面，也即传统的多中心和高度政治化的治理技术难以有效地协调，没有哪个个体行动者有能力提供解决方案。② 在策略确定性较高时，参与者认为自己知道要追求的目标，因此共同探索被认为是不必要的（尽管追求重叠利益的合作不一定是这样）。而在权威并不多元时，一个参与者是主导性的，或者有一场追求主导的斗争，那么有实力的参与者倾向于强行实现某结果而不是通过与他人的合作来实现。③

反之，在策略不确定性和技术复杂性高，并且业已形成了多元化的权力体系时，决策失败就出现了。这是因为，一方面，技术的复杂性导致与具体实践相距甚远的国家层面的官员不知道如何回应一系列的情况，而市民社会与私人部门中的基层参与者却因为接近这些情况而知道如何回应；另一方面，策略的不确定性又使得高层官方决策者不知道如何回应当下的紧急情况，而基层参与者也不知道。④ 这时，组织一个系统的投票来选举见多识广的局内人已经不能有效应对这一局面。而组织共同探索来厘清现状并寻找其可能的应对方案成为必然的选择。这一选择假设共同而持续的学习——其以暂时的结果出现，并根据今后进一步的研究进行修正——可以使得与持续不确定性相连的危险变得更加可管理。⑤ 于是，试验主义就自发地形成了：多元体制下的参与者希望在不确定的情况下通过协作来实现问题的解决。⑥ 试验主义的优势是可以基于先期执行的经验，渐进地适应规制方式和规则，并修改中短期目标，从而产生有效的政策方案。⑦

欧盟试验主义治理的结构大致由如下四个方面构成：一是欧盟相关机

---

① Charles F. Sabel, and Jonathan Zeitlin, "Learning from Difference: The New Architecture of Experimentalist Governance in the EU." *European Law Journal*, Vol. 14, No. 3, 2008, p. 279.
② Burkard Eberlein, "Experimentalist Governance in the European Energy Sector." in Charles F. Sabel and Jonathan Zeitlin, Eds, *Experimentalist Governance in the European Union Towards a New Architecture*, Oxford; New York: Oxford University Press, 2010, p. 61.
③ Charles F. Sabel and Jonathan Zeitlin, "Experimentalism in the EU: Common Ground and Persistent Differences." *Regulation & Governance*, Vol. 6, No. 3, 2012, p. 412.
④ Ibid., pp. 410 – 411.
⑤ Ibid..
⑥ Ibid., p. 412.
⑦ Burkard Eberlein, "Experimentalist Governance in the European Energy Sector." in Charles F. Sabel and Jonathan Zeitlin, Eds, *Experimentalist Governance in the European Union Towards a New Architecture*, Oxford; New York: Oxford University Press, 2010, p. 62.

构和成员国共同拟定框架性目标（如充分就业、社会融合、"优良水质"、统一的能源网络等）和相应的测量标准。二是低层级的相关机构（例如国家部委或规制机构以及其相关的合作者们）有权限按照他们认为合适的方式推进目标的实现，甚至还暗含着他们可以享有充分的自主权在执行框架性规则的同时提出改进建议。三是低层级的机构在拥有相应自主权的同时，必须定期报告他们的绩效，特别是依照那些广为认可的指标来测量；低层级机构还要参加同行审议（peer review），也即将其成果与试图采用其他方法达至相同目标的其他机构的成果进行对比。最后，原先的参与者们会定期改进上述框架性目标、绩效标准，乃至决策程序本身，同时还会允许那些其观点被认为是对充分和公平协商必不可少的新的参与者加入进来。[①]

由此可见，试验主义决策的特征有：大框架上的目标一致、给予地方参与者一定的自由裁量权、地方各自的努力要经过比较分析和评价，以及根据实践经验的比较结果而对地方计划和中央计划同时进行修正。这些特征的前提假设是中央层面没有人可以对情况有一个全局性的了解，而地方参与者也不能完全依赖他们的直接经验。而同时减少双方局限性的最好方法就是从对方角度观察，相互探讨。[②]

总体而言，试验主义治理中的规则建立是一种反复迭代（recursive）的过程。[③] 由此，研究试验主义治理存在与运作的一个关键的实证工作是研究同行审议的循环机制。[④] 所谓同行审议是指代理人或执行者需要对自己的选择和行为过程的原因做出充分的解释，并能经得起司法机关的挑战和定期的同行审议，因为只有同行才具备评价代理人的解释是否合理的相应知识。[⑤] 解决方案执行的同行审议可以实现规则的修正和完善。但是，

[①] Charles F. Sabel, and Jonathan Zeitlin, "Learning from Difference: The New Architecture of Experimentalist Governance in the EU." *European Law Journal*, Vol. 14, No. 3, 2008, pp. 273 – 274.

[②] Charles F. Sabel and Jonathan Zeitlin, "Experimentalism in the EU: Common Ground and Persistent Differences." *Regulation & Governance*, Vol. 6, No. 3, 2012, p. 411.

[③] Burkard Eberlein, "Experimentalist Governance in the European Energy Sector." in Charles F. Sabel and Jonathan Zeitlin, Eds, *Experimentalist Governance in the European Union Towards a New Architecture*, Oxford; New York: Oxford University Press, 2010, p. 65.

[④] Charles F. Sabel and Jonathan Zeitlin, "Experimentalism in the EU: Common Ground and Persistent Differences." *Regulation & Governance*, Vol. 6, No. 3, 2012, p. 411.

[⑤] Phedon Nicolaides, Arjan Geveke and Anne-Mieke den Teuling, *Improving Policy Implementation in an Enlarged European Union: The Case of National Regulatory Authorities*, Maastricht: European Institute of Public Administration, 2003, pp. 55 – 58.

第二章　比较视野下的制度(政策)试验：一个分析框架　19

由于存在着信息不对称的原因，那么只有同行审议是低效的，甚至是难以运作的，还需要另外的机制与其配合。这其中重要的是所谓默认式惩罚（penalty default）机制。这一机制的目的是实现各方参与者的合作，即在试验主义模式下，不同方面的参与者可能被威胁如果不合作就将强行实现更差的结果。①

同行审议机制使得试验主义治理机制的运作实现了动态的可问责性。但是这种机制下产生的规则并不符合传统代议制民主的程序。② 那么，如何使得试验主义机制符合民主制的价值追求呢？为此，试验主义模式在程序上设有两个前提条件：一是信息透明化，二是公共参与。这两者也就成为试验主义所形成的扰动型政体（destabilisation regime）有效运作的前提。查尔斯·F. 萨贝尔和乔纳森·泽特林指出，试验主义治理中的同行评审本身并不是内在地就是民主的，而是它动摇了既定权力机构的形式，并从多个方面为最终重构民主扫清了道路。当然，若要详细论证试验主义的民主正当性（legitimacy），则需要一个独立的课题方能完成。③

查尔斯·F. 萨贝尔和乔纳森·泽特林所提出的试验主义治理，也受到了多方的质疑和批评。例如，坦贾·A. 波尔泽尔（Tanja A. Börzel）就不认可将试验主义治理视为一种新型的治理架构。④ 他在关于等级制度的阴暗面（the shadow of hierarchy）的讨论中指出，国家通过威胁参与者实行更差方案的方式诱导参与者参加协作，这种在等级制度下出现的试验主义依赖国家权威的问题；由此，试验主义可视为传统国家权威的补充或延伸，而不是其替代物。⑤

但是，查尔斯·萨贝尔和乔纳森·泽特林认为，在试验主义这里，与国家等级制度下存在的问题的关键区别在于运用国家权力方式的不同。在等级制度模式下，国家权力独立行使并形成可接受的针对某些问题的解决方案，即使这其中有一些非国家的行动者参与其中并使方案更加完善。但是在试验主义模式中，国家权力的使用不再是为了做什么，而是为了阻止

---

① Charles F. Sabel and Jonathan Zeitlin, "Experimentalism in the EU: Common Ground and Persistent Differences." *Regulation & Governance*, Vol. 6, No. 3, 2012, p. 413.
② Charles F. Sabel, and Jonathan Zeitlin, "Learning from Difference: The New Architecture of Experimentalist Governance in the EU." *European Law Journal*, Vol. 14, No. 3, 2008, p. 305.
③ Ibid., pp. 312 – 323.
④ Tanja A. Börzel, "Experimentalist Governance in the EU: The Emperor's New Clothes?" *Regulation & Governance*, Vol. 6, No. 3, 2012, pp. 378 – 384.
⑤ Charles F. Sabel and Jonathan Zeitlin, "Experimentalism in the EU: Common Ground and Persistent Differences." *Regulation & Governance*, Vol. 6, No. 3, 2012, p. 413.

或打断什么。也即国家权力会利用其默认式惩罚机制，以推动政策方案的实施、修改和完善。①

试验主义治理更大的争论可能来自于它对现有代议制民主制度的"背离"。而查尔斯·F. 萨贝尔和乔纳森·泽特林则是在论证委托—代理关系模式面临的困境的基础上，来回应这种质疑。他们认为，委托—代理关系并不适合于回应持续不确定性的世界。委托者（拥有主权的人民相对于立法者、立法相对于行政、最高行政者相对于其下级）应该有明确的目标，以及为精确实现该目标而对情况有充分的了解，以便在给予充分资源的情况下，委托者可以激励代理人来帮助其实现目标。而当情况是持续不确定时，委托人的目标就会被代理人实践中的行为重新塑造，那么这种委托—代理关系也就崩溃了。② 详细说来，在持续不确定的世界里，传统委托—代理式治理模式面临的难题是，没有哪一个行动者可以协调各方，并拥有足够的有关目标的理念，从而可以准确指导其他行动者或识别他们的行动是否是为了一个特定的目标。面对复杂的社会现状，当行动者只能通过一边解决问题一边界定所应对的问题和所追求的解决方案时，委托—代理模式就无法运作了。③

更有学者提出发展一种试验式代议民主制是非常重要的。为此，他们建议一要更加关注欧盟民主正当性问题的迫切需要的解决方案；二是有必要重新考虑民主中的代表的本质。④ 但是，查尔斯·萨贝尔等人还是试图使其与代议制民主相融合，以便为其找到政治制度上的正当性。正如他们所坚持的那样："我们的目标……并不是试图让试验主义适应现存的代议民主制形式，而是以试验主义的视角重新审视代表和民主，以希望找到正当性的新来源以展现现代自治政府已经被通常意识到的缺点。"⑤ 他们认为，尽管有大量理由可以认为议会制民主这一历史形式不能有效地回应一

---

① Charles F. Sabel, and Jonathan Zeitlin, "Learning from Difference: The New Architecture of Experimentalist Governance in the EU." *European Law Journal*, Vol. 14, No. 3, 2008, pp. 308 – 309.

② Charles F. Sabel and Jonathan Zeitlin, "Experimentalism in the EU: Common Ground and Persistent Differences." *Regulation & Governance*, Vol. 6, No. 3, 2012, p. 411.

③ Charles F. Sabel, and Jonathan Zeitlin, "Learning from Difference: The New Architecture of Experimentalist Governance in the EU." *European Law Journal*, Vol. 14, No. 3, 2008, pp. 303 – 323.

④ John Erik Fossum, "Reflections on Experimentalist Governance." *Regulation & Governance*, Vol. 6, No. 3, 2012, pp. 394 – 400.

⑤ Charles F. Sabel and Jonathan Zeitlin, "Experimentalism in the EU: Common Ground and Persistent Differences." *Regulation & Governance*, Vol. 6, No. 3, 2012, p. 419.

个持续不确定和高度相联系的世界。但这么说并不是否定对个人自主权和自我主宰的承诺（现代代议制政体是其表现），也不是断言目前的议会制度不能（实际上它可能必须得）以重新想象的形式在代议制民主中发挥重要作用以回应现实的世界。①

试验主义试图将制度创新概念化，即在持续不确定情况下，参与者的设计充分利用环境的可塑性，并减少其带来的危险。从而，在有效回应紧急问题和设计新形式的民主问责制之间设立一座桥梁，以从容地应对不确定性。②

试验主义的出现对与善治相关的下述四方面的固有观念提出了挑战。首先是挑战了那些源自自由主义理念所秉承的国家和经济关系的一系列信条，包括市场的形成要取决于清晰的、近乎自我执行的规则，市场的矫正需要独立的、有明确授权的规制主体，以及通过政治妥协实现社会融合。在试验主义治理模式下，上述三个领域的规制则越来越通过那些新颖的、以可讨论的指南形式出现的竞争性的规则，即使这些规则是以国家命令的形式得以执行的。其次是挑战了那些认为协商过程至多为国家制定的法律形成一些次要的、补充性的条款的观点。因为在一些案例中，试验要么会修正欧盟的指令性文件、条例和行政命令，要么是对法律授权的可修正标准的详细解释，以及对那些最终可能会获得约束力的规则的详细说明。而在另外一些案例中，试验产生的改变可能只能影响成员国政府的行为，而不能立刻对欧盟自身的法律框架产生影响。这就是前文所述的"扰动型政体"的特征。再次是挑战了与法治相关的一些传统阐释，也即那些认为法治依赖国家和个人间的清晰划分的观点。迭代式框架的形成和修正促进了一种新型的动态问责形式的出现，同行评审在约束国家权力和保护个人权利的同时，也没有使决策制度变得僵化。由此，这种新型的治理模式又被称为直接协商型多元政体（directly deliberative polyarchy，DDP）。最后是挑战了那些认为有专家参与的协商就是跨国或跨政府间有违民主精神的阴谋的观点。实际上，欧盟治理中的动态问责具有一种使得对国内政治的扰动效应民主化（democratizing destabilization effect）的潜力，由此，可以通过国内政治再影响欧盟自身。而广为出现的同行审议、专家批评和另一些专家对专家批评的公开回应，都使得技术专家权威的那种不容置疑的形象受

---

① Charles F. Sabel and Jonathan Zeitlin, "Experimentalism in the EU: Common Ground and Persistent Differences." *Regulation & Governance*, Vol. 6, No. 3, 2012, p. 424.
② Ibid. .

到削弱，甚至也削弱了技术专家与欧盟委员会对立法动议权的垄断。[1]

西方的学者认为，试验主义治理已经大量出现在欧盟治理的多个领域及全球治理的部分领域，该模式的价值随着欧盟内外相关案例的持续研究而不断提升。[2] 欧盟可以利用其独特的试验主义能力，更可能扩大欧盟影响全球进程的能力，尤其是在要求产生知识和新治理机制的复杂领域。[3] 欧盟试验主义治理是更大的划时代的试验主义大繁荣的一部分，欧盟将从不断扩展的全球试验主义中获益，同时，更传统的世界政治特征，如强权政治和正式组织及法律，将与试验主义治理一起长期共存。[4]

（二）前共产主义国家的试验经验

类似于欧美国家的试验式治理实践，也曾短暂地出现在前共产主义国家如苏联、坦桑尼亚等国。例如，在十月革命胜利后的1918年5月26日，列宁在"全俄国民经济委员会第一次代表大会上的讲话"中指出：

> 在实践中对各种管理制度和整顿纪律的各种规定进行试验，都是不可避免的；在这样的伟大的事业中，我们决不能要求，而且无论哪个谈论未来远景的有卓见的社会主义者也从来不会想到，我们能够根据某种预先作出的指示立即构思出和一下子规定出新社会的组织形式。
>
> ……
>
> 所以我们知道，作为苏维埃的主要的、根本的和基本的任务的组织工作，必然会要求我们进行许多试验，采取许多步骤，作出许多变动，使我们遇到许多困难，尤其是在怎样使人人各得其所方面，因为在这方面我们没有经验，需要我们自己来定出每一个步骤……[5]

在20世纪30—40年代期间，苏联也进行过以"试点"为名的地方小

---

[1] Charles F. Sabel, and Jonathan Zeitlin, "Learning from Difference: The New Architecture of Experimentalist Governance in the EU." *European Law Journal*, Vol. 14, No. 3, 2008, pp. 275 – 277.

[2] Malcolm Campbell-Verduyn and Tony Porter, "Experimentalist in European Union and Global Financial Governance: Interactions, Contrasts, and Implications." *Journal of European Public Policy*, Vol. 21, No. 3, 2014, p. 410.

[3] Ibid., p. 424.

[4] Ibid., p. 423.

[5] 《列宁选集》（第三卷），人民出版社1995年版，第355—356页。

规模试验。及至20世纪60年代，苏联也出版过有关社会试验的论著。不过当时苏联中央集权的计划官僚体制和僵硬的经济指令是建立在烦琐的法律法条和政令基础之上的，这显然不适宜进行分散的非正规的试验。①

地处非洲的坦桑尼亚的乌贾玛（Ujamaa）村庄运动过程中，也曾采取建立试点项目的方式。并且，詹姆斯·斯科特也认同了这一做法的意义，因为它可以使得政策制定者在开始大规模项目前从中学习到什么是有效或者无效的。② 而且，詹姆斯·斯科特相信，当时的坦桑尼亚明显受到了中国和苏联模式的影响。③ 不过，坦桑尼亚的做法中存在着两个明显的问题：一是没有注重试点项目的实效性，而过于注重其展示效应；二是在推广过程中采取了强制的方式，从而忽视了地区间的差异。④

及至20世纪80年代末期之后，随着苏联和东欧地区国家的政权体制转型，在福利制度领域，那里的人们迎来了一个社会经济试验的时代；各种形式的"福利体制"得以推出来讨论和考虑，并在一定程度上加以试验。这些试验要么是经过设计的，要么就是为了应对当时特定的危机和冲突目标而采取的反应措施。这主要是因为，当时的分析家们在谈及苏联解体后该地区的政权体制时，对转型本身或者对转型后的政治、经济及社会状况缺乏相关的知识，他们甚至都无法清楚是否存在某种"从国家社会主义到市场资本主义"的简单转变过程。⑤ 当然，那时的苏东国家在进入所谓转型期之后，已经不能称为"共产主义"国家了。

（三）中国基于试验的政策过程

当前述西方学者在专注于研究出现在欧盟地区的试验主义治理模式时，他们可能并未意识到，一种类似的模式实际上早已在中国被广泛运用。并且，早在20世纪90年代，西方学者已经开始注意到中国政治运作

---

① 〔德〕韩博天：《通过试验制定政策：中国独具特色的经验》，《当代中国史研究》2010年第3期，第106页。詹姆斯·斯科特（James Scott）也曾提到关于苏联农业试验的失败问题，〔美〕詹姆斯·斯科特：《国家的视角：那些试图改善人类状况的项目是如何失败的》，王晓毅译，社会科学文献出版社2004年版，第277页。
② 〔美〕詹姆斯·斯科特：《国家的视角：那些试图改善人类状况的项目是如何失败的》，王晓毅译，社会科学文献出版社2004年版，第310页。
③ 同上书，第298页。
④ 同上书，第310—317页。
⑤ 参见〔英〕盖伊·斯坦丁《中东欧的社会保护：一个滑行的锚和破裂的安全网的故事》，载〔丹〕戈斯塔·埃斯平—安德森编《转型中的福利国家：全球经济中的国家调整》，杨刚译，商务印书馆2010年版，第335—336页，及第272页注释1。

中的试验模式。① 近几年来，这一模式又重新被学者进行了深入的研究。②

实际上，政策试验作为政府的一种工作方法，在中国已有较长的历史。早在20世纪30年代，美国军官E. F. 卡尔逊（E. F. Carlson）就通过对晋察冀抗日根据地的观察而提出，这个被隔离的区域已经成为"新中国的试管"。一些好的理念，在这里有试验的机会，如果可行，就被采纳，反之丢弃，转而其他试验。③ 韩博天则通过追溯历史后指出，这一政策制定方法的政治起源可以回溯到中国共产党在革命战争时期的工作方法；并且在其形成过程中，也吸收和借鉴了非共产党人开展政策试验的经验。④

试验之所以被广泛地运用到中国的政策制定和制度建设过程中，是因为中国已有的整体性社会制度结构所决定的。例如，有学者就认为，邓小平在改革开放之后的政策制定思路，是受到他于抗日战争时期在太行山区

---

① 例如 Susan Shirk, *The political logic of economic reform in China*, Berkeley: University of California Press, 1993; Peter Nolan, *State and Market in the Chinese Economy: Essays on Controversial Issues*. Houndmills, Basingstoke, Hampshire: Macmillan Press, 1993; Gary H. Jefferson and Thomas G Rawski. "Enterprise Reform in Chinese Industry." *The Journal of Economic Perspectives*, Vol. 8, No. 2, 1994, pp. 47 - 70; Barry Naughton, *Growing Out of the Plan: Chinese Economic Reform*, 1978 - 1993. New York, NY: Cambridge University Press, 1995。

② 最具代表性的是德国学者韩博天（Sebastian Heilmann）的研究：Sebastian Heilmann, "From Local Experiments to National Policy: The Origins of China's Distinctive Policy Process." *The China Journal*, No. 59, 2008a, pp. 1 - 30; Sebastian Heilmann, "Policy Experimentation in China's Economic Rise." *Studies in Comparative International Development*, Vol. 43, No. 1, 2008b, pp. 1 - 26;〔德〕韩博天:《通过试验制定政策：中国独具特色的经验》,《当代中国史研究》2010年第3期。其他相关研究成果包括：Ann Florini, Hairong Lai and Yeling Tan, *China Experiments: From Local Innovations to National Reform*, Washington, D. C.: Brookings Institution Press, 2012; 郑文换:《地方试点与国家政策：以新农保为例》,《中国行政管理》2013年第2期；周望:《中国"政策试点"研究》, 天津人民出版社2013年版；Ciqi Mei and Zhilin Liu, "Experiment-based Policy Making or Conscious Policy Design? The Case of Urban Housing Reform in China." *Policy Sciences*, Vol. 27, No. 3, 2014, pp. 321 - 337; 梅赐琪等:《政策试点的特征：基于〈人民日报〉1992—2003年试点报道的研究》,《公共行政评论》2015年第3期。这其中，周望的研究试图用"试点"一词来概括这一政策（制度）形成过程，而梅赐琪等人的研究则将"试点"视为试验的开端和政策试验的主要工具，从而忽视了一些地方自发开展的"先行先试"的实践，以及除了试点之外的其他试验形式。但是正如下文会论述的，"试点"只是"试验"的一个环节。所以笔者认为，用"试验"来概括这一模式更为恰当。

③ 参见潘世伟、徐觉哉主编《海外中共研究著作要览》, 上海人民出版社2012年版, 第57页。

④ Sebastian Heilmann, "From Local Experiments to National Policy: The Origins of China's Distinctive Policy Process." *The China Journal*, No. 59, 2008a, pp. 4 - 25.

根据地主抓经济的工作经验的影响。① 而韩博天与裴宜理（Elizabeth Perry）更是将这种根源于革命战争年代的政策过程机制归纳为"游击式的政策风格"（guerrilla policy style）。② 也就是说，中国革命战争年代产生的政治传统和长期以来形成的中央与地方关系的制度框架，为形成和反复使用试验模式提供了空间。

虽然中国共产党内部对政策试验问题缺少学理化的总结讨论，但这并不等同于他们在实践过程中的盲目和无知。早在20世纪50年代，毛泽东就曾总结了试验式的领导方法及其运用。他的主张包括：

（十三）……放手发动群众，一切经过试验。

（十八）普遍推广试验田。这是一个十分重要的领导方法……突破一点就可以推动全面。

（二十）组织干部和群众对先进经验的参观和集中地展览先进的产品和方法，是两项很好的领导方法。用这些方法可以提高技术水准，推广先进经验，鼓励互相竞赛。许多问题到实地一看就解决了。社和社、乡和乡、县和县、省和省之间，都可以组织互相参观。中央、省、市、专区和县都可以举办生产建设展览会。③

而中国共产党的另外一位高级领导人陈云则在20世纪50年代就提出了要在工作中采取"摸着石头过河"的方法。④ 改革开放之后，邓小平也提出："改革开放胆子要大一些，敢于试验，不能像小脚女人一样。"⑤ 虽然改革开放前后试验模式保持了大体的连贯性，但还是有所不同：改革开放后吸取了改革开放前失败的教训，彻底放弃了意识形态的狂热和单一学习样板的模式，取而代之的承认地区间的差异，推动同时试验和

---

① David S. G. Goodman, *Deng Xiaoping and the Chinese Revolution: A Political Biography*, London; New York: Routledge, 1994, pp. 41–45, 转引自 Sebastian Heilmann, "From Local Experiments to National Policy: The Origins of China's Distinctive Policy Process." *The China Journal*, No. 59, 2008a, p. 7, fn. 22。

② Sebastian Heilmann and Elizabeth Perry, "Embracing Uncertainty: Guerrilla Policy Style and Adaptive Governance in China." in Sebastian Heilmann and Elizabeth Perry, Eds, *Mao's Invisible Hand*, edited by Cambridge, MA: Harvard University Asia Center, 2011, p. 4.

③ 毛泽东：《工作方法六十条（草案）》，载中共中央文献研究室编《毛泽东文集·第七卷》，人民出版社1999年版，第348—349页。

④ 中共中央文献研究室编：《陈云年谱·中卷》，中央文献出版社2000年版，第44页。

⑤ 邓小平：《在武昌、深圳、珠海、上海等地的谈话要点（1992年1月18日—2月21日）》，载《邓小平文选·第三卷》，人民出版社1993年版，第372页。

多种试验。①

韩博天将这种出现在中国政策制定过程中的试验称为"等级制度下的试验"（experimentation under hierarchy）。② 他认为，这一机制是一种不同于发达民主国家"联邦制的试验室"的模式，而是"中国独具特色的政策过程"。在此过程中，中国所使用的方法和术语（如"试点""由点到面"等）都与其他国家不同。③

政策试验过程主要通过三种形式来进行：试验性法规（为政策试行而制定的暂行法规）、试点（特定政策领域内的示范和试点项目）和试验区（被赋予充分自由裁量权的地方辖区）。这一过程与民主国家的联邦成员进行的开拓性的立法尝试并不相同。④ 它在开始之前，并未颁布相应的法律法规，这与法治国家的行政原则（在没有颁布法律法规之前，不会采取没有法律依据或试验性的行政措施）也并不相同。中国的试验项目一般是由政府内部发出倡议，其目的是基层干部为了解决本辖区内的棘手问题，同时也是受到仕途升迁和物质利益的驱动。⑤ 这样的一个政策循环一般包括地方政策创新、试点的确立、试点方案的拟定、地方试点的实施、试验方案的扩大、政策制定、政策执行和对政策影响的讨论这 8 个环节。⑥ 还有学者将这一过程简化为前试点阶段、试点阶段和后试点阶段。⑦

另外，韩博天明确指出，中国风格的试验不能被视为是"科学的"和"基于证据"的政策选择尝试。在这一过程的每个阶段，从政策目标的设定，到选择模范试验，到界定推广的政策选项，"由点到面"的过程一直都是一个充分政治化的过程，这个过程包含了利益竞争、意识形态的分

---

① Sebastian Heilmann, "From Local Experiments to National Policy: The Origins of China's Distinctive Policy Process." *The China Journal*, No. 59, 2008a, pp. 25 – 29.

② Ibid., pp. 1 – 30.

③ Ibid., p. 3.

④ Ibid., p. 5.

⑤ Ibid., p. 9.

⑥ Ibid., pp. 9 – 12.

⑦ 刘伟：《政策试点：发生机制与内在逻辑——基于我国公共部门绩效管理政策的案例研究》，《中国行政管理》2015 年第 5 期。还有学者将基于这一模式的政策创新划分为不同的类型，例如，郁建兴等将其区分为"自主探索"和"设计试验"这两种，参见郁建兴、黄飚《当代中国地方政府创新的新进展——兼论纵向政府间关系的重构》，《政治学研究》2017 年第 5 期；朱旭峰等则在韩博天的"分层制试验"的基础上，又划分出"对比性试验"（comparative trial）、"选择性认可"（selective recognition）、"适应性协调"（adaptive reconciliation）这三种，参见 Xufeng Zhu and Hui Zhao, "Experimentalist Governance with Interactive Central-Local Relations: Making New Pension Policies in China." *Policy Studies Journal*, forthcoming. 但笔者更倾向于将这些不同类型的试验，视为整个试验的不同阶段。

歧、个人间竞争（personal rivalries）、策略的投机主义或者特定的政策妥协。[1] 但他认为，分级制试验是理解中国制定政策过程的关键，这种试验将分散试验和中央临时的一次性干预结合在一起，将地方经验有选择地吸收到国家政策中，这是一种反复变化但却富有成效的组合。[2]

还有很重要的一点是，地方政策试验在中国并不等于放任自流反复试验，或者随心所欲扩大试验范围。确切地说，它是意图明确的行为，是为正式出台普遍适用的政策，甚至是为国家立法提出可供选择的新政策。[3] 在这一过程中，不应低估上一级对地方试验的关注程度。上级的庇护和支持往往对保护和提高基层创新力有决定性作用。最高层政策制定者提出宽泛的政策目标和重点，这常常为基层试验提供了合法性和回旋余地。[4] 梅赐琪等人的研究也指出了，中央政府在整个政策试验过程中都有可能扮演着决定性的角色。[5] 韩博天还用中国多个领域（包括国有企业、私营企业、外商投资和对外贸易、证券市场、农村医疗、土地管理）的政策实例，简要分析了试验机制在各自领域中的作用。他认为，在经济领域内的试验较之社会领域更容易成功，原因是经济领域的试验项目可以带给地方精英以好处。[6] 王绍光则通过研究中国农村合作医疗政策的变迁，从而提出即使是在公共产品领域，政策试验依旧有其重要的作用。[7] 而台湾学者蔡文轩

---

[1] 还有学者通过对试点环节的专门研究，同样也认为试点过程是一个充满了国家与社会、中央与地方之间互动的过程，参见李洁《农村改革过程中的试点突破与话语重塑》，《社会学研究》2016 年第 3 期。当然，也有学者通过对最近的政策试验案例的研究指出了试点过程有被越来越科层化的趋势，这种趋势可能会消解掉试点的目的和作用，参见陈那波、蔡荣《"试点"何以失败？——A 市生活垃圾"计量收费"政策试行过程研究》，《社会学研究》2017 年第 2 期。

[2] Sebastian Heilmann, "From Local Experiments to National Policy: The Origins of China's Distinctive Policy Process." *The China Journal*, No. 59, 2008a, pp. 28 – 29.

[3] Sebastian Heilmann：《中国异乎常规的政策制定过程：不确定情况下反复试验》，《开放时代》2009 年第 7 期。

[4] 同上。

[5] 梅赐琪等：《政策试点的特征：基于〈人民日报〉1992—2003 年试点报道的研究》，《公共行政评论》2015 年第 3 期。

[6] Sebastian Heilmann, "Policy Experimentation in China's Economic Rise." *Studies in Comparative International Development*, Vol. 43, No. 1, 2008b, p. 20.

[7] Shaoguang Wang, "Adapting by Learning: The Evolution of China's Rural Health Care Financing." *Modern China*, Vol. 35, No. 4, 2009, pp. 370 – 404；中文版见王绍光《学习机制、适应能力与中国模式：中国农村合作医疗体制变迁的启示》，《开放时代》2009 年第 7 期。类似的研究还有朱旭峰和赵慧对中国不同类型的养老政策的研究，参见 Xufeng Zhu and Hui Zhao, "Experimentalist Governance with Interactive Central-Local Relations: Making New Pension Policies in China." *Policy Studies Journal*, forthcoming；以及刘伟对公共部门绩效管理改革的研究，参见刘伟《政策试点：发生机制与内在逻辑——基于我国公共部门绩效管理政策的案例研究》，《中国行政管理》2015 年第 5 期；还有大量围绕着地方政府创新奖的相关案例开展的研究。

等人则通过对广东省的大部制改革和四川省的公推直选改革的研究指出，试验模式在政治改革领域同样也在运用；并且，在试点选择和推广范围过程中，中央非常注重考量地方经济发展等条件是否具备，以此来降低改革的风险。① 贝淡宁（Daniel A. Bell）对中国官员选拔制度的研究也指出，政治制度的试验既是中国政府的创新，也是中国体制韧性的体现。② 而梅赐琪等人则使用1992—2003年《人民日报》中对政策试点的相关报道所组成的大样本的方法，实证地分析了中国的政策试点所发生的领域既包括经济发展领域，也包括社会福利、环境保护、政府改革、教科文卫和政治发展等。③

对比在试验式治理经常得以运用的中国和欧盟的实践，我们可以发现至少存在两个方面的不同。首先，最浅显的不同是，欧盟试验主义治理模式的出现是晚于中国的。中国从革命战争年代就已经开始运用这一模式，而欧盟方面则是由于成员国数量持续扩大、内部差异性逐步加大、环境不确定性越来越大之后才有了需求，从而逐步形成这一模式的。由此，查尔斯·萨贝尔和乔纳森·泽特林所认为的，欧盟是试验主义治理方向全球的先行者和榜样的观点④，是难以立足的。

其次，在最高层权威的角色和作用方面，中欧之间有着一定的不同。欧洲没有一个超越成员国之上的绝对政治权威，而作为单一制国家的中国，则存在一个居于各省份之上的中央政府作为调停者和裁判者。当然，这并不是说，欧盟委员会就不能发挥任何作用，实际上查尔斯·萨贝尔和乔纳森·泽特林提出的"默认式惩罚"机制中，欧盟委员会就可以通过威胁的方式，来迫使成员国或相关机构进行合作。

而在中国，中央政府的影响力就更加明显了。前文韩博天就认为，地方政策试验在中国并不等于放任自流反复试验。而更有学者认为试验是基于中央选择性控制的。中央对怎么改革并不预先设定一个原则和目标，而

---

① Wen-Hsuan Tsai and Nicola Dean, "Experimentation under Hierarchy in Local Conditions: Cases of Political Reform in Guangdong and Sichuan, China." *The China Quarterly*, Vol. 218, No. June, 2014, pp. 339 – 358.
② Daniel Bell, *The China Model: Political Meritocracy and the Limits of Democracy*. Princeton, N. J.: Princeton University Press, 2015, ch. 2.
③ 梅赐琪等：《政策试点的特征：基于〈人民日报〉1992—2003年试点报道的研究》，《公共行政评论》2015年第3期。
④ Charles F. Sabel, and Jonathan Zeitlin, "Learning from Difference: The New Architecture of Experimentalist Governance in the EU." *European Law Journal*, Vol. 14, No. 3, 2008, pp. 323 – 327.

是通过对试验的不确定态度,实现对地方的选择性控制。改革过程中,中央维护政治权力秩序(地方服从于中央)的意识非常清晰。地方具体实践的形式可以多种多样,至于最终采用哪种形式完全取决于中央的需要及对中央的功效如何。① 梅赐琪等人发现,中央甚至会在地方试验没有取得成果前就在全国推进政策改革。② 当然,这种情况下的政策过程,严格意义上来说就不能称为是通过试验制定政策了。

(四) 从政策试验到制度试验

韩博天等人对中国政策过程中的试验机制的系统研究中,并未严格地区分政策与制度。③ 实际上,二者之间是有所不同的。例如,凯瑟琳·A.西伦(Kathleen Ann Thelen)与斯温·斯坦默(Sven Steinmo)就曾指出,"人们既为制度而斗争,也为政策结果而斗争。……在制度选择之后会导出大量的政策路径"④。二人还曾讨论了在制度稳定、制度的意义和功能发生变化的情况下的政策变迁。⑤ 可见,制度在普遍性和抽象性上是高于政策的。⑥

除了学者,政治家们也会将政策与制度区别对待,例如,邓小平同志在1992年时曾指出:"恐怕再有三十年的时间,我们才会在各方面形成一整套更加成熟、更加定型的制度。在这个制度下的方针、政策,也将更加定型化。"⑦

---

① 刘培伟:《基于中央选择性控制的试验:中国改革"实践"机制的一种新解释》,《开放时代》2010年第4期。
② Ciqi Mei and Zhilin Liu. "Experiment-based Policy Making or Conscious Policy Design? The Case of Urban Housing Reform in China." *Policy Sciences*, Vol. 27, No. 3, 2014, pp. 321 – 337.
③ 虽然韩博天也认为,政策试验往往是推动制度创新的一个有效的工具。参见 Sebastian Heilmann, "Policy Experimentation in China's Economic Rise." *Studies in Comparative International Development*, Vol. 43, No. 1, 2008b, pp. 1 – 26。
④ Kathleen Ann Thelen and Sven Steinmo, "Historical Institutionalism in Comparative Analysis", in Sven Steinmo, Kathleen Ann Thelen and Frank Longstreth, Eds, *Structuring Politics*: *Historical Institutionalism in Comparative Analysis*, Cambridge; New York: Cambridge University Press, 1992, p. 22.
⑤ Ibid., p. 18.
⑥ 关于这一点的讨论也可参见 Peter Blair Henry and Conrad Miller, "Institutions Versus Policies: A Tale of Two Islands." *American Economic Review*, Vol. 99, No. 2, 2009, pp. 261 – 267; 以及 Ha-Joon Chang, *Kicking Away the Ladder*: *Development Strategy in Historical Perspective*, London: Anthem, 2002, p. 9 (本书中文版见〔英〕张夏准:《富国陷阱:发达国家为何踢开梯子?》,肖炼、倪延硕等译,社会科学文献出版社2007年版,第10页)。
⑦ 邓小平:《在武昌、深圳、珠海、上海等地的谈话要点(1992年1月18日—2月21日)》,载《邓小平文选·第三卷》,人民出版社1993年版,第372页。

当然，政策试验与制度试验两者还是有着诸多共性的。其中，最重要的共同点有三个：一是试验过程中都需要将相同（或类似）的试验方案在不同的试点地区实施，或者（并且）是将不同的试验方案在不同（但情况相近）的试点地区实施；以此来检验各种方案的实施效果和可推广价值。前一种试验方式控制的是试验的方案（或初级制度），看它在不同地点的适应性问题；而后一种试验方式则控制的是试点（或地区），看哪一种试验方案更为有效。在实际操作中，两种试验方式经常会同时运用。二是试验过程中，不同的行动者承担着不同的角色。这其中，中央政府和地方政府是最主要的两类行动者。地方政府主动（或在中央政府的授权下）承担着方案（政策的或制度的）创新的职能；而中央政府则掌控着试验的进程，使其避免处于一种漫无边际的状态。三是试验中明显存在着时间序列这一要素。因为几乎所有的试验都不会在短时间内得以完成；它们一般都会被分为若干阶段。这也正是我将制度试验视为一种渐进式制度变迁模式的原因之一。

韩博天等人对政策试验机制的研究还存在一些不足。首先，他们对试验过程中不同政治行动者的互动缺乏深入的讨论；因为参与政策方案创新的，可能并非只有中央和地方两类行动者。即使是中央和地方政府之间，他们的互动也并非简单的主从或庇护关系可以概括的。其次，他们也未对试验过程中可能存在的一些具体的政治过程进行详细的阐述和论证，特别是那些运用于将试点地区经验推广到更大范围的机制。另外，已有研究简要地用几个政策领域的案例论证了学者们的观点，[①] 但这其中的一些论断还需要更多的实证材料加以检验，迄今为止也尚缺乏专著体量的、针对某个案例展开的"解剖麻雀"式的实证研究。

最后，需要指出的是，试验之所以被广泛地运用到中国的政策制定和制度建设过程中，恰恰是因为中国已有的整体性社会制度结构所决定的。也即前文所述，中国革命战争年代产生的政治传统和长期以来形成的中央与地方关系的制度框架，为形成和反复使用试验模式提供了空间。

二 新制度理念的形成：制度学习

在对制度（政策）试验进行讨论的时候，我们还需特别关注的一点

[①] 例如 Ann Florini, Hairong Lai and Yeling Tan, *China Experiments: From Local Innovations to National Reform*, Washington, D. C.: Brookings Institution Press, 2012；郑文换：《地方试点与国家政策：以新农保为例》，《中国行政管理》2013 年第 2 期等。

是，新制度或其理念（idea）的来源问题。① 对这一问题的回答，需要我们回到人类的学习（learning）行为上来。因为在道格拉斯·C. 诺思等人看来，解释新旧制度变化作为所有社会科学所面临的最为重大的挑战，其起点和前提恰恰就是人类的学习。② 这里，与学习相关的问题主要有：如何界定学习？学习的对象有哪些？学习的模式是否各有不同？影响学习模式的因素又有哪些？

（一）通过学习建设新制度

首先让我们先界定一下学习。这里我们借用道格拉斯·C. 诺思等人给出的定义。它是基于认知科学（cognitive science）中的心智模型（mental model）这一概念的。心智模型指的是人类认知系统创立的、用以阐释周围环境的内在表征（internal representations）。③ 而学习则是根据从周围环境接受到的反馈而对心智模型进行的一系列复杂的修正。④ 这一定义的出发点是个体，这也符合理性选择制度主义一贯的微观分析路径。当然，当一个组织或社会对现实达成了共同的理解时，探求对问题的集体性解决方案也就有了可能。⑤

在某些理性选择制度主义者看来，制度变迁是不连续和有意识的，而不是一个持续的调整和学习过程。⑥ 道格拉斯·C. 诺思却认为，组织中的学习在制度变迁中发挥着重要作用。他特别强调组织从实践中学习（learning by doing）的模式。他将其界定为一个组织通过重复的互动而获得协调的技巧（skills）和发展出日常规则（routines）的过程。⑦ 道格拉斯·C. 诺思认为，一个组织中的成员所获得的知识、技能和学习的种类会反映出制度限制（institutional constraints）中的回报——激励（incen-

---

① 李振：《渐进式制度变迁理论：比较政治学新制度主义的新进展》，《国外理论动态》2014年第5期。
② C. Mantzavinos, Douglass C. North, and Syed Shariq, "Learning, Institutions, and Economic Performance." *Perspectives on Politics*, Vol. 2, No. 1, 2004, p. 75.
③ Douglass Cecil North, "Economic Performance through Time." *The American Economic Review*, Vol. 84, No. 3, 1994, p. 364.
④ C. Mantzavinos, Douglass C. North, and Syed Shariq, "Learning, Institutions, and Economic Performance." *Perspectives on Politics*, Vol. 2, No. 1, 2004, p. 76.
⑤ Ibid..
⑥ B. Guy Peters, *Institutional Theory in Political Science: The New Institutionalism*, London; New York: Pinter, 1999, pp. 52 – 59.
⑦ Douglass Cecil North, *Institutions, Institutional Change and Economic Performance*, Cambridge: Cambridge University Press, 1990, p. 74.

tives）。这一点对制度变迁有着深远的意义。因为知识发展的方式塑造了我们对周围世界的认知，而这些认知又再引导我们对知识的追求；同时，也影响了我们如何合理化、解释和正当化这个世界，进而影响着人们建立契约的成本。[1] 在道格拉斯·C.诺思提出的一个分析制度变迁的理论框架里，就包含有认知和学习是如何影响制度变迁的：竞争迫使组织持续不断地在技能和知识方面进行投资以求生存；这些技能和知识在被个人和组织习得后，将形成他们对机会和选择的感知（perceptions），进而逐渐地改变制度。[2]

其实，社会学制度主义对制度同构机制（特别是强制性同构和模仿性同构）的研究，更早地从组织层面关注制度学习。[3] 这里，强制性同构可能是一种被动式的学习，因为是迫于正式或非正式的压力；而模仿性同构可视为一种主动性的学习。在模仿性同构机制中，组织模仿行为的发生源自于现实世界的不确定性。通过模仿可以节省人类的行动，从而较快地产生出可行的方案。[4] 模仿行为可能是通过员工的流转而间接地、无意识地扩散开来；也可能是通过咨询公司和行业协会而直接进行。即便是组织创新，也可以通过组织模仿来进行解释。[5] 如果说社会学制度主义关注的是一般意义上组织的学习的话，那么科特·韦兰（Kurt Weyland）新近的研究则更集中于对国家间学习而导致的制度变迁的分析。他提出了一种专门分析那些非渐进式的、取得较好效果的制度变迁的新理论。该理论将制度变迁的动力划分为供给方（supply side）和需求方（demand side）两个维度，以分析制度变迁在一些国家是如何实现的。他从认知心理学的角度分析有限理性的决策者们在面临需要解决的问题时，其态度往往是不一致的。对于那些要做长期决策的决策者而言，他们很少做理性的评估，而是

---

[1] Douglass Cecil North, *Institutions, Institutional Change and Economic Performance*, Cambridge, Cambridge University Press, 1990, pp. 74, 76.

[2] Douglass Cecil North, "Five Propositions About Institutional Change." in Jack Knight and Itai Sened, Eds, *Explaining Social Institutions*, Ann Arbor: University of Michigan Press, 1995, p. 15.

[3] Paul DiMaggio and Walter W. Powell, "The Iron Cage Revisited: Institutional Isomorphism and Collecive Rationality." in Walter W. Powell and Paul DiMaggio, Eds, *The New Institutionalism in Organizational Analysis*, Chicago: University of Chicago Press, 1991, pp. 67–74.

[4] Richard Michael Cyert and James G. March, *A Behavioral Theory of the Firm*, Englewood Cliffs, N. J.: Prentice Hall, 1963.

[5] Paul DiMaggio and Walter W. Powell, "The Iron Cage Revisited: Institutional Isomorphism and Collecive Rationality." in Walter W. Powell and Paul DiMaggio, Eds, *The New Institutionalism in Organizational Analysis*, Chicago: University of Chicago Press, 1991, p. 69.

得过且过（muddle through）；当问题失去控制时，他们最终才决定直面恶化的局势、全力行动，并实现突破。鉴于寻求本土化的解决方式存在着诸多的困难，决策者们往往愿意接纳外来的输入，并热切希望学习国外的模式和经验。如此一来，就可以解释为什么大量的制度变迁通常会如潮水（wave）般一波一波地发生。这是因为决策者们解决国内的问题的方案是学习自国外的理念和模式，因而有很明显的"传染（contagion）效应"。制度变迁一般不会在一个国家单个发生，而通常会有一个强烈的外部刺激。[①]

（二）多源头的学习对象

在学习对象方面，社会学制度主义一向比较强调组织之间的学习，也将组织外的制度模式视作学习的目标。但是，这样单一的学习对象实际上难以解释众多的社会现象；并且在理论上存在诸多问题。以科特·韦兰的变迁理论为例：一方面，并非所有的制度因素都适合于从国外学习。例如，弗朗西斯·福山（Francis Fukuyama）曾将制度分为四个层次：组织设计与管理层次、制度设计层次、合法化的基础层次、社会和文化因素层次。而并非所有的制度知识是可以转移的。可转移的知识大部分归属于第一类。第二类与第三类也包含一些可转移的知识；但第四类要素，能够借由公共政策来操控的程度相当低。[②] 即使那些可转移层次的制度知识，也不是全部适合于组织学习的。例如安娜·索尔斯比（Anna Soulsby）和艾德·克拉克（Ed Clark）以捷克共和国的大型国有企业在20世纪90年代前后的私有化过程为例，在考察一些企业建立新的管理制度过程中的学习时指出，有的国有企业并未完全照搬国外的管理制度，而是试图综合本土和国外两种制度要素。其中，1989年之前的管理知识在私有化过程中依旧扮演着重要的角色；[③] 另一方面，即使是可以学习的制度，那如何判断决策者学习的目的呢？是真心要执行它，还是仅仅是拿来充门面呢？近年来对发展中国家政治制度强度的研究就表明，当代很多政治制度都是既缺乏强度又不稳定的。制度强度的缺乏可能源自多个方面的原因，其中就包括：很多制度虚弱无力是因为制定这些制度的人就没有想过要执行它们，

[①] Kurt Weyland, "Toward a New Theory of Institutional Change." *World Politics*, Vol. 60, No. 2, 2008, pp. 281–314.

[②] Francis Fukuyama, *State-Building: Governance and World Order in the 21st Century*, Ithaca, N.Y.: Cornell University Press, 2004, pp. 23–32.

[③] Anna Soulsby and Ed Clark, "The Emergence of Post-Communist Management in the Czech Republic." *Organization Studies*, Vol. 17, No. 2, 1996, pp. 227–247.

它们可能本就是用来装点门面（window-dressing）的；制度无力也可能源自社会遵从度不够。而制度不稳定的原因之一就可能与时间有关，即制度设定的快慢可能会影响到制度的稳定性。[1] 最后，还有一种情况是科特·韦兰的理论不能解释的，那就是如果国外没有合适的经验和模式可供某国学习，或者有相近的经验，但学习之后效果很差时，如何建立新的和有效的制度呢？

除了学习外部模版外，还有道格拉斯·C. 诺思所强调从实践中学习，只是他所强调的似乎主要是组织或个体自身的实践。但这里的一个重要问题是，实践是自发的，还是有目的的和组织化的。如果实践是一种有不同个体或组织自己发动的，并未形成一定模式或规律，那么可以想象这样的学习过程难以高效。是否存在一种目的性和组织化的学习方式呢？王绍光对中国经验的研究就指出，学习源也可以分为两大类，一类是各个时期、各个地方的实践，另一类是系统性试验。前者包括本国的政策与制度遗产、本国内部各地区不同的实践和外国过往与现实的经验教训；后者是指在小范围进行的、旨在发现解决问题有效工具的干预性试验。[2]

而在欧盟的试验主义治理模式中，则非常强调从差异中学习（learning from difference）的重要性。试验主义治理作为一种目标设定和修改反复迭代的过程，其基础就是通过学习比较不同备选方案在不同情境下的执行情况。[3] 这种差异不仅体现在不同地区间，还体现在不同时间段的跨时性上。也即通过对先后发生的执行经验进行评估，以便获得学习，从而更为深刻地对初始目标进行反思和再造。[4]

（三）多样化的学习模式

再来看制度学习的模式问题。在道格拉斯·C. 诺思看来，整体性制度

---

[1] Steven Levitsky and Maria Victoria Murillo, "Variation in Institutional Strength." *Annual Review of Political Science*, Vol. 12, 2009, pp. 117 – 124.

[2] Shaoguang Wang, "Adapting by Learning: The Evolution of China's Rural Health Care Financing." *Modern China*, Vol. 35, No. 4, 2009, pp. 370 – 404；中文版见王绍光《学习机制、适应能力与中国模式：中国农村合作医疗体制变迁的启示》，《开放时代》2009 年第 7 期。

[3] John Erik Fossum, "Reflections on Experimentalist Governance." *Regulation & Governance*, Vol. 6, No. 3, 2012, pp. 394 – 400.

[4] Malcolm Campbell-Verduyn and Tony Porter, "Experimentalist in European Union and Global Financial Governance: Interactions, Contrasts, and Implications." *Journal of European Public Policy*, Vol. 21, No. 3, 2014, p. 411.

结构在鼓励试验和创新方面扮演着关键的角色。根植于制度框架内的激励会引领从实践中学习的过程,并推动隐性知识(tacit knowledge)的发展,这将导致个体在决策过程中使得体制发生渐进式演进。[1] 他的这一观点已经超越了一般理性选择制度主义对制度变迁前"制度真空"的假定。同时,道格拉斯·C.诺思对试验和创新的强调也突破了理性选择制度主义追求在互动中设计制度的理念。在一个充满不确定性的世界里,没有人知道我们所面临的问题的答案。而允许尽可能尝试的社会才最有可能经过一段时间后解决这些问题。[2]

由此我们可以看出,不同国家或地区,由于不同的历史原因和制度积淀,可能会形成不同的学习模式。如果我们能够对这些模式进行概括或总结,不仅可以进一步丰富新制度主义的相关理论,还可能促使国家间在学习模式上的相互借鉴。这可以为不同国家,特别是那些面临新旧制度更替重任的发展中国家,能更好地完成制度变迁和社会转型、建立一系列有力而有效的制度提供有益的知识积累。

三 研究方法、分析框架与研究假设

正如前文已经提到的,本书的目的是通过剖析中国城管执法体制的形成史这一案例,从而详细呈现制度试验在中国的运作过程、特征、优势以及产生的问题。这其中涉及的问题包括:制度试验模式是如何运作的?其中,不同的政治行动者之间是如何互动的?试验中的新制度的理念和安排是从何而来的?在试验中的行动者的学习过程有哪些特点?

(一) 研究方法与资料来源

本书采用个案过程追踪研究方法,即以城管执法体制的形成过程作为主要研究对象,通过过程追踪的方式对其进行全面的研究,深入了解该体制的缘起、扩散、运行、演变,以及引发的争议等各个方面,进而全方位展示制度试验机制启动的原因、过程、运行机制、优势,以及可能引发的问题等。本书的重点是制度建设中的制度试验这一具体机制,而并非一般

---

[1] Douglass Cecil North, *Institutions, Institutional Change and Economic Performance*, Cambridge, Cambridge University Press, 1990, p. 81.
[2] Ibid..

制度主义所关注的制度变迁的原因分析；因此，本书将更多地关注于制度是如何形成的，以及在此过程中不同的参与者的角色和行动所表现出的特点。

当然，个案研究面临的最大问题是其得出结论的可推广性，或者说是通过对城管执法体制的形成过程这一案例的分析讨论所描述的制度试验模式是否能够准确概括中国所有领域（或者至少说是多个领域）的制度试验的特征。针对这一可能的质疑，这里要说明的是，结合笔者在本章之前的文献评述部分所梳理的，我们可以看到，虽然本书主要关注的是中国的制度试验机制，所选取的研究对象是作为个案的当代中国的城管执法体制的形成及演变过程，但是针对这一机制和城管执法体制这一案例的研究其实是被置于三个比较维度：其一是中外（包括欧盟和前共产主义国家）试验式治理模式的对比，其二是中国在经济领域和社会领域的试验式治理模式的对比，其三则是已有制度主义对制度形成（制度变迁）的研究与中国等级制下制度试验模式的对比。并且，在研究过程中，笔者将通过对比不同时期、不同城市的不同案例，来验证本书下文中所提出的假设和观点。另外，笔者也会将中国的城管执法体制置于国际比较的视野中，以此来分析与此相关的一些结论。

由于在城管领域至今还缺乏系统的统计数据，因此笔者只能通过田野调查和参与式观察的方式，获取相关材料。遗憾的是，这些资料可能很难如同年度统计数据那样系统化。本书的资料主要有两个来源：一部分来自政府公开的法律法规、政府文件，以及近年来公布的较为零散的统计资料、年鉴、部分城市的城管志等，还包括部分城管部门的公开信息。另一部分来自深入访谈和参与式观察所获取的资料，其中包括部分未经公开的政府内部文档。访谈的对象包括来自6个省级单位的12个城市，以及中国香港、台湾等地区的共计89人。

由于联系部分访谈对象存在着一定的困难，本书并未按照随机抽样的方式筛选访谈所涉及的省份和城市。但是，本书还是适度考虑了每个被调查城市在城管执法体制形成过程中的典型性。在被访者的选取上，也考虑到了职业和岗位的多元性，其身份涵盖了城管部门工作人员、政府法制局（办公室）工作人员、专家学者、媒体工作人员、普通市民，以及无证商贩、出租车司机、沿街乞讨人员等的城管执法对象。所有访谈对象的个人信息和访谈城市的信息也做了匿名处理。访谈对象的编号及其身份类型以附件的形式放在正文之后。另外，关于城管执法体制的国际比较部分，除中国香港和中国台湾两地区有少量访谈之外，其他国家和地区主要依靠当地公开的资料和学者已有的研究。

本书的访谈地点多种多样,尤其是针对政府部门工作人员的访谈,不仅仅会在访谈对象的办公场所,也会在脱离办公室之外的其他场所。访谈的形式既有面对面的访谈,也有电话访谈,还有通过网络(电子邮件和实时聊天工具)的访谈。笔者还有幸对部分访谈对象采取了多次的补充和追踪访谈。另外,由于笔者具有曾经在城管部门工作的经历,因此笔者也可以以"局内人"(insider)的视角来分析和甄别所获取的资料。在数据的使用上,本书力求多证据的交叉引用,尽量避免以"孤证"来支持文中的相关论点。

(二) 本书的分析框架

参考韩博天对政策试验的定义,[①] 本书将制度试验界定为:为了制定一项新的制度,先根据一个大致的制度建设方向在部分试点单位进行小范围的尝试,进而形成不同的初级制度选项;然后再将这些选项中的一个或多个逐步推广到更多地区执行,最后形成一种全国性的制度安排的过程。另外,为了更为准确地阐述本书的分析框架,笔者需要对其他两个概念——试点和实践——加以界定。笔者将试点定义为制度试验前期工作的一部分,它有两个含义:做动词时,它指的是正式制定某项制度之前,经高层级政府授权而在小范围内进行的尝试,目的是形成初级的制度选项;做名词时,指的是正式制定制度前经授权开展小范围尝试的地方。[②] 笔者将实践界定为在部分或全部地区开展的,旨在解决某些问题而制定并实施某项制度的活动。这里的实践,包括两类,一类是由地方发起的但未经中央政府授权的探索性实践活动,另一类是经过中央授权而进行的实践活动。相比较而言,第一类型的实践可能会出现自发而无序的情况,而第二种类型的实践则是有着明确的目标,并处于中央的控制之下,从而趋于组织化和系统化。与试点类似,两种类型的实践都是制度试验的一部分。而制度试验的建设方向和内容往往来自对实践经验的总结。

根据制度试验发生的顺序,本书将其划分为六个阶段:一是试点前的探索阶段,二是正式试点阶段,三是初步评估及确定扩大试点范围,四是结束试点及总结经验,五是经验推广阶段,六是制度的形成阶段。图 2-1

[①] Sebastian Heilmann, "Policy Experimentation in China's Economic Rise." *Studies in Comparative International Development*, Vol. 43, No. 1, 2008b, pp. 3-5.

[②] 此处参考了《现代汉语词典》中的解释,参见中国社会科学院语言研究所词典编辑室编《现代汉语词典》(第 5 版),第 1247 页。

则大致概括了完整的制度试验循环过程。①

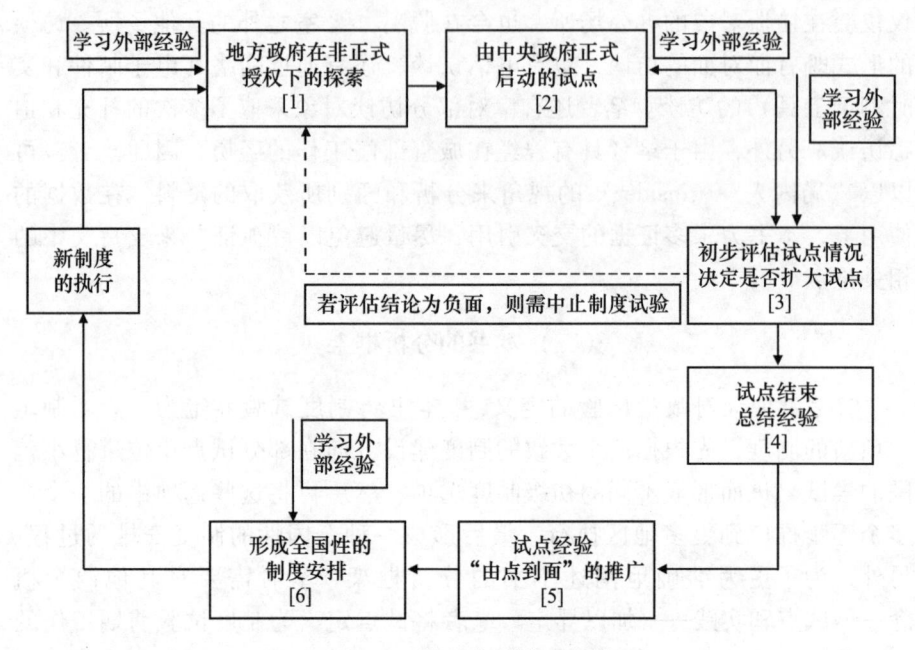

图 2-1 制度试验循环过程

(流程图内容：
学习外部经验 → 地方政府在非正式授权下的探索 [1] → 由中央政府正式启动的试点 [2] ← 学习外部经验
↓ 学习外部经验
初步评估试点情况 决定是否扩大试点 [3]
若评估结论为负面，则需中止制度试验
↓
试点结束 总结经验 [4]
↓
试点经验"由点到面"的推广 [5]
↓
形成全国性的制度安排 [6] ← 学习外部经验
↓
新制度的执行)

具体来说，在第一阶段，地方政府为应对本辖区内新出现的问题或已有制度执行中的问题而进行探索性实践。他们探索的方案，有可能是自我创新的结果，或是向历史传统的借鉴，也有可能是向外部学习的成果；更多情况下是多个学习来源的综合。虽然此时的中央政府并未正式启动或授权地方政府进行试验，但地方政府的这些探索性活动，为制度试验大方向的确立提供了很好的学习资源和制度建设选项。在第二阶段，中央政府决定正式启动试点工作，并根据地方政府已有的探索实践方案，和（或）参考学习国外的制度经验，从而确定一个大致的制度建设方向。期间，中央会对制度试验进行两个方面的控制：一方面，中央会考虑将类似的制度选项在不同的试点单位实施；另一方面，不同的制度选项也可能会在情况相似的试点单位实践。实际运作中，这两种情况往往同时存在。因此，试点

---

① 此图参考了韩博天的中国基于试验的政策循环图，参见 Sebastian Heilmann, "Policy Experimentation in China's Economic Rise." *Studies in Comparative International Development*, Vol. 43, No. 1, 2008b, p. 10。

阶段的中央政府并不追求所有试点地区制度试验的同步性,也不追求所有试点地区制度设计的统一性;而是允许各试点单位在既定的制度建设方向下寻求不同的制度建设方案。第三个阶段,在开始试点一段时间后,需要对试点地区制度试验的情况进行初步的评估;这一时期的评估主要是以节点评估为主,也就是在特定的时间,通过专人评估或者听取汇报评估的方式,审核试点地区制度试验的有效性。如果评估的结果并不理想,则中央会暂时中止试验,并考虑对试验方向进行修正;从而,制度试验重新回到第一阶段。反之,若评估的结果说明制度试验的方向是正确的,新的制度方案有利于解决面临的问题,那么中央政府就会考虑并扩大试点的数量和范围。除了评估制度试验的方向是否正确外,这一阶段还开始初步总结各试点单位取得的经验和教训,并通过会议、文件等形式将这些经验教训公布出来,以供试点单位和即将成为试点的地区参考。同样的,来自国外的制度和做法也会引入到试点工作中,由试点单位决定是否采用。

第四阶段,当制度试验在较大范围内开展一段时间后,中央政府开始总结各地区试点的经验(包括新成立的组织架构和制度安排,以及它们的运作模式),并选择一些地区及其做法,将它们树立为"典型"或"模范",以供其他地区,特别是那些未开展试点的地区学习。此一阶段,中央往往并不仅仅推广一个典型或一个模范,而是同时推广多个;由其他地区自己选择需要学习的对象。此外,那些制度试验开展并不顺利的单位,其失败的教训同样也会被总结提出,以供下一个阶段时参考。第五阶段,试点地区的经验(包括那些不被树立为典型和模范的单位的经验),都可能成为其他地区学习和借鉴的对象。这一阶段的试验经验的扩散,经由多种渠道和机制在全国范围内扩散开来,典型的包括会议、信息传达、参观考察、开门立法等。第六个阶段,在制度试验的前五个阶段,各地区在中央既定的制度建设方向上,已经形成了许多次层级的组织架构和制度安排。此时,中央政府可以抽取其中一种,或综合上述制度试验的不同成果,或再参考国外制度设计的经验,从而形成一个全国性的制度安排。这里的新制度,可能只是一个试行方案。在经过一段时间的执行后之后,再行修订。这是一个时间维度的试验过程,而非仅限于空间维度的。

新制度形成后,在其执行过程中或者随着社会的发展,可能又会出现新的问题,由此,新的一轮制度试验又会启动。后文中,笔者会用选取的实证案例,详细地展示这六个过程的运作图景。

试验过程中,有不同的行为主体参与进来;其中,中央与地方政府及其工作人员则起到主导作用。地方政府拥有制度创新和先行试验的自主权

（非正式授权下的探索和正式授权后的试点），并承担着创新制度对其进行检验的任务。中央政府则掌握着试验进程的控制权和最终制度设计的选择权。因此，这种制度试验可以称为"中央控制下的地方制度创新"。

还需要指出的是，制度试验中行动者的学习活动有其自身的特点。在学习对象方面，有向实践学习，包括中央在确定制度试验方向时向地方性实践学习的过程，以及地方各单位向试点单位和"典型"经验的学习等。而对于外部（外国）制度经验的学习之门也一直是敞开的。但是，这里的学习外部经验与社会学制度主义的同构有两个方面的不同：一方面被学习的对象不一定只有一个，而学习者也并非只有中央政府一个，因为中央并不对制度试验的方案作严格统一的要求；另一方面，所有的学习都是融入试验中，而不是在同一时间在全国范围内实现。同时，制度试验中的学习，是一种基于试验的、为了既定的制度建设目标而开展的系统性学习，而不是道格拉斯·C. 诺思等人提出的由个体或社会发起的，有可能是漫无边际的学习。

上述制度试验的过程，其实非常类似于中国共产党领导人，特别是毛泽东同志所提倡的一种从实践到理论再到实践的多次反复模式。[①] 毛泽东的模式就将学习的来源归纳为三个方面，即生产斗争、阶级斗争和科学实验。如果我们剔除其中意识形态的话语元素，就会发现这三个来源基本上等同于我们这里提出的向实践学习和通过试验进行学习。不同的是，在毛泽东的从理论到实践的反复模式里，并不包含向组织之外的经验学习的部分。而毛泽东等中国共产党领导人的这套话语，其实也可以视作对中国共产党实际工作方法的一种概括；并且这样的提倡也促使试验模式能在中国被广泛运用。而正如韩博天和王绍光等学者所指出的，这样的模式又在经济、社会、行政改革等领域的制度建设过程中发挥了重要的作用。

（三）研究假设

为什么说制度试验的运用可以有效地开展制度建设呢？社会学制度主义在解释组织同构时认为，组织之间的相互模仿可以节约成本。而道格拉斯·C. 诺思等人则认为，学习的主要动机是解决行动者在现实中所面临

[①] 毛泽东在《人的正确思想从哪里来》一文中对此进行了专门的讨论。参见毛泽东《人的正确思想从哪里来》，载中共中央文献研究室编《毛泽东文集·第八卷》，人民出版社1999年版，第320页。

的问题及其不确定性。① 因此,某种制度变迁模式之所以得以运用,它必须能有效地应对现实社会中出现的问题。但是,上述学者未曾注意到的是,参与到学习中的行动者在地位等级方面可能是不对等的。由此,在一个组织内部等级结构复杂、行动者之间的阶位不平等和所掌握的权力资源并不均衡的情况下,他们之间的互动策略可能各不相同。如何才能更好地调动更多行动者参与到新制度的建设过程中来,可能是最高层级的行动者非常关心的问题。这一点对那些并不完全开放的政治系统而言意义尤甚。此外,已有的制度分析也没有注意到某一模式的制度变迁过程,可能会给建设中的新制度和组织带来某些方面的问题。本书则试图在总结制度试验的自"始"至"终"全过程的基础上,来讨论该模式是如何应对现实问题以及调动不同行动者参与制度建设的。同时,笔者还将尝试分析,制度试验过程中,正在逐步形成的新制度和新组织会面临的问题。这里提出的是本书的第一条假设,即制度试验能较好地应对制度建设中的不确定性,并能吸引更多行动者参与到制度建设过程中,从而降低了制度变迁的风险;由此,制度试验成为新制度建设的有效手段。当然,制度试验过程中所产生的新生制度可能与已有制度发生冲突,而新生的组织也可能面临着比已有组织更为复杂的组织生态。

在行动者的学习方面。社会学制度主义认为可供行动者学习的来源主要是外部模版。道格拉斯·C. 诺思等人则在此问题上突破性地提出了从组织或个体实践中习得新制度的主张。但是,一味地照搬外部模版,无视各自组织所处的不同环境,可能会导致新制度的低效甚至无效;因为并非所有的制度要素都可以在组织之间相互移植。而行动者向自身实践学习的活动,一方面可能会因信息的不充分而难以拟定出有效的制度安排;另一方面,即使能够达到信息充分的状态,这一过程也可能因为不同互动之间"布朗运动"(Brownian motion)式的杂乱无章而导致新制度的"难产"。因此,如果仅仅依靠外部模版或者自身实践作为行动者唯一的学习来源,并不一定能达到解决组织面临的经济社会问题的目的。这一点对面临急剧变迁的国内环境和复杂多样的国际环境的发展中国家而言尤其如此。在实际的政治过程中,行动者可能学习的对象并不仅限于外部组织的模板,也不局限于自身的实践。在学习过程中,行动者也并非完全盲目的和漫无边际地学习,而是有可能体现出某种特定的行为模式。制度试验的分析框架

---

① C. Mantzavinos, Douglass C. North, and Syed Shariq, "Learning, Institutions, and Economic Performance." *Perspectives on Politics*, Vol. 2, No. 1, 2004, p. 76.

也试图在此一方面提出与上述分析全然不同的主张。这正是本书的第二条假设：制度试验过程的行动者的学习活动在学习对象方面是多元的而非单一的，并且这样的学习活动还会呈现出明确的目的性和明显的组织化。这一模式的制度学习，更加有利于在中国既定中央与地方关系架构下，较好地实现新制度的建设目标。

本书的以下几章中，第三章将回顾在新的制度建设启动之前，已有制度安排的沿革情况。而第四章和第五章则重点分析制度试验的六个阶段，从而讨论并验证制度试验不同阶段的学习活动的开展及其特点。第六章则在总结上述三个方面的基础上，展开讨论制度试验具备的优势和可能带来的问题，从而验证本书的两条假设。第七章作为结论章节，笔者将进一步讨论制度试验在当今中国所面临的困境；之后，笔者还将在实证层面提出本书对于客观评价城管执法体制所持的一系列观点；最后将简要讨论本书存在的不足以及下一步的研究方向。

第三章　新制度的基础：相对集中行政处罚权制度建立前的体制沿革

一般而言，旧有制度的消亡和新制度的建设不是发生在一个"制度真空"里，而是在一个已有制度的"丛林"里。根据上一章提出的制度试验循环的分析框架，我们可以发现：一方面，旧制度在执行过程中出现的问题，成为催生新制度的诱因；另一方面，在新制度建立的过程中，行动者也有可能会学习组织的历史传统或制度遗产，以寻找可资借鉴的制度性资源。因此，回顾新制度建立前的旧有制度安排就可为我们分析新制度的建立过程奠定一个基础。

那么，在相对集中行政处罚权制度建立之前，中国的城管执法体制是如何设置的呢？本章笔者将首先简要回顾一下中国的城市发展历史，然后分三个阶段（鸦片战争以前、鸦片战争后至民国以及1949年之后）讨论历代中国有关城管的制度设计和组织安排。最后，笔者将详细讨论自1949年以来，特别是改革开放后的相关制度安排及其所存在的问题，从而分析相对集中行政处罚权制度出现的原因。

一　作为城市管理前提的城市：出现及发展历程

所有的城市管理行为都是以城市的出现为前提的；中国是世界上较早出现城市的地区。据考古证据表明，中国最早有城堡的建筑出现在龙山文化中晚期，距今约4000年，[1] 大致相当于中国传说中的炎帝、黄帝时代。那时城市的特点，一是规模不大，二是有的已有城墙、道路、房屋、陶窑，甚至有排水设施；尤其是逐步发展起来了作为古代城市重要象征的城

---

[1]　杨宽：《中国古代都城制度史研究》，上海古籍出版社1993年版，第12—13页。

墙（"城"）。①

商代的城市规模已经较大，"分为宫城区、居民区、作坊区、墓葬区等"②；初步形成功能分区的态势。到春秋战国时代，城市数量急剧增加，且城市的功能也愈发多样。③ 秦统一六国之后，建立起了中国历史上第一个中央集权的国家，并设立了较为完整的行政管理体系。当时的首都咸阳也成为中国城市发展史上的一个里程碑。经历秦汉之后，中国城市的发展整体变化格局是："南方城市总趋势是发展了，北方城市总趋势是原有的以单一行政功能为主的郡县政治中心和都城，变为地区交通、工商业和'华戎杂错'的城市，在南北方交界地区一些城市如彭城、寿阳、鄞州、襄阳则成为南北互市场所。"④

在全盛时期的唐代，郡、府、县所在驻地是当时的地区行政、经济和文化中心。唐朝是中国农业文明的鼎盛时期，城市和城镇工商业繁荣。⑤宋代以后，城市开放性和工商业经济的发展，虽然没有达到改变农业文明基础的地步，但城市商品经济已具备一定的规模和相应的水平。及至元代，城市发展出现了新气象，即沿交通要道有新兴城市出现，特别是南方和沿海地区都出现了新兴城市⑥。明代之后，"中国城市进入了区域发展、商品经济在城市经济生活中占据重要地位的新阶段"⑦。

近代以来中国城市的发展，可以划分为两大类：一类是受外来势力和内外经济社会因素影响导致的新兴城市和发生较大变化的城市，部分城市沦为外国占领的地区，或者某些城市的部分地区成为外国势力在中国的领地——租界；另一类是主要受内部因素影响而发生局部变化的城市。频繁的外敌入侵和连年的战事，给中国城市发展带来的影响是非常显著的。⑧ 1949年之后，特别是改革开放以来，中国经历了人类历史上规模最大的城市化过程。中国的城市数量和城镇人口规模大幅度提高。⑨

根据魏复古（Karl August Wittfogel）、列文森（Joseph Richmond Leven-

---

① 傅崇兰、白晨曦、曹文明等：《中国城市发展史》，社会科学文献出版社2009年版，第35页。
② 同上书，第40页。
③ 同上书，第47—49页。
④ 同上书，第73页。
⑤ 同上书，第87页。
⑥ 同上书，第135页。
⑦ 同上书，第139页。
⑧ 同上书，第180—185页。
⑨ 具体数据可参见本书第一章开篇部分。

son)、舒尔曼（Franz Schurmann）以及王亚南等人的研究，古代中国较早地建立起了一套完整的官僚体系。[①] 近年来的历史学研究也表明，早在夏朝时期，"已具有了国家机器的基本结构。……设立了法庭、监狱。在政府里设有官吏掌管军事、政务、税收等事务。……首都城市及'九州岛'的地区城市，就是国家统治体系的载体和象征"[②]。这使得中西方的城市结构自早期开始就在很多方面是不一样的。城市由一个非常复杂的管理系统来统治，这一特征贯穿于中华帝国始终。[③] 那么，在漫长的中国城市历史进程中，城管执法的制度和组织设置又是如何的呢？以下将分三个历史阶段对其进行梳理。

二 从古代到鸦片战争之前：零散的制度与组织

这里，之所以要以鸦片战争作为前两个阶段的分隔点，主要是因为在这之后的中国出现了外国租界，西方列强在租界地区实行了全新的城管模式；这一模式也被之后中国的其他非租界地区所吸收和借鉴。

首先要指出的是，古代中国的城市管理具有两个明显的特点：一是强化治安和税收管理；由此带来的制度设计特征是各级政府机构的主要职能是征收田赋税务，维持统治秩序；城市地方管理机构与军事管理机构往往合二为一，地方长官往往也是军事长官。二是重视对京城的管理。中国古代城市市政设施建设基本上没有纳入地方政府的行政范围。在首都却不然，一般设有复杂的管理机构，如工部等，也颁布大量的法律。[④] 另外，中国古代的城市管理和执法是紧密相连的，很难划分出某个部门只负责管理而不负责执法。所以，本小节以下行文中，将对城市管理活动与其执法

[①] Karl August Wittfogel, *Oriental Despotism: A Comparative Study of Total Power*, New Haven, Conn.: Yale University Press, 1957; Joseph Richmond Levenson and Franz Schurmann, *China: An Interpretive History, from the Beginnings to the Fall of Han*, Berkeley: University of California Press, 1969, ch. 7, 8, 9; 以及王亚南《中国官僚政治研究：中国官僚政治之经济的历史的解析》，中国社会科学出版社1981年版。

[②] 傅崇兰、白晨曦、曹文明等：《中国城市发展史》，社会科学文献出版社2009年版，第39页。

[③] Sen-Dou Chang, "The Historical Trend of Chinese Urbanization." *Annals of the Association of American Geographers*, Vol. 53, No. 2, 1963, pp. 109 – 143. Martin King Whyte and William L. Parish, *Urban Life in Contemporary China*, Chicago: University of Chicago Press, 1984, p. 9.

[④] 周执前：《国家与社会：清代城市管理机构与法律制度变迁研究》，巴蜀书社2009年版，第79—80页。

活动不做严格的区分。

在城市规划方面，中国自古就有关于城市规划、建筑管理的法律法规和官职设置。例如，在《左传·隐公元年》中记载有："都城过百雉，国之害也，先王之制，大都不过三国之一；中五之一；小九之一。"孔疏："王城方九里，长三百雉；子男城方三里，长一百八十雉。"[1] 成书于战国时代的《周礼》[2] 有《考工记》，其中有诸多城市规划方面的规定，例如："方九里，旁三门"；"国中九经九纬，经涂九轨"；"九分其国"，"左祖右社，面朝后市"等。在建筑规格方面，《礼记·礼器》中也有相应的规定，如："天子之堂九尺，诸侯七尺，大夫五尺，士三尺。"可见在当时，建筑的规格依据身份的不同而有所变化。《周礼·夏官》还规定"掌固掌修城郭沟地树渠之固……凡国都之有树沟之固，郊亦如之"，这是较早关于城市道路、护城河绿化方面的规定。[3] 到了清代，雍正皇帝曾钦定《工程做法则例》，规定当时在京城的一切公私建筑、在京师以外"敕建"的建筑都要按则例施工。[4]

最迟在春秋，已经出现了主掌建筑工程的专门机构。《周礼·冬官·考工记第六》，郑玄注："司空，掌营城郭，建都邑，立社稷……"后汉太尉则"凡国有大造大疑，则与司徒、司空通而论之"。建筑事宜由高官掌管，有利于使建筑物的规模和形制严格限定在礼制所允许的范围内。到了魏晋南北朝，司空、司徒、司马等皆有可能主管建筑事宜，而以司空为主。[5]

在沿街建筑管理方面，唐代设有左右街使。后来，由于左右街使的重要，常常以左右金吾卫大将军兼任。《旧唐书·郭子仪传》载，郭钊"元和初为左金吾大将军充左街使"。又载："穆宗即位，郭鏦为叔舅，改右金吾大将军兼御史大夫，充右街使。"其所属有判官、街吏等。除了维持城中沿街治安之外，兼有维护沿街设施的职责，遇到"起造舍屋"、侵占禁街的事件，有责任奏请拆除。《唐会要·卷八六街巷》记载，太和五年

---

[1] 转引自任重、陈仪《魏晋南北朝城市管理研究》，中国社会科学出版社2003年版，第205页。
[2] 白寿彝总主编：《中国通史·第三卷·上古时代（上册）》，上海人民出版社1994年版，第11页。
[3] 转引自周执前《国家与社会：清代城市管理机构与法律制度变迁研究》，巴蜀书社2009年版，第104页。
[4] 厦门城市建设志编纂委员会编：《厦门城市建设志》，鹭江出版社1992年版，第290页。
[5] 任重、陈仪：《魏晋南北朝城市管理研究》，中国社会科学出版社2003年版，第53—54页。

第三章 新制度的基础：相对集中行政处罚权制度建立前的体制沿革 47

(831) 七月左街使奏："伏见诸街铺，今日多被杂人及百姓、诸军诸使官健起造舍屋，侵占禁街，……并令除拆。"左右使对沿街的桥梁还负有保护责任；如要修理，要与京兆府"计会其事"。例如，在《唐会要·卷八六桥梁》记载，大历五年（770）五月敕文："承前府县，并差百姓修理桥梁，不逾旬日，即被毁拆，……宜委左右街使与京兆府计会其事。"甚至沿街的绿化种树，也要由左右街使办理。《唐会要·卷八六街巷》载有太和九年（835）八月敕文："诸街填补树，并委左右街使栽种，价折领于京兆府。"① 以上左右街使的三项职能中，第一项非常类似于现在城管所负责的违章建筑的查处。而后两项则类同于现在城市管理局（或独立或与城管执法部门合署办公）的市政和园林绿化的职能。

宋代，宋至真宗大中祥符五年（1012）十二月，廷诏开封府"毁撤京城民舍之侵街者"；为阻止侵街，官府在沿街设立有"表木"作标识，并派官员经常巡查。景祐元年（1034），开封知府王博文命左右判官在一月之内，将侵街邸舍全部拆除，左、右军巡院依法惩治侵街者。按《刑统》规定："诸侵街巷阡陌杖七十。"② 清光绪七年（1881），福州市南后街文儒坊曾立有禁止乱搭盖、乱堆放的石刻碑文："坊墙之内不得私行开门，并奉祀神佛搭盖遮蔽寄顿物件，以防疏虞。三社官街禁止列木料等物，光绪辛巳年文儒坊公约。"③

在环境卫生方面，最早的法律规定可能始自殷商时期。《韩非子·内储说上·七术第三十》载："殷之法，刑弃灰于街者。"④ 类似的，《史记·李斯列传》载："商君之法，刑弃灰于道者。"另外，《汉书·五行志下》也有"秦连相坐之法，弃灰于道者，黥"的记载。历史学家研究表明，春秋战国时代，已经设置有专门从事环境保洁的从业人员。在燕昭王前后，该类从业者被称为涓人（见《战国策·燕策——燕昭王收破燕后即位章》）。⑤ 为了城市街道防尘，除对其定期洒扫外，还有人设计制造了洒水车之类的工具。例如，毕岚铸作"天禄蛤蟆"，可以喷水；还有"翻车""渴乌"等引水车作为喷水洒扫街道的机械。例如，《后汉书·张让

---

① 杨宽：《中国古代都城制度史研究》，上海古籍出版社1993年版，第241、247页。
② 沈顺梅：《宋代东京的市容管理》，《中国市容报》1998年2月1日第4版。
③ 福州市地方志编纂委员会编：《福州市志·第2册》，方志出版社1998年版，第366页。
④ 这一点在法学界也有一定的争论。参见方潇《"弃灰法"定位的再思考》，《法商研究》2008年第5期。
⑤ 转引自北京市地方志编纂委员会编《北京志·市政卷·环境卫生志》，北京出版社2002年版，第167页。

传》载:"又作翻车、渴乌,施于桥面,用洒南北郊路,以省百姓洒道之费。"此外,各地都从汉墓的明器中发现许多造型各异或大同小异的猪圈、公厕等,说明当时人畜已经分离,从而可以减少很多消化道传染病。清洁俑的出土,更证明秦汉时期的人们对清洁卫生的重视。① 魏晋南北朝时期的《南史·卷五六·吕僧珍传》载,僧珍被征为领军将军、直秘书省如先,"常以私车辇水洒御路"。从中可以得出如下两条信息:一方面说明领军将军府或秘书省有养护道路之职;另一方面,至少在京师,有专门的养路及环卫队伍。这里还可以举出另外一条材料来证明,《南史·卷四五·王敬则传》记载:"……迁吴兴太守。郡守多剽掠,有十数岁小儿于路取遗物,敬则杀之以徇。自此路不拾遗,郡无劫道。又录得一偷,招其亲属于前鞭之。令偷身长扫街路,久之,乃令偷举旧偷自代。"由此可知,即使在京师以外,城市街道也是有专人清扫的。②

宋代东京(今河南开封)的街道市容卫生管理,由街道司掌治京师道路,基本队伍由士兵500人组成。开封府和街道司把保持街道卫生当成一项经常性的任务。为保持道路卫生,宋代还专门定有法律条文,《刑统》规定:"其有穿穴垣墙,以出秽污之物于街巷,杖六十。直出水者无罪。主司不禁与同罪。"③ 金代中都(现北京)的市政管理沿袭汉制,设有街道司,置管勾,正九品隶属于都水监,专门负责"洒扫街道,修治沟渠"等事。④ 金、元二朝宫廷洒扫保洁的责任,都由宦官承担。⑤

明代殿廷环境保洁,由太监负责;内苑环境保洁,由女官担当;宫廷周边环境保洁,则由宛平县衙雇用打扫夫负责。所雇用的打扫夫,一般由都知监役使统管(见《宛署杂记·山字·力役》)。⑥ 明朝帝王之家"御用"的"涓人"被称为"打扫夫"。根据宛平县知县沈榜撰着的《宛署杂记》记载:明万历年间(公元1573—1620年),皇宫礼仪房"打扫夫"支银八十二两八钱。"都知监"有"打扫夫"30名,每名银一两二钱。万历十九年,为皇太子及公主选使女300名,每选之日,各个王馆中都搭几座彩棚,"集女轿夫千余";所选之女乘轿从东安门进,"雇打扫夫二百名,

---

① 白寿彝、廖德清、施丁主编:《中国通史·第四卷·中古时代·秦汉时期(下册)》,上海人民出版社1995年版,第707页。
② 任重、陈仪:《魏晋南北朝城市管理研究》,中国社会科学出版社2003年版,第221页。
③ 沈顺梅:《宋代东京的市容管理》,《中国市容报》1998年2月1日第4版。
④ 尹钧科等:《古代北京城市管理》,同心出版社2002年版,第67页。
⑤ 北京市地方志编纂委员会编:《北京志·市政卷·环境卫生志》,北京出版社2002年版,第167页。
⑥ 同上书,第167—168页。

第三章 新制度的基础：相对集中行政处罚权制度建立前的体制沿革 49

每名银三分，共银六两"。北京在明朝以前，由官方雇用的"职业清洁工"，不仅为皇家所"御用"，而且人数很少。到了明朝末年，"御用"清洁工才开始走向社会，并为社会服务。曾被宫廷所"御用"的"涓人"则被改称为"水夫"①。清初至光绪三十年（1904），大内环境保洁，都是由太监充任；光绪三十一年至宣统三年，后妃寝殿的洒扫保洁，改由宫女负责。②

　　自明代至光绪三十一年，京师行政当局始终未设置相应的从业人员，为城市街道环境保洁提供必要的服务。③ 清廷在《大清律例》《大清会典》等法典中集中了一些城市管理的法规。④ 当时对京师地区的城市管理，是按照片区来划分机构进行管理的。其中，市内由步军统领衙门掌管，近郊由五城兵马司掌管，远郊地区则主要由顺天府率大兴、宛平二县掌管。步军统领衙门掌管简称步军统领或九门提督，由部院内亲信大臣充任。下设由八旗步兵组成的步军营，以及由京城绿营马、步兵组成的巡捕五营。前者负责内城旗人居住地区，后者负责外城。五城兵马司与五城御史是隶属都察院的文职机构，京城分东、西、南、北、中五城，每城设御史，满、汉各一人，兵马司指挥一人、副指挥一人，吏目一人。兵马司指挥与五城御史分别指挥属下，管理近郊治安，查禁邪教、匿名揭帖、捏造俚歌、传诵邪词等；同时负责市场管理，制止非法交易等。大兴与宛平是隶属于顺天府的两个京县，据《清朝通典》卷三十三载：大兴、宛平县设知县各一人，"掌其县之政令，与五城兵马司分壤而治，抚辑良民，缉禁奸匪，以安畿辅"⑤。由此可见这些机构的主要职责是维持治安；但是，它们也附带承担一些城市管理的职能。例如，这些机构组织相关人员也负责清除城市街道卫生，维持街道的平整、清洁；并严禁居民、商棚侵占街道；同时负责疏通沟渠，以免城市淤水。在临街建筑物管理方面，雍正十二年（1734），清政府规定："嗣后旗民等房屋完整紧固，不得无端拆卖。倘有

---

① 北京市西城区环境卫生管理局编：《北京市西城区环卫史志·第一集》（内部资料），1987年，第2页。
② 北京市地方志编纂委员会编：《北京志·市政卷·环境卫生志》，北京出版社2002年版，第168页。
③ 北京市西城区环境卫生管理局编：《北京市西城区环卫史志·第一集》，第2页；及北京市地方志编纂委员会编：《北京志·市政卷·环境卫生志》，北京出版社2002年版，第168页。
④ 田涛、郭成伟：《清末北京城市管理法规：一九〇六——九一〇》，北京燕山出版社1996年版，前言。
⑤ 同上。

势在迫需，万不得已，止许拆卖院内奇零之房，其临街房屋，一概不许拆卖。"为了整顿市容，改善居民住房条件，清政府还动用国库银两，在外城建造了一批官房。清政府还实行了一些具体的政策，以经常性清理北京外城的流动人口。①

京师之外的其他地区。以福州市为例，清代以前，掌管城市管理的机构尚未见记载。②明清时期，福州城区沿街道路的环境卫生，多由店铺、居民自扫门前；每逢民间节日，家家户户会进行卫生大扫除。但在城郊接合地区和小街巷民居的房前屋后，池边、河畔遍布"茅坑""尿缸"，沿河倾倒洗刷"马桶，病菌繁殖，疫病传染"③。

给排水管理方面。相关设施最早可见于商代。据考古发现，在商代及战国燕下都发现有下水道，可用以处理生活污水。④秦汉时期的宫廷或人口聚集的城市，都发掘出大量下水道，有圆筒形的、方形、五角形等；其管与管之间的接口，地下管道与地面之接连，在设计上也相当科学，尤其秦宫之五角形下水道管，非常坚固。汉代除陶制的下水管道外，还有以砻石为沟建造的。《三辅黄图说》载的"未央宫有石渠阁，萧何所造，其下砻石为道"，则更是一项较大型的下水道建设。⑤元朝还颁布了有关法令，据《都水监纪事》载："金水入大内，敢有浴者、浣衣者、弃土石瓴甋其中、驱牛马往饮者，皆执而笞之。"《元史》中也有"金水河濯手有禁"的记载。⑥

在流动商贩的管理方面。《周礼》中已有了关于对流动摊贩管理的规定，其中不仅规定了专门的税收机构——廛人，还根据不同的情况确定了不同种类的税收额。税收主要有"絘布""质布""呼布""廛布"等；其中的"絘布"是"列肆之税布"，即在行肆坐卖货物之常税。⑦在对临街摆卖的管理方面，《旧唐书》载："监市践于衙，理市治序。"这里说的"监市"，其特点和职业性质和今天的城管都非常相似；"践于衙"是指属于衙门管理，但是比衙门管理的社会地位要低一些，他们的任务就是"理市治商"。其中还有较为详细的城市街道管理规定，如："距府十丈无市，

---

① 尹钧科等：《古代北京城市管理》，同心出版社2002年版，第446页。
② 福州市地方志编纂委员会编：《福州市志·第2册》，方志出版社1998年版，第369页。
③ 同上书，第350页。
④ 白寿彝总主编：《中国通史·第三卷·上古时代（下册）》，第1488页。
⑤ 白寿彝、廖德清、施丁主编：《中国通史·第四卷·中古时代·秦汉时期（下册）》，第707页。
⑥ 杜鹏飞、钱易：《中国古代的城市给水》，《中国科技史料》1998年第1期。
⑦ 朱绍侯主编：《中国古代治安制度史》，河南大学出版社1994年版，第74页。

商于舍外半丈，监市职治之。"古代的"府"是指行政机构所在地或地方行政长官、达官贵人的官邸，上述规定意即离此类地点十丈之内不可以开店摆摊。监督执行这些规定的人就是"监市"。根据房玄龄在《唐世记》里记载，监市的成员并不是"正式编制人员"，而是根据当地官员的意愿或根据政治形势随时从民间挑选人员组建和解散；组建期间监市的薪水由衙门发放。[①]

总的来说，古代中国各个机构和官职之间的职责往往很难理清一条具体的界限，其运行机制也随着形势或时代的发展而不断有所变异。[②]古代的城市管理（这里特指广义的城市管理），往往融政治保卫、治安防范与行政管理、行政执法为一体，即所谓的"军政合一、行政与治安合一"；只不过在不同朝代存在程度上差别罢了。[③]即使是到了清代，城市管理的分工也并不明确；因为当时实施"综合为治"的方针，把编户其民、通行凭证、宵夜禁行、火政消防、市场管理等手段结合使用。[④]在这样的体制安排里，不能分离出专司市政管理及执法的独立机构，也没有形成独立的规范市政管理行为的法律与规章。这与当时的城市发展水平和社会分工复杂程度有关。但自清末之后。随着中国城市的发展，加上西方列强的入侵，在内外两股力量的作用下，[⑤]中国的城市管理及其执法体制发生了显著的变化。

三 从鸦片战争到1949年之前的城管执法体制

鸦片战争之后，在西方国家的冲击之下，中国的城市在矛盾中获得了一定的发展。但也暴露出了诸多问题，例如基础设施的落后，街道狭窄破烂，城市卫生设施极差，交通拥挤等。这样的情况普遍存在于当时的京师以及上海、天津、汉口等通商城市，更不用说那些一般城市了。[⑥]西方国家的入侵也把他们的城市管理模式带到了中国，并以武力胁迫的形式要求

---

① 陈亦权：《城管在唐朝》，《国学》2009年第5期。
② 任重、陈仪：《魏晋南北朝城市管理研究》，中国社会科学出版社2003年版，第73页。
③ 同上书，第83—88页。
④ 田涛、郭成伟：《清末北京城市管理法规：一九〇六——九一〇》，北京燕山出版社1996年版，前言。
⑤ 周执前：《国家与社会：清代城市管理机构与法律制度变迁研究》，巴蜀书社2009年版，第423—443页。
⑥ 同上书，第221—241页。

清政府改变原有的城市管理模式。民国的城市管理执法模式，基本沿袭了清末的体制。以下将分三个部分（清末的租界地区、清末的非租界地区、民国时期）分别对其进行总结。

（一）租界地区：西方城市管理执法模式的引入

租界是西方国家在中国的部分城市设立的"国中之国"。学者研究表明，近代中国共出现过25个专管租界和2个公共租界。[1] 租界内由西方国家设立独立的行政、司法和警察机构。其城市管理体制与非租界地区有着较大的差异。以下以上海、天津、烟台等租界为例，对其加以简单介绍。

从繁荣程度上来说，上海租界是当时所有租界中最为繁华的地区。当时的上海租界除了英美合并的公共租界（旧称共同租界）之外，还有法租界；这里仅以公共租界（更早的时候为英租界）为例。根据1930年的统计数据，上海公共租界的面积为5584英亩（折合22.45平方公里——笔者注），人口共计1007868人。[2]

上海公共租界的主要法律为《地产章程》（又称《土地章程》[3]），租界内的一切组织及所行使的权力均详定其中，"犹如一国之《宪法》是也"[4]。以光绪二十四年（1898）经公使团就原有草案修改后而形成的《上海公共租界地产章程》及其《附则》为例，其内容包括《章程》30款，《附则》42款；《章程》中规定租地办法、征收捐税、选举董事、审查账目等等；《附则》中规定交通、卫生、保安等事项。[5]

与本书有关的规定都在《附则》中，主要包括沟渠建设及管理、房屋建筑及管理、道路修筑及管理、煤气自来水管道管理、建筑材料管理、街道清洁、危旧房屋修缮和拆迁、道路交通管理、垃圾清理运输、建筑工程管理、工商执照管理、枪械管理等。[6] 例如第三十四款"应领执照之营业"中规定：

---

[1] 费成康：《中国租界史》，上海社会科学院出版社1991年版，第391页。
[2] 徐公肃、邱瑾璋：《上海公共租界制度》，载《民国丛书·第四编·政治·法律·军事类·24》，上海书店1992年版，"统计部分"，第9页。
[3] 周执前：《国家与社会：清代城市管理机构与法律制度变迁研究》，巴蜀书社2009年版，第251—252页。
[4] 阮笃成编著：《租界制度与上海公共租界》，载《民国丛书·第四编·政治·法律·军事类·24》，上海书店1992年版，第35—36页。
[5] 同上书，第36页。
[6] 同上书，第59—82页。

第三章 新制度的基础：相对集中行政处罚权制度建立前的体制沿革 53

　　凡在本界内开设市场，菜场，华人总会，宿舍，音乐院，戏院，马戏场，影戏院，餐馆，或其他售卖茶点或宴会等馆，旅馆，酒店，弹子房，滚球场，或跳舞场，妓院，当铺，华人兑换钱庄，华人金银铺，牛乳棚，洗衣作，面包作，屠宰场，马车行，汽车行，牛棚，猪圈，及羊棚等，或开设店铺，摆列货摊，以售卖衣服，酒，酒精，啤酒，或其他酒类，有害药品，毒药，专利药品，肉类，鸡鸭，野味，鱼类，果实，冰，蔬菜，或其他食品，烟草，彩票，抽签摇彩，或沿街叫卖任何货物，或置备公用或私用或出租之小汽船，舢板，渡船，或其他船只，马，骡，驴，汽车，摩托脚踏车，或其他摩托车辆，或马车，大板车，手车，人力车，轿子，小车，或他项车辆，或开驶电车，汽车，赶马车，拉洋车，或养狗等车，均须先领得工部局执照。倘系外侨，其执照须经该管领事副署，工部局得分别按照各种领照者之情形，酌订条款，征收保证金，并遵照纳税人年会之决议，收取执照费。无论何人，倘有违犯或侵损本款之规定者，每一违犯情事，得科以一百元下之罚金，在继续违犯之中，每二十四小时得科以二十五元以下之罚金，或按照违犯人所受管辖之法律，科以应得之罚。①

　　当时的上海公共租界的行政管理机构为工部局，或称公董局，又简称公局，英文名为 Shanghai Municipal Council。② 工部局是一个既有行政管理职能，又有行政执法职能的庞大的机构。它下设董事会及警备委员会、工务委员会等多个委员会，以决定公共租界内的行政方针。对于具体的行政事务，则由董事会下的"有薪办事人员"——总裁负责；并设有总裁办（Secretariat General）及警务处、火政处、卫生处、工务处等各个办事处。③ 查处违反《章程》（或其《附则》）行为的职能由工部局捕房（或警务处）负责；经查处的案件及相关人员，会在24小时内送交法院④审理。根据20

---

① 阮笃成编著：《租界制度与上海公共租界》，载《民国丛书·第四编·政治·法律·军事类·24》，上海书店1992年版，第77—78页。
② 同上书，第108页。
③ 阮笃成编著：《租界制度与上海公共租界》，载《民国丛书·第四编·政治·法律·军事类·24》，上海书店1992年版。
④ 上海公共租界的司法制度非常复杂。就司法管辖而言，采用"属人主义"原则。其司法机构有下列三种：一是领事法庭（Consular Courts）及英美两国之法院，二是领事公堂（Courts of Consuls），三是法院。第三种法院名称几经变化，但其职能大体不变，主要是管辖公共租界内一般案件。参见阮笃成编著《租界制度与上海公共租界》，载《民国丛书·第四编·政治·法律·军事类·24》，上海书店1992年版，第83—108页。

世纪30年代《上海共同租界工部局年报》显示，公共租界内中国法院在1932—1934年这3年间，每年审理的"违背执照章程"的"小贩"类案件分别是26190起①、34110起②、39355起③。

类似工部局（公董局）的机构在其他租界也有设立。例如在山东烟台，清光绪十六年（1890），烟台芝罘区的"外国人居留区内，由中外双方联合成立道路委员会（华洋工程局），负责管理居留区内道路建设和河渠疏浚等公共事务。光绪二十年（1894），道路委员会与邮政委员会合并，成立公共事务委员会，管理市区公共建设事宜"④。

除租界地区外，西方城市管理模式还通过对某些城市的短暂占领强行输入。例如，1900—1902年八国联军占领天津时，成立了临时政府（设在总督衙门，后改名为都统衙门），管辖天津包括原德、英、法、日租界在内的占领地区。联军司令官会议通过了《天津行政条例》，规定了"都统衙门"的管辖权限。从中可以看出，这一临时政府性质的机构，其职权涵盖了城市管理的方方面面（广义的城市管理）。"都统衙门"下设巡捕局、卫生局等，后又增设公共工程局。⑤ 据当时的会议纪要记载，巡捕局承担着主要的执法任务；但是，其主要精力是放在维持秩序和抓捕义和团人员上，而在城管上投入不多。⑥

当时的《天津都统衙门告谕》会不定期公布与城市管理相关的规定。例如在第58号告谕中公布了《洁净地方章程》，规定："不得将秽物倒弃院内及路旁、河边等处""每日民人须将门首地段洒扫清洁""相近居民

---

① 上海共同租界工务局编：《上海共同租界工部局年报·1932》，载沈云龙主编《近代中国史料丛刊·三编·第四十二辑》，台北文海出版社有限公司1988年版，第186页。
② 上海共同租界工务局编：《上海共同租界工部局年报·1933》，载沈云龙主编《近代中国史料丛刊·三编·第四十二辑》，台北文海出版社有限公司1988年版，第201页。
③ 上海共同租界工务局编：《上海共同租界工部局年报·1934》，载沈云龙主编《近代中国史料丛刊·三编·第四十二辑》，台北文海出版社有限公司1988年版，第211页。
④ 烟台市芝罘区地方史志编纂委员会办公室编：《芝罘区志·第十八卷·城市管理（讨论稿）》（内部资料），1991年，第1页。
⑤ 参见八国联军占领天津期间的《天津行政条例》，以及当时的天津临时政府的会议纪要中的第1次会议纪要、第10次会议纪要及第71次会议纪要，载刘海岩等编《八国联军占领实录：天津临时政府会议纪要（上）》，天津社会科学院出版社2004年版，第1—3，14，86—91页。
⑥ 根据第251次会议纪要显示，卫生局长曾报告要求巡捕局长命令各分局尽一切努力协助卫生局维护市区整洁卫生。参见第251次会议纪要，载刘海岩等编《八国联军占领实录：天津临时政府会议纪要（下）》，天津社会科学院出版社2004年版，第562页。

第三章　新制度的基础：相对集中行政处罚权制度建立前的体制沿革　　55

之处，不准开设撒粪厂。如欲设立，须在城外相距民房四十丈以外地方"①。另有公布告谕的规定如"……城内外东、西、南、北四面城墙，均不准民人建造房屋逼近城根，借用城垣"②"各处所设电线、电杆等项，概不准毁坏"③。

八国联军在将天津交还清政府前，召开了一次"天津临时政府委员会专门会议"，通过了《天津地区临时政府委员会关于该政府移交中国当局的建议书》。该《建议书》分为三类条款，其中有两类是关于移交条件的。这些条件又分为两个部分："本委员会认为必须接受的条件"和"委员会认为有益而建议中国政府采纳，但不坚持必须接受的提议"。前者最重要的是要求清政府在接手天津后，必须"完全承认本委员会制定的各项法令，必须赋予这些法令以权威和效力"④。1902年8月，袁世凯代表清政府接手天津。之后的天津城市管理机构基本继承了"都统衙门"的管理体制，并实现一定的扩展。例如成立警察队伍，由天津巡警总局统辖；卫生局增设8段巡捕所，由80名巡捕专门监督卫生，被称为"卫生巡捕"⑤。

（二）清末的非租界地区：以警察为主体的体制

1901年，清政府开启"清末新政"，其中一项重要的内容就是开办警政。⑥其实，早在1898年，就有黄遵宪等人在湖南创办了湖南保卫局，并制定《湖南保卫总局巡查职事章程》。这一机构在戊戌变法失败后即被清政府裁撤，⑦但警政的趋势却已成必然。

1900年八国联军侵占北京后，曾在各自占领区域内设置"安民公

---

① 《天津都统衙门告谕汇编·第58号》，载刘海岩等编《八国联军占领实录：天津临时政府会议纪要（下）》，天津社会科学院出版社2004年版，第813页。
② 《天津都统衙门告谕汇编·第27号》，载刘海岩等编《八国联军占领实录：天津临时政府会议纪要（下）》，天津社会科学院出版社2004年版，第803页。
③ 《天津都统衙门告谕汇编·第60号》，载刘海岩等编《八国联军占领实录：天津临时政府会议纪要（下）》，天津社会科学院出版社2004年版，第813页。
④ 《天津临时政府委员会专门会议记录》，载刘海岩等编《八国联军占领实录：天津临时政府会议纪要（下）》，天津社会科学院出版社2004年版，第619—625页；也可参见周执前《国家与社会：清代城市管理机构与法律制度变迁研究》，巴蜀书社2009年版，第273—274页。
⑤ 周执前：《国家与社会：清代城市管理机构与法律制度变迁研究》，巴蜀书社2009年版，第274—275页。
⑥ 同上书，第282页。
⑦ 周执前：《国家与社会：清代城市管理机构与法律制度变迁研究》，巴蜀书社2009年版，第283—287页。也可参见韩延龙《中国近代警察制度》，中国人民公安大学出版社1993年版，第14—29页。

所",以维持秩序和镇压反抗。其所长、事务官以及宪兵均由外国人充任,仅雇中国人充当巡捕。八国联军退出北京后,"安民公所"解体。晚清政府仿照这一模式,设置"善后协巡营",后改称"工巡总局",以此作为京师城市管理的执行机构。[①]

晚清的"工巡总局"直属皇帝领导,具体由工程巡捕事务大臣统辖;下面分设工巡总监和副总监各一人,辅佐事务大臣处理要务。总局内又设工程局、巡捕局;每分局除局长外,另置巡警队长与巡捕若干人,多由满人或汉军旗人充当。他们一般由日本弘文学院和北京警务学堂毕业,具有系统的专业知识。当时的工巡总局一方面掌握治安行政管理各项,也负责土木工程等其他市政管理事项,同时还兼理简易民事案件与轻微刑事案件,是市政管理与司法审判合二为一的政府机构。[②]

1905 年,清廷进一步改革城市管理体制,外派 5 大臣出国考察。作为北洋大臣的袁世凯提出建立巡警部替代工巡总局的意见,同年 9 月被清廷正式采纳并建立巡警部。据《清史稿·职官六》载:巡警部作为中央机构,设置尚书,左、右侍郎,左、右丞和参议各 1 人,郎中 5 人,员外郎与主事各 16 人,小京官 4 人,一、二、三等书记官各 10 人,习艺所员外郎 1 人,主事 2 人。该部成立后,奏准裁撤绿营,将巡捕改为巡警。在巡警部奏定的官制章程中规定:警政司下设行政科,"掌凡关于警卫、保安、风俗、交通及一切行政警察事项"[③]。

光绪三十二年(1906)9 月,清朝又改巡警部为民政部,除将原巡警部主管的警察事务并入该部外,又将步军统领衙门的执掌,户部兼管的疆里、户籍、保甲各项,以及工部所掌城垣、公廨、桥梁等项,均归入民政部所管。民政部改尚书为大臣,侍郎为副大臣,置左、右丞和左、右参议各 1 人,郎中 8 人,员外郎 16 人,主事 18 人,小京官 5 人,习艺所员外郎 1 人,主事 2 人。下设 2 厅 5 司,分别为承政厅、参议厅、民治司、警政司、疆里司、营缮司、卫生司。其警政司主"掌巡察禁令,分稽行政与

---

① 田涛、郭成伟:《清末北京城市管理法规:一九〇六——一九一〇》,北京燕山出版社 1996 年版,出版说明部分。也可参见中国第一历史档案馆馆藏档案《巡捕队章程》《拟请创设工巡局折》《外城工巡局章程》《外城工巡局奏折》,转引自周执前《国家与社会:清代城市管理机构与法律制度变迁研究》,巴蜀书社 2009 年版,第 289 页。

② 田涛、郭成伟:《清末北京城市管理法规:一九〇六——一九一〇》,北京燕山出版社 1996 年版,出版说明部分。也可参见胡存忠《中国警察史》,中央警官学校警政高等研究班《讲演汇编》,1946 年 8 月编印,转引自周执前《国家与社会:清代城市管理机构与法律制度变迁研究》,巴蜀书社 2009 年版,第 289 页。

③ 转引自韩延龙《中国近代警察制度》,中国人民公安大学出版社 1993 年版,第 222 页。

第三章 新制度的基础：相对集中行政处罚权制度建立前的体制沿革 57

司法"。民政部以下，在京师设置内外城巡警总厅。京师巡警总厅由厅丞总管，负责缴循坊境，并典跸路警卫各项。下设参事（后更名为佥事），主管总务、行政、卫生、消防、司法行政各处。各处分设机要、统计、警事、治安、护卫、刑事、户籍、正俗、营业、交通、建筑、卫生、防疫诸股，分理具体事务。厅内设六、七、八品官员各18人，书记官、司书生和巡警若干人。另外，在内外城巡警总厅以下，设巡警分厅，内城为五，外城为四。执掌辖区各项具体事务。分厅设知事1名主管，配备六、七、八品警官各3人，作为辅佐。① 特别地，还配备了从业人员实施城市市容管理，并为城市街道环境保洁提供服务。当然，因当局国库空虚，直至1911年，所雇用的清道夫役加上基层警察也仅110余人。② 之后，保定、天津、苏州等地也先后开办警政。③

新政的另一项重要内容是建立近代化的城市管理法律制度。1905年，因"无前绪可寻"，清廷决定以"贵参各国之程序，尤必度时势之所宜"（《民政部习艺所试办章程·原奏》）为原则，制定出有关京师城市管理方面的一批法规。这些法规经20世纪末考古发现，共计39种，下署"京师卫生陈列所"。其内容包括卫生、交通、市政、饮食等各项。这些法规有一个较为明显的特征是规则条款的口语化，以当时的北京方言为语言基础。不仅如此，这些法规在引进外国行业管理经验的同时，也考虑了当时京师地区的实际情况，以便于法规的实施。这种按照行业管理编纂管理法规的方法，成为中国近现代行业单行法规的先声，对后世产生了深远的影响。这些行政法规的制定，还实现了刑事、民事、诉讼诸法的分离。④1908年，清政府又制定《大清违警律》，并将城市市容、城市道路、市政设施的管理纳入了其中。⑤ 巡警根据《违警律》，对直接责任者课以罚

---

① 田涛、郭成伟：《清末北京城市管理法规：一九〇六——九一〇》，北京燕山出版社1996年版，出版说明部分。也可参见周执前《国家与社会：清代城市管理机构与法律制度变迁研究》，巴蜀书社2009年版，第291—292页。
② 北京市地方志编纂委员会编：《北京志·市政卷·环境卫生志》，北京出版社2002年版，第168页。
③ 周执前：《国家与社会：清代城市管理机构与法律制度变迁研究》，巴蜀书社2009年版，第288—291页。
④ 田涛、郭成伟：《清末北京城市管理法规：一九〇六——九一〇》，北京燕山出版社1996年版，出版说明部分。
⑤ 北京市地方志编纂委员会编：《北京志·市政卷·环境卫生志》，北京出版社2002年版，第69页。

金。① 它的颁布和实施进一步实现了违警处罚（包括整个行政处罚）与刑罚的分离（违警处罚与刑罚两位一体的体制解体），也奠定了中国由行政机关单独行使行政处罚权的传统。②

清末，上至民政部，下至京师巡警总厅与各地巡警总厅，形成了一套较为独立完整的市政管理体制；并按近现代社会的需要，分官设职，各司其职。相较于之前的职责不明、权限难分的体制算是一种进步。这些举措初步实现了行政管理与司法审判权及军事管制权的分离，成为中国城市管理走向近现代化的重要里程碑。③ 但受制于清末动荡的时局和清政府捉襟见肘的财政情况，上述法规也难以得到有效的执行。以北京的卫生执法为例。清末京城人口与城市规模已具备相当规模，但在1911年时负责内外城卫生警察队的实际人数只有7人。再加上当时多数法规以布告或通告的形式公布，而民众识字能力有限，"达官显贵对市井揭帖，又多不屑一顾"，使得这些规定更多只是一纸空文而已。④

（三）民国时期：清末城管执法体制的沿袭和发展

民国与北洋军阀时代的中国城管执法体制基本上沿袭了清末的模式，并做了一定的调整。辛亥革命后，清政府在北京成立的"内外城巡警总厅"被改称为京师警察厅。⑤ 南京临时政府和北京政府都重视警察在维持社会秩序中所起的作用；特别是袁世凯当政期间，大力兴办警政。这一时期，全国其他城市的警察机构在清末的基础上得以发展，警察的权责逐步明晰。⑥ 以上海特别市公安局（1927年成立）为代表的专业化警察组织，体现了民国政府在完善警政方面的努力。⑦

1914年6月，北京成立了"京都市政公所"，与京师警察厅一起负责北京的市政管理。市政公所主要负责城市的总体规划和基础设施建设，如

---

① 田涛、郭成伟：《清末北京城市管理法规：一九〇六——九一〇》，北京燕山出版社1996年版，出版说明部分。
② 熊一新：《谈行政处罚制度的演进及对我国治安管理处罚制度的发展》，《中国公共安全（学术版）》2008年第1期。
③ 田涛、郭成伟：《清末北京城市管理法规：一九〇六——九一〇》，北京燕山出版社1996年版，出版说明部分。
④ 北京市地方志编纂委员会编：《北京志·市政卷·环境卫生志》，北京出版社2002年版，第3页。
⑤ 杨荣：《历史上北京的城市管理形态》，《北京日报》2006年3月13日第19版。
⑥ 参见孙斯《民国初年成都的警察与城市管理》，硕士学位论文，四川大学，2009年。
⑦ Frederic E. Wakeman, *Policing Shanghai 1927–1937*, Berkeley: University of California Press, 1995, ch. 4.

第三章 新制度的基础：相对集中行政处罚权制度建立前的体制沿革 59

道路和沟渠的建造和维修等；而京师警察厅主要负责维护社会秩序、征收捐税、人口调查、消防和商业管理等。① 之后，北京又单独设立特别市卫生局，下设卫生巡查队，编配巡查员、警，数量从1928年的14人，增至1939年的50人、后又减至1942年的30人。② 在其他城市，管理和执法的分离也都是在民国成立若干年之后才逐步实现。例如在广州，1921年广州市政厅成立，警察厅改为市公安局；原来隶属于警察厅的卫生科划出单独设立卫生局，负责全市卫生行政工作。③ 在1914年的厦门，市警察厅接管了原本负责城市环卫工作的清扫队，"增加队员，并向社会公开招标，发包垃圾、粪便清运与销售，资金用于弥补清扫队经费"④1920年，厦门市政局成立，以负责市政等各项建设的规划设计和施工，之后几经更易。抗日战争沦陷之后，城市建设管理则由伪厦门特别市市政府建设局负责。⑤ 在成都，民国初年，警察厅下设科室基本上分为总务、行政、司法、卫生四科；直到1920年成立成都市政公所之前，警察都拥有卫生、城市建设等职能。这样的警察机构更类似一个近代的城市政府。⑥

南京在1927年被定为民国首都之后，成立了市政府，同时设立财政、工务、公安、教育、卫生各局。之后又成立了建设计划委员会，由市长兼任主任，下设工程、土地、公共卫生等11个组，全面负责南京的城市建设。南京公安局于1929年改为首都公安局，后又更名为首都警察厅。由于南京的特殊地位，首都警察厅归中央内政部直属。⑦ 但是，在其他一些城市如烟台，则经历了似乎相反的过程。民国初，烟台市区建设先后由福山县劝业所、实业局主管。1929年，烟台路政委员会成立，下设5个分会，负责市区道路修建、管理街道、疏浚河渠等事宜。1934年烟台市改为特别行政区后，市政工作由警察署管理。⑧ 而民国时期的福州，正式建市于1946年。当时负责城市环卫工作的清道总队划归市警察局，在5个区

---

① 杨荣：《历史上北京的城市管理形态》，《北京日报》2006年3月13日第19版。
② 北京市地方志编纂委员会编：《北京志·市政卷·环境卫生志》，北京出版社2002年版，第150—151页。
③ 赵文青：《民国时期广州城市环境卫生治理述论》，硕士学位论文，暨南大学，2007年，第4页。
④ 厦门市地方志编纂委员会编：《厦门市志·第一册》，方志出版社2004年版，第438页。
⑤ 同上书，第376页。
⑥ 参见孙斯《民国初年成都的警察与城市管理》，硕士学位论文，四川大学，2009年。
⑦ 王云骏：《民国南京城市社会管理问题的历史考察》，《江苏社会科学》2000年第3期。
⑧ 烟台市芝罘区地方史志编纂委员会办公室编：《芝罘区志·第十八卷·城市管理（讨论稿）》（内部资料），1991年，第1页。

各设分队，负责道路清扫，垃圾收集。①

在制度订立方面。1915 年，北洋政府在清末《违警律》的基础上，由内务部颁布实施《违警罚法》；南京国民政府于 1928 年对其进行修订，并重新公布实施；1943 年再次实施新的《违警罚法》。1915 年版《违警罚法》共 9 章（加附则）53 条；1943 年版《违警罚法》共 2 编 12 章 78 条，其中的分则包括了妨害安宁之违警罚、妨害秩序之违警罚、妨害交通之违警罚、妨害风俗之违警罚、妨害卫生之违警罚等涉及城管的条款。② 例如 1943 年版《违警罚法》第二章妨害交通之违警第 63 条规定，有下列各款行为之一者，处二十圆罚锾或罚役或申诫：“一、任意设置或张挂牌招彩坊或广告等，不听禁止者。二、于道旁罗列商品实物或其他杂物不听禁止者。三、于道路横列马车，或堆积木石薪炭或其他物品，或于河流弃置废旧船只等，妨碍交通者……"③

在专项法规方面。1912 年，福建省民政司制定了管理道路简章，其中规定："炉器具木石不得堆放门前；旧摊位应按勘定界线排列"以保持道路畅通。在广告管理方面，1930 年，福州开始对主要街道妨碍交通的广告牌和乱贴广告予以严禁、取缔。1942 年，福州市政筹备处成立后，曾多次发布广告管理的训令。训令要求主干道应改制大号广告，并牢固设立；专设通告牌，由专人揭贴广告；广告应按指定地点张贴，要做到整齐美观等。④ 1946 年，福建省政府在训令市府整理市容卫生、开展竞赛中规定，道路人行道一律不准摆摊；并公布《关于取缔沿街摊贩办法》，由警察负责管理。⑤ 类似的，在 1936 年，厦门市第二次市政会议通过《厦门市管理户外清洁规则》，规定"不得在街巷或公共场所放牧牲畜；不得随地大小便溺；不得随地乱丢果皮杂物；不得当街劈柴、晒衣及任何有碍市容观瞻之物品；不得倾倒垃圾粪便类污物于公共沟渠内；不得在垃圾箱外倾倒垃圾"。此外，还规定"街道清洁，由清道夫清扫"。住家、店铺的清扫保洁，"各门户沿街应于每晨自行打扫清洁，清道夫打扫后，发现污物应由两旁店户负责立即清扫，靠左者由左边店户负责，靠右者由右边店户负

---

① 福州市地方志编纂委员会编：《福州市志·第 2 册》，方志出版社 1998 年版，第 351、364 页。
② 王家俭：《清末民初我国警察制度现代化的历程（一九〇一—一九二八）》，台湾商务印书馆 1984 年版，第 177—240 页。又见孟庆超《简评 1943 年〈中华民国违警罚法〉》，《行政法学研究》2003 年第 3 期。
③ 王家俭：《清末民初我国警察制度现代化的历程（一九〇一—一九二八）》，第 232 页。
④ 福州市地方志编纂委员会编：《福州市志·第 2 册》，方志出版社 1998 年版，第 348 页。
⑤ 同上书，第 335 页。

第三章 新制度的基础：相对集中行政处罚权制度建立前的体制沿革

责"。垃圾取运，"各店户应自备器具为贮存污物之用（容具应放置户内），应在垃圾车摇铃经过时，随时即倾倒于车内"。在市场环境管理方面，"凡在户外制造、贩卖或处理物品可就地产生污物时，贩卖人须自备适宜器具收集之"。在车船运输环境卫生管理方面，"凡运送发生黑臭或易于飞扬之物品，应用相当之遮盖"①。

城市绿化方面，民国各地城市绿化程度不同，但普遍较低，尤其是市区行人道路绿化。例如，作为民国首都的南京，第一批行道树也是在1928年之后由东南大学常宗惠奉命购买，栽种于为孙中山奉安大典而建的陵园大道和中山大道上。② 直到新中国成立前，厦门市区的行道树不超过200株。③ 当时也未设置专门的机构负责城市绿化。④ 另外，在城市建筑管理方面，烟台市地方志对当时情况做如下记载：

> 私人申请建房，包括基址、图样、建房面积、占地面积以及承建的建筑作坊等，均由警察署照准方可施工。对违章建筑的惩处，也由警察署执行。建筑作坊未经官准擅自建筑或修缮，违背官方核准设计图样，一次处5元以下罚金，6个月违章3次以上的，处以停业10日惩罚。屡教不改的勒令歇业。对势将倾塌的私人房屋，未按官署要求及时修理的，处15日以下、10日以上的拘留，或15日以下、10元以上的罚金。⑤

由于近代中国政局变动频繁、战乱频仍，致使几乎所有的城市都缺乏长期有效的发展；城市建设、管理和执法方面的投入严重不足；城市管理及其执法的机构和制度也难以实现有效运作。即使在1927—1937年所谓的"黄金十年"期间，作为首都的南京市政府的组织体系也持续变动了较长时间，撤局建处或撤处建局时常发生；从1927年5月到1935年3月换了7任市长，其中一任市长在任仅两个多月。这难免不出现城市无人管理的局面。⑥ 在从业人数方面，以北平（现北京）为例，民国初年至1949

---

① 厦门市地方志编纂委员会编：《厦门市志·第一册》，方志出版社2004年版，第436—441页。
② 王云骏：《民国南京城市社会管理》，江苏古籍出版社2001年版，第20页。
③ 厦门市地方志编纂委员会编：《厦门市志·第一册》，方志出版社2004年版，第451页。
④ 同上书，第459页。
⑤ 烟台市芝罘区地方史志编纂委员会办公室编：《芝罘区志·第十八卷·城市管理（讨论稿）》（内部资料），1991年，第5页。
⑥ 王云骏：《民国南京城市社会管理问题的历史考察》，《江苏社会科学》2000年第3期。

年,北平市容环境卫生部门的从业人员至多仅在 2000 人上下。加上那些基层官吏多以"吃空额"等手段虚报员工数目,所以实际在册人员数量可能更少。从事市容卫生管理的基层官吏(含执法警察),在不同时期隶属于不同局(厅),所以有时既负责医疗、防疫监督检查之责,又身兼市容环境卫生管理之责。其中多数人未经过专门训练,对专业知识知之甚少。[①]

简言之,清末以降,近代中国的城管执法体制开始走向专业化道路,警察机构集中了多项城管的权限,承担了主要的执法职能。在制度建设方面,出现了《违警律》《违警罚法》等较为系统的法律法规。这一制度的变迁过程,更接近于社会学制度主义中的同构;当然,这其中既包括了在部分地区迫于国外势力的压力而进行的强制性同构,也包括了之后在全国不少地区开始的以租界或京师为模版的模仿性同构。但是,由于没有注意到不同国家间国情和发展阶段的不同,特别是当时中国低水平的社会分工、工业化及城市化,加上内忧外患的动荡局势,从而使得建立的新制度无法得以较好的执行。

四 1949 年后的城管执法体制

中华人民共和国成立之后的城管执法体制也多有变更。本节将相对集中行政处罚权改革之前的城管执法体制设置情况划分为两个时期,前一段从 1949—1979 年,其中的"文化大革命"十年,由于各城市政府处于非正常状态,因此本书不予以详细讨论;后一段则从改革开放后到 1997 年相对集中行政处罚权改革之前。本节的第三部分还将通过讨论改革开放后原有的城管执法体制存在的问题,来分析相对集中行政处罚权改革的原因。

(一)改革开放之前的体制安排:基于单位的自检自查

1949 年前后,中国共产党军管会下的公安部或公安局接管了多个大城市的旧警察局。旧有警察人员,除部分逃散和接受审查之外,多数得以暂时留用;但警察局的内部机构设置和人员编制大多被精简调整。[②] 例如,

---

[①] 北京市地方志编纂委员会编:《北京志·市政卷·环境卫生志》,北京出版社 2002 年版,第 168 页。

[②] 刘宋斌:《中国共产党对大城市的接管:1945—1952》,北京图书馆出版社 1997 年版,第 121—132 页。

第三章 新制度的基础：相对集中行政处罚权制度建立前的体制沿革

1949年以后，北平市人民政府公安局接管了城市市容环境卫生事务和执法权限，设立清洁总队和卫生稽查队。① 再如上海，对摊贩的整理，最初是由公安部门负责。1949年6月26日，上海市公安局曾公布《管理摊贩暂行规则》，提出要对摊贩采取"组织起来，加强教育，严密管理，限制发展，区别不同情况，逐步进行改造"的方针。该规则规定：

> 1. 本市固定设摊营业者，均需向该管分局领取申请书，经过所在管局审查合格后发给执照，才能正式营业。营业期间执照应显明放置于设摊处所，以便查验，并不得转借让于他人。2. 营业时应按照管局划定的区域设摊，摊位面积不得超出长四市尺、阔三市尺。3. 应切实注意摊基及其附近之经常清洁。4. 为防止地痞流氓等不法分子操纵摊贩市场，摊贩有权向所在公安部门检举，经调查属实，所在管局当予保护。5. 摊贩未经许可，不得架搭固定性篷帐或建筑物，禁止损毁道路及公有建筑，禁止售卖不卫生或妨碍风化等物品，不得故抬市价、自行寻觅设摊处所。6. 违反上述规则者，予以警告、一定期之停业、相当数额之罚款、撤销许可执照或勒令永久停业等处罚。②

1950年3月1日，上海市成立了由公安局、财政局、民政局、工商局各推派专人组成的摊贩整理委员会，在市公安局设办事处。市公安局为进一步整治市容，颁布交通市容秩序整顿实施细则，主要内容有：

> 未经公安局同意指定设摊地点，不论摊担一律禁止贩卖。已经指定设摊地点，按照规定摊位摆设营业。主要干路或交通繁华街道及机关、学校、工厂门口、码头、桥梁、站、娱乐场所出口一律不得划为设摊处。准予设摊地点的摊贩应离开十字路口五公尺及路牌左右各一公尺，各公共汽车、电车站二十公尺以内不许设摊，里弄设摊不得超出里弄口，并不得二边摆设。摊贩不准利用街道上的路牌、标牌、街树、墙壁等作为支撑物或悬挂货物。摊贩必需按照管理规则规定的尺度摆设，并不得拦阻通行。摊贩不准使用响器以及高声叫喊以广招徕。除营业必需之物外，不准滥放杂物，侵占路面，妨碍交通、违反

---

① 北京市地方志编纂委员会编：《北京志·市政卷·环境卫生志》，北京出版社2002年版，第4—5、145、151页。
② 张辰：《解放初期上海摊贩的管理》，《档案与史学》2003年第1期。

上述规则者,除严格取缔外,屡犯者予以相当数额的罚款。各区划定地段,规定在指定设摊地段营业,使分散零乱的摊贩大部分归聚到指定的地段安置。①

类似的情况也见于广州②等地。华南地区的 A 市公安局在 1950 年也曾公布交通整顿办法,就有关车辆停放、上落站设置、民警设置、整顿市容等作了规定。③

不久,原来由公安局负责的城市管理及行政执法职能逐步移交到其他部门,相关人员也陆续调到其他岗位。例如北京的清洁总队在 1949 年 9 月交由卫生局管辖;1950 年 1 月之后,该职能又转交给北京市卫生工程局下设的环境卫生科;之后虽数次更替,但始终再未回到公安局管辖范围。而北京公安局接管的卫生稽查队当时实有人员、警员 45 人,这批人也陆续调任其他工作。④ 上海在摊贩秩序得到初步整理后,市政府也将该工作由公安局移归工商局接办。1950 年 9 月 29 日,上海市政府将摊贩整理委员会改组为摊贩管理委员会。委员会直属工商局,由工商局、公安局、税务局等各派三人与区政指导处联合组成;以工商局为主任委员,各区设分会,指导、协调摊贩管理工作。⑤ 造成这一转变的原因,一方面与新中国成立后实行的计划经济和公有制经济占绝对主导地位的体制有关;另一方面也与改革开放前实行的较为特殊的人民公安体制有关。⑥

计划经济和公有制经济的实行还使得私营摊贩在中国的几近消失。例如,在 1954 年,北京市的国有公司就在繁华地段设立了 12 个售货亭,以代替无照摊贩的经营。⑦ 上海市在 1955 年年底共有摊贩 19 万户,从业人员达 21 万人,其中固定摊贩 10 万户,流动摊贩 9 万户。而在 1956 年实现

---

① 张辰:《解放初期上海摊贩的管理》,《档案与史学》2003 年第 1 期。
② 参见黄冬娅《转变中的工商所:1949 年后国家基础权力的演变及其逻辑》,博士学位论文,香港中文大学,2007 年,第 58—60 页。
③ A 市城市管理行政执法局编:《A 市城市管理行政执法志》(内部资料),2007 年,第 12 页。(出于保护访谈对象的考虑,此处采取匿名化处理,下文中以大写英文字母代替的城市名皆为同类处理)
④ 北京市地方志编纂委员会编:《北京志·市政卷·环境卫生志》,北京出版社 2002 年版,第 145、151 页。
⑤ 张辰:《解放初期上海摊贩的管理》,《档案与史学》2003 年第 1 期。
⑥ 参见樊鹏《转型社会的国家强制:改革开放时期中国警察研究》,博士学位论文,香港中文大学,2008 年,第 75—103 页。
⑦ 任伟:《中共新政权与底层百姓的互动磨合——新中国初期北京整治无照摊贩》,《二十一世纪》2014 年 10 月号。

第三章 新制度的基础：相对集中行政处罚权制度建立前的体制沿革 65

全行业公私合营后，摊贩市场按行业由有关专业公司管理。① 在广州，到1956年左右，摊贩基本上被纳入了公有制经济体系内，相应的摊贩管理机构（摊贩管理科）也被撤销。② 此外，这一体制给社会的其他很多方面也带来影响。A市城市管理局曾总结道：在社会主义合作化后，公民的活动受到各类集体组织约束；国家实行计划经济，个人几无商品摆卖；私人没有机动车辆，城市难见摆卖、乱停放、乱搭建、乱张贴、乱悬挂、乱堆放等"六乱"现象，城市管理主要是市容环境卫生问题。③

那么，市容环境卫生方面的管理和执法工作又是怎么开展的呢？首先来看相关法规的制定。以北京市为例，1949—1979年期间，共颁布关于城市市容环境卫生的综合性法规3部，分别是1950年北京市政府颁行的《关于北京市街道清洁管理暂行办法》、1961年北京市爱卫会颁行的《北京市关于维护市容和保持城市环境卫生的试行管理办法》和1965年北京市人民委员会办公厅公布的《关于市容管理的试行办法》；专项类的法规则有8部，涉及环境保洁、集市摊贩管理、畜禽豢养管理等内容。④ A市人民委员会在1958年曾颁布《A市爱国卫生公约》，号召市民自觉地做好个人和环境的卫生。该公约的主要内容有：不准放养三鸟、不准随地吐痰、不准乱倒垃圾；自己门前路面自己扫。此外，A市人民委员会还颁布《A市关于违反公共卫生罚则》，罚款金额从2角到50元不等。⑤

在执法形式上。当时的北京主要有以下5种：⑥ 第一种是执法人员的日常检查。北京在1956年设立环境卫生检查员34人（少于中华人民共和国成立前卫生稽查队员、警员45人的数量），其中东四区、东单区、西四

---

① 张辰：《解放初期上海摊贩的管理》，《档案与史学》2003年第1期。
② 黄冬娅：《转变中的工商所：1949年后国家基础权力的演变及其逻辑》，博士学位论文，香港中文大学，2007年，第60页。
③ A市城市管理行政执法局编：《A市城市管理行政执法志》（内部资料），2007年，第2—3页。另外，在访谈过程中也有访谈对象谈到，在计划经济时代，即使是想乱搭乱建，也难以找到相应的建筑材料（访谈对象MC-201006-04访谈记录）。当然，并不是说其他的城市管理问题就完全没有了。例如在1964年，福州市专门成立市容整顿领导小组，组织整顿突击队，拆除817路、台江路、中平路、达道路、江滨路的违章搭盖、雨遮、斜撑等。参见福州市地方志编纂委员会编《福州市志·第2册》，方志出版社1998年版，第336页。只是这样的问题并不普遍。
④ 北京市地方志编纂委员会编：《北京志·市政卷·环境卫生志》，北京出版社2002年版，第68—74页。
⑤ A市城市管理行政执法局编：《A市城市管理行政执法志》（内部资料），2007年，第2—3页。
⑥ 北京市地方志编纂委员会编：《北京志·市政卷·环境卫生志》，北京出版社2002年版，第77—83页。

区、西单区、崇文区、宣武区、前门区各4人；朝阳区、海淀区、丰台区各设2人。1962年1月，卫生检查员数量曾减至26人，到9月又增至34人。20世纪70年代，城近郊区清洁队曾抽调百余人持市、区政府颁发的市容环境卫生检查员证，执行市容环境卫生监督检查任务。该检查队伍接受市、区市容办公室及环卫部门的双重领导。①

第二种是各业自检自查，包括每日查和节日查两种形式。其中，"每日查"由各单位主管市容环境卫生的负责人于每天上下午检查单位院内各责任地段环境保洁情况；一旦发现未能达标的地段或区域，即责成相关责任者进行整治。在改革开放前的中国城市，单位成为整个社会的主要组织形式。对于单位在社会管理和控制方面的作用，学者们已有不少的研究。②单位在城市管理乃至执法（如果不是法学严格意义上的行政执法的话）方面也曾发挥着重要的作用。再以北京为例。1950年2月3日，北京市人民政府颁布《关于北京市街道清洁管理暂行办法》，该办法规定，驻京一切部队、机关、团体、学校、工厂、商店、住户等均应依照要求执行下列任务：负责清扫责任范围以内的街道便道；在天气干燥易于飞扬灰土期间，各户应该按时用清水泼洒清扫范围内的路面；冬季降雪期间，随时清扫责任范围内的积雪，并于每日清晨八时前车辆稀少时，动员扫除隔夜的积雪。③单位的自检自查，虽然不是严格意义上的执法行为，但是它所起到的作用是将城市管理的治理任务按照单位分片包干，每个区域内由各单位指定的（而非政府派驻的）人员负责监督和检查；这有效地减少了政府城管及执法机构的任务量。除了借助单位之外，改革之前的中国城市管理还通过清洁运动、爱国卫生运动、专项清理整顿等运动式治理方式，来达到短期内管理城市市容环境卫生的目的。

第三种形式为联合检查，即由不同的政府部门组成联合检查组，对相关市容环境问题实施现场检查、现场整治。联合检查有定期和不定期之分。第四种形式为全市卫生大检查。这种大检查一般由各市的爱国卫生运

---

① 北京市地方志编纂委员会编：《北京志·市政卷·环境卫生志》，北京出版社2002年版，第151页。
② Andrew G. Walder, *Communist Neo-Traditionalism*: *Work and Authority in Chinese Industry*, Berkeley: University of California Press, 1986; Hsiao-po Lü and Elizabeth J. Perry, *Danwei*: *The Changing Chinese Workplace in Historical and Comparative Perspective*, Armonk, N. Y.: M. E. Sharpe, 1997; David Bray, *Social Space and Governance in Urban China*: *The Danwei System from Origins to Reform*, Stanford, Calif.: Stanford University Press, 2005.
③ 北京市地方志编纂委员会编：《北京志·市政卷·环境卫生志》，北京出版社2002年版，第84页。

动委员会(以下简称爱卫会)及其办公室组织实施。第五种形式为国家卫生大检查。一般由中央爱卫会连同地方城市爱卫会进行。这里的爱国卫生运动于1952年发源自北京。当时,毛泽东号召要"动员起来、讲究卫生、提高健康水平、粉碎敌人的细菌战争"。当时的北京市委、市政府于1952年动员组织全市开展了大规模的爱国卫生运动,以环境卫生、饮食卫生、市政设施建设和改造等综合治理为指向;并相继设立了市、区(县)、街道等级的爱卫会。[①] 此后,这一组织也相继在全国其他城市设立,承担一定的城市管理任务,并一直保留至今。

最后看执法人员的构成。限于当时粗疏的法律制度安排,行政执法的主体资格条件并未有明确界定。不仅卫生监督员,其他任何人都有可能成为执法人员。例如在1952年,福州市各区开始建立群众性的卫生督导队,对居民户和公共场所的环境卫生进行督促检查和宣传教育。[②] 法规的执行工作部门可能会涉及街道办事处、公安派出所、市场管理处、卫生行政部门等,"任何人发现有违反公共卫生罚则的行为时,均可将违反人送交执法机关处罚"[③]。

总的来说,改革开放前中国城管执法体制的特点是:城市管理的主要任务在于市容环境卫生管理;仅设置少量的专业执法人员,主要依赖单位体制下各单位的自检自查;注重运动式的联合整治和检查;没有明确行政执法的主体资格条件。因此,这样的城管"执法"似乎更应该称之为"检查"。

(二) 20世纪90年代的新问题:单位的强化与消解

1978年后,中国城市化进程开始加快,城市治理的挑战越来越多,涉及城管的问题也非常广泛。遗憾的是,除极少数城市外,至今还缺乏有关这一问题的专业的部门志或年鉴。以下只能根据已有的资料,试图对这一领域给出一个较为完整的图景。

首先看城市违章建筑方面。由于1949年后的中国城市建设总体上实行"重生产、轻生活,重主体、轻配套"的方针,从而导致居民住房出现

---

① 北京市地方志编纂委员会编:《北京志·市政卷·环境卫生志》,北京出版社2002年版,第104页。
② 福州市地方志编纂委员会编:《福州市志·第2册》,方志出版社1998年版,第334页。
③ A市城市管理行政执法局编:《A市城市管理行政执法志》(内部资料),2007年,第2—3页。

很多困难。① 从 1953—1978 年这 25 年间，中国城镇人均居住面积不仅没有上升（这两个年份都是人均 3.6 平方米），反而在 1962 年（3.3 平方米）、1963 年（3.2 平方米）两年还略有下降。② 而在改革开放初期，由于大批知识青年回城，出现城市人口数量增加，导致住房短缺问题更加严峻。③ 到 1984 年年底，城市缺房户仍有 704 万户，占城市总户数的 30% 左右。④ 即使到了 1989 年，依旧有 5388403 户缺房户未能解决住房问题；其中人均居住面积在 2 平方米以下的缺房户达 469481 户。⑤ 住房短缺导致了城市乱搭乱建问题的大量出现：有的在小区原有住房的基础上，临时搭建众多的简易棚或者楼顶棚；有的则在城市空地上搭建临时居所（俗称"种房子"）。在某些古城，有的人甚至借老城墙搭建斜面棚以供居住；更有人直接住进城墙建筑中的藏兵洞里。⑥

其次看建筑工地和废弃物管理方面。自 20 世纪 80 年代开始，各地城市建设面积快速扩大，出现众多新建建筑项目，产生了大量的建筑渣土和废弃物。但当时却缺乏对建筑施工及建筑垃圾清运的规定，于是，有的渣土和废弃物被倾泻在城近郊区的偏僻地段或道路两侧，有的则在运输过程中抛洒遗落在城市道路上。1981 年，北京郊区曾通过发动周边区域的单位和群众从建筑垃圾弃置点清除建筑渣土及其他废弃物达 100 万余吨。为了规范这一问题，北京市市政管理委员会曾颁布《关于渣土管理的规定》（1984 年）和《关于加强建筑工程施工现场管理的暂行规定》（1985 年）。⑦

最后是占道经营问题。随着计划经济向市场经济的过渡和商品流通体制改革的启动，私有经济开始兴起，各类批发市场、农贸市场、占道经营的门面、无证经营的小商贩、到处张贴悬挂的各类广告等开始出现。城区

---

① A 市城市管理行政执法局编：《A 市城市管理行政执法志》（内部资料），2007 年，第 3 页。
② 符曜伟：《中国城市住宅建设与住房制度改革》，载《中国城市经济社会年鉴》编辑部编《中国城市经济社会年鉴·1990》，中国城市出版社 1990 年版，第 199 页。
③ 这方面一个很好的访谈，参见大力《上海青年支边录（之八）生存篇：摆地摊，街头巷尾各自谋生》，《青年周末》第 245 期，2010 年 12 月 2 日。
④ 戚名琛：《中国的城市住宅》，载中国城市经济社会年鉴理事会编《中国城市经济社会年鉴·1985 年本》，中国城市出版社 1990 年版，第 60 页。
⑤ 符曜伟：《中国城市住宅建设与住房制度改革》，载《中国城市经济社会年鉴》编辑部编《中国城市经济社会年鉴·1990》，中国城市出版社 1990 年版，第 201 页。
⑥ 访谈对象 MC - 201006 - 04 访谈记录。
⑦ 北京市地方志编纂委员会编：《北京志·市政卷·环境卫生志》，北京出版社 2002 年版，第 139 页。

第三章 新制度的基础：相对集中行政处罚权制度建立前的体制沿革

人流量密集的主要交通路段成了各业摊商经营的"黄金"地段，一个广为流传的说法是"要想富，占马路"①。在当时的北京天安门地区，许多摊商竞相在那里设摊列肆。北京市政府曾于1980年7月对天安门广场及周边地区进行了集中整治，清除列肆于广场的无照摊点、整顿有碍市容卫生的棚摊。北京还专门成立了"天安门地区管理委员会"，设置了专职管理人员和保洁人员。②类似的情况出现在其他城市。例如，在国务院批准建设厦门经济特区后，厦门的集体和个体商业经营性活动开始活跃。按照当时的规定，个体户不论有无营业地点都可以办理营业执照；这也导致摆摊设点和简易搭盖经营一哄而上。1983年2月，在厦门市区临时搭建的"铁皮房子"只有45座，5月底增为139座，7月底时，则增至220座（不含郊区和岛外区）。③

为了应对上述新情况，部分城市开始成立专门的市容环境卫生检查队伍。北京市在1980年配备了市容卫生检查员192人，次年增至200人；并在市区和近郊设置了22个市容环境卫生检查站。1982年2月，北京市政府决定由公安局招收750名市容卫生警察，会同原市容卫生检查员一同履行执法任务。同年，市容卫生检查员数量增至216人。1983年，国家公安部以没有卫生民警为由，撤销了北京卫生民警的设置，多数卫生民警转为公安局留用。同年，北京补招了大批市容卫生监察员，使其总数增至1050人。1985年，北京所有区县都建立了市容环境卫生监察队伍，总人数达1587人。1986年年初，北京设立市容监察总队；到1990年时，监察员人数达1695人。④也有城市成立了隶属于建设局（建设委员会）或其他行政机构的城市管理监察队伍。例如，福州市在1981年成立福州市城管纠察队，对城市规划、市政、环保、公用事业、园林绿化、市容和环境卫生行使行政监察执法权，设队员47人。1984年，该队伍更名为福州市城市管理监察大队，1986年又更名为福州市城乡建设管理监察大队。⑤厦门市也于1981年成立城市市容卫生纠察队，编制55名；1985年，该队伍整编为"厦门市城市建设监察大队"，隶属公用事业局；1988年8月又更名为

---

① 薛新群：《占道费流失引发的思考》，《中国市容报》1999年8月20日第4版。
② 北京市地方志编纂委员会编：《北京志·市政卷·环境卫生志》，北京出版社2002年版，第124—125页。
③ 厦门市地方志编纂委员会编：《厦门市志·第一册》，方志出版社2004年版，第401页。
④ 北京市地方志编纂委员会编：《北京志·市政卷·环境卫生志》，北京出版社2002年版，第151—152页。
⑤ 福州市地方志编纂委员会编：《福州市志·第2册》，方志出版社1998年版，第336页。

"厦门市城市建设管理监察大队";1989年扩编至100人。①

不过,由于当时相关法规不健全,城管监察工作主要采取简单的行政手段对规划建设、市容和环境卫生、市政公用设施、园林绿化等实行综合管理,侧重点还是在市容和环境卫生的治理整顿上。② 上述福州和厦门的执法机构算是比较"综合"的。③ 而在多数城市,由于当时政府机构设置还保留着计划经济时代职能过分细化的特点,即使是在建设系统内部,也出现了隶属于不同行政部门(如市政、环卫、园林、绿化等)的执法机构。例如在20世纪80年代初期的太原,就同时设有环卫监察大队和市容管理队伍这两个职能十分接近的队伍。④

总的来说,这一时期城管执法的范围开始从市容环卫扩展到园林绿化、市政设施、建筑施工、违章建筑、城建规划、环境保护、社会秩序、交通秩序、摊贩摆卖等多个方面;部分城市还覆盖到了文化市场等领域。只是在执法队伍的隶属机构上,除城乡建设委员会或城建局外,还有其他如城市管理委员会、城市管理领导小组或办公室、精神文明建设委员会(办公室)、文明城市建设委员会或指挥部、城市综合管理(综合治理整顿)指挥部、市容管理(整顿)委员会或办公室等,类型共有30多种。⑤ 虽然建设部曾于1989年1月和1990年7月两次发出通知,希望将"城建管理监察队伍……由城市的建委或管委、市容委统一归口管理"⑥。但可能当时的这一问题并不很严重,以至在1992年建设部出台的《城建监察规定》中并未对这些执法队伍的设置情况做出统一的规定,而是允许"其组织形式、编制、执法内容、执法方式等可以由城市人民政府按照当地城市建设系统管理体制和依法行政的要求确定"⑦。

除执法主体"多元化"外,还存在的一个问题是执法的"执罚"化——罚款几乎成了执法的唯一目的。以下这两个小故事可以说明:

> 两个骑自行车的青年人被一位戴红袖章的纠察缠着,那纠察没有

---

① 厦门城市建设志编纂委员会编:《厦门城市建设志》,鹭江出版社1992年版,第291页。
② 福州市地方志编纂委员会编:《福州市志·第2册》,方志出版社1998年版,第336页。
③ 这一点将在下一章展开讨论。
④ 张希升:《努力探索科学管理城市的新路子》,载吴郝、梅陈编《城市管理初探:全国首届城市管理学术研讨会文选》,中国建筑工业出版社1988年版,第64页。作者时任太原市副市长。
⑤ 吴涌植编:《城管监察执法实用全书》,中国政法大学出版社1993年版,第109页。
⑥ 同上书,第109—110页。
⑦ 参见《城建监察规定》(建设部第20号令),1992年,第五条。

第三章　新制度的基础：相对集中行政处罚权制度建立前的体制沿革　　71

作任何表示，便用手里的小三角旗指着一旁标明"严禁进入"的挡板说："愿意罚款就进去，你们看着办吧。"那两个青年倒也干脆，当即每人掏出五元钱，塞到纠察挎着的帆布包中，便上车大摇大摆地窜入人流。……有一位从北方乡下来的老人，一路上咳嗽不止，一位纠察紧随其后，扳着手指数着，待老人咳嗽止住后，纠察便上前递上一叠罚款收据说：我跟你老长一段了，你一共吐了11口痰，累计罚款5元5角。老人虽气得脸红耳赤，但也只好掏了钱走路。①

多个执法主体和持续增加的执法人员数量并未能解决城市治理中的诸多问题。于是，城市政府开始继续强化单位在城市管理中的作用。1982年，北京市创造了"门前三包"（包卫生、包绿化、包秩序）责任制。1983年，北京市市政管理委员会办公室、市环境卫生管理局等单位拟定《关于在全市推行"门前三包"责任制，加强"脏、乱、差"治理的若干规定》，在全市推行"门前三包"责任制。该规定要求单位须依照要求，按划定的地段，与所在地区街道办事处签订"门前三包"协议书或合同书。1985年，北京市政府颁发《北京市"门前三包"责任制管理办法》，把"门前三包"正式确定为全市所有社会单位和个人必须履行的法律任务。② 图3-1是1982—1990年北京市落实"门前三包"的单位数量图。

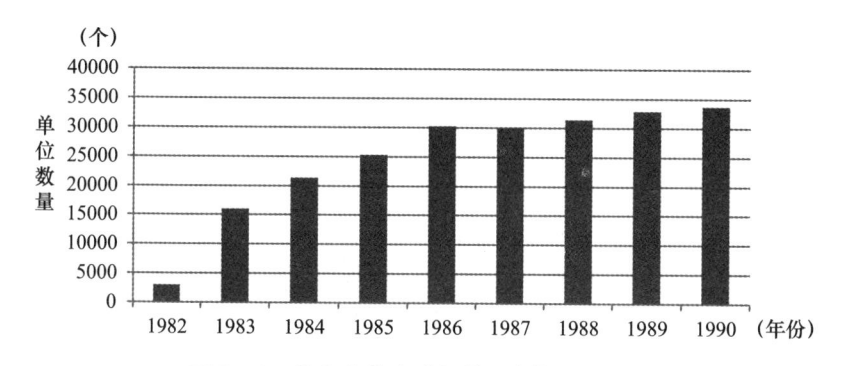

图3-1　北京市落实"门前三包"单位数量

注：1987年的数量下降，是因危旧房改造，使得一些铺面房拆除所致。
资料来源：北京市地方志编纂委员会编：《北京志·市政卷·环境卫生志》，北京出版社2002年版，第94页。

---

①　叶根元：《是纠察员还是税务员?》，《中国市容报》1988年4月10日第2版。
②　北京市地方志编纂委员会编：《北京志·市政卷·环境卫生志》，北京出版社2002年版，第86页。

但是，随着城市单位制改革的启动，原本附着于单位体制的诸多社会职能被剥离出来。政府与企业之间的关系也经历着重大的调整。"门前三包"制度给单位的约束力逐渐减弱。城市政府依靠这一制度实现分片化城市管理的目标也越来越难实现。不仅如此，在20世纪90年代后的中国，新旧城市管理问题也比改革开放初期更加突出。

首先是人口流动性快速提高。在流动人口方面，1986年时，全国城镇共有约952万暂住人口；而到1992年，这一数字则增至约9491万人。[①]再以北京市为例：1990年时有流动人口51.73万人，比1982年的13.45万人增加了2.85倍，平均每年递增18.35%；2000年时有流动人口463.75万人，其中来自外省的有246.32万人，占全部流动人口总数的53.10%。[②]进入20世纪90年代中期，随着城市建设的扩展和国有企业的改制，也产生了不少脱离原居住地和原工作单位的城市无业失业人口。他们的生计问题成为摆在城市管理者面前的一道难题。大规模的人口流动，在促进个体经济发展的同时，也使原本严重的市容环境问题雪上加霜。不少城市出现了各式各样的临街简易市场（俗称马路市场）。有些马路市场办到学校门口，有的甚至办到外国使馆周围。这也招致日益增多的市民投诉。例如，北京首都城市环境综合整治委员会办公室在1996年接到群众来信、电话达1047件，其中反映占路市场污染环境、阻塞交通、严重扰民的占总数的40%；驻京的外国使馆甚至发来照会反映占路市场问题。而对这些马路市场进行管理整改的难度却非常大，部分原因在于它们大都是由当地的街道办事处主办，用以创收和解决当地居民就业的。[③]其次是城市违章搭建问题再次进入高峰期。[④]而有关规划建设、市政公用设施、园林绿化、环境保护等领域的执法问题也越加严重。

再次重叠设置的执法机构。1992年6月，国务院颁行了《城市市容和环境卫生管理条例》（国务院第101号令）。该条例成为当时城市建设监察或城市管理监察部门主要的执法依据。各地纷纷在不同的管理领域，出台相应的制度。这些建章立制活动推动了城市管理由原先的指令性管理向法

[①] 蔡昉：《中国人口流动问题》，河南人民出版社2000年版，第4—5页。
[②] 陆学艺主编：《北京社会建设60年》，科学出版社2008年版，第79页。
[③] 安向红：《酸甜苦辣话撤"市"》，《中国市容报》1997年7月4日第2版。
[④] 有人曾专门总结出现城市违章搭建的三个高峰期，大致为："文化大革命"期间无人管理的失控阶段；20世纪70年代末80年代初（大量下乡、下放人员回城形成的乱搭乱建）和20世纪90年代初期之后（破墙开店以及大量农民进城经营而形成的"马路经济"和"棚户经济"）。参见姚爱国《对症下药治"顽症"：当前违法建设的现状、成因及对策》，《中国市容报》1999年3月5日第2版。

第三章　新制度的基础：相对集中行政处罚权制度建立前的体制沿革　73

制化管理的转变；但由于这些制度分别是由不同的行政主管部门制定，条文中直接将该部门确认为执法主体，从而在当时出现了"制定一部法规或规章，设立一支行政执法队伍"的现象，这导致了执法队伍数量的迅速膨胀。据统计，1988年时，北京市共有行政执法主体32个，专业执法队伍45支，而到了1996年，执法主体增加到70个，专业执法队伍增加到108个。①

仅在建设系统内部的就有多支隶属于不同行政部门的执法队伍；执法过程中经常出现政出多门、互相扯皮的问题。加上当时执法队伍的财政保障不力，很多执法队伍就变成了"收费队伍"②。1997年6月，建设部在广西南宁召开全国城建监察队伍现场会，提出要将各市的城市管理监察队伍统一改名为城市建设监察，隶属于各地建设主管部门。但政出多门的问题也存在于建设系统之外，因为由其他行政部门（如工商、公安等）所辖的执法队伍也可能参与城管执法。一个典型的例子如，要查处一名在北京摆摊卖假酱油的外地人员，可能需要七八个执法机构一起执法。因为"摆摊归市容管，食品干不干净归卫生管，店外无照经营又属于工商，办没办暂住证属于公安"③。

（三）制度试验发生的原因：旧有制度存在的问题

多个执法部门"群龙治水"的局面，成了当时城市管理（城建管理）执法体制面临的诸多问题的根源。

第一个问题是不同执法机构之间互相扯皮。在当时的城管执法中，许多矛盾都是由于条块分割和职能交叉引起的。诸多执法机构之间职责不清，责任不落实，经常发生摩擦和扯皮现象。当时，社会上流传着所谓"十几顶大盖帽，管不好一顶破草帽"的说法。例如，在对待流动摊贩问题上，当要对其处罚收费时，各部门会比较积极；但要对其清理整顿时，各部门便开始相互推诿。再比如：

---

① 北京市人民政府法制办公室：《北京市实施城市管理综合执法体制改革的探索与实践》，此文乃该法制办在2000年7月全国相对集中行政处罚权试点工作座谈会上的交流材料，载《相对集中行政处罚权工作读本》，中国法制出版社2003年版，第303—304页。
② 李灿平、罗遥：《吃"皇粮"不再吃"杂粮"："杂牌军"收编为"正规军"：岳阳城监支队以全新面貌出现》，《中国市容报》1999年5月19日第2版。
③ 邹乐：《记者对话中国首批城管队员：十年执法　十年争议》，《北京晨报》2008年1月4日第A9版。

车停人行道问题，城管办有职责，但无处罚手段，交管局有手段，但无职责；出门店经营和酒楼饭店的环境卫生问题，也是城管办有职责，但是无处罚手段，工商局有手段，却无职责；汽车尾气排放管理问题，交管局能管住车辆，但无职责，环保局有职责，但又管不住车；火车站车辆营运问题，运输局为解决运力，允许中小巴进站经营，而交管局为疏导交通，又限制中小巴进入；道路边停车场的审批和收费及交通设施的维修养护问题，按国家规定，本应由城管部门负责，但实际上却是交管部门在管；洗车场的管理问题，主要是环境卫生的管理，应属城管部门的管理职责，但实际上由交通运输部门管理；道路的临时开挖和占用，按国家规定，城管部门应进行审批、管理和修复，但交管部门也独自进行审批；街头卖花女、乞丐问题，公安和城管互相推诿……①

第二个问题是执法人员数量庞大。1989年年初，全国仅城建监察系统的人员就有4万多人。② 而此后这一数字还持续增长。虽然没有全国性的数字，但从地方的情况也可证明。例如，广西城建系统的监察队伍人员数量在1986年为800多人，到2000年则增为4580多人。③ 关于这一点，我们还将在第四章中有更为详细的讨论。

第三个问题是联合执法、运动式执法过多，缺乏长效机制。为了克服部门相互推诿的问题，很多城市采取了联合执法的形式——由各部门临时抽调人员共同参与执法。但这一执法形式同样存在几个问题：一是运动式无法长效。联合执法解散后，回归原状。二是联合执法人员均系临时从各部门抽调，工资、福利待遇隶属于原单位，在执法过程中不可避免地站在原单位的立场。三是联合执法过程中，法律责任一般是受原单位委托；一旦形成行政诉讼，各相关部门都不愿意承担法律责任；于是专业部门推诿到联合执法队伍，联合执法队伍推诿到专业部门，最终会出现政府成被告的尴尬局面。④ 此外，大量城市开展的环境综合整治活动层出不穷。这一执法模式非常类似于公安部门曾经开展的"严打"行动。它的优势是在短

---

① 邱金平：《深圳城市管理的特点、存在的问题及对策（上）》，《中国市容报》1997年11月2日第4版。
② 数据来自建设部《关于健全城建管理（市容）监察工作的通知》（89）建城字第34号，载吴涌植编《城管监察执法实用全书》，中国政法大学出版社1993年版，第633页。
③ 钱雄耀：《广西城建监察队伍壮大》，《中国市容报》2000年7月14日第2版。
④ 田来耘：《依法管理城市最佳模式初探》，《中国市容报》1999年10月22日第7版。

时间内集中相当多的资源,用以解决一些长期无法解决的"老大难"问题。但它同样也不能达到长效治理。虽然整治期间可能会出现短暂的效果,但整治过后,很多问题又会重新出现。并且,在整治过程中,各参与联合整治的执法部门"大都受到利益驱动的影响,只管有个人好处的,而不愿管无利的或难管的,有的行业沦为管理的空白点"①。这可能导致很多整治行动连基本的目标都无法完成。另外,在专项整治过程中,还容易出现加重处罚的问题,从而导致执法不公的现象。例如,北京市在1990年8月20日到9月20日期间开展了严禁"三乱"的行动,共处罚25137起,其中加重处罚111起。② 这样的加重处罚是否符合法律程序、是否有必要等都是需要反思的。

第四个问题是执法主体资格不明确、执法行为缺乏明确的法律依据,从而出现重复处罚和乱罚款的现象,某些罚款行为甚至是由企业职工做出的。③ 另外,由于当时的城建监察队伍大多缺乏有效的财政保障,许多执法人员都是"吃杂粮"④。例如,1999年,徐州全市城管人员中,属事业单位编制的共有600余人,其中有400人属于"自收自支"⑤。再如,2000年前,柳州市柳南区城建监察大队有队员130余名,其中80%以上是端"泥饭碗"的市容纠察队员。⑥ 个别政府部门把城管当作"钱口袋",给执法队员下"指标"、下"任务",让城管执法人员通过罚款和收费等为其"创收"。1998年,徐州市城管委就接到投诉电话156人次,立案审查各类违规违纪案件46起;撤销了5支城管队伍(分队与组),责令49人停止执法。

第五,执法主体不明确、财政保障不力带来的又一个问题是执法队员的平均素质不高。城管监察机构的队员来源复杂。虽然对他们的受教育程度缺少准确全面的数据统计,但是我们可以从其中部分城市城建监察队员的人员构成和招聘形式上看出一些端倪。例如,1998年西安市成立了一支500人编制的市容综合监察总队,其队员除部分是整编自原有的市容监察

---

① 何中幅、李彩娟:《东北部分城市市容研讨会认为:综合执法在大城市行不了》,《中国市容报》1999年1月31日第1版。
② 北京市地方志编纂委员会编:《北京年鉴·1991》,北京年鉴社1991年版,第530页。
③ 刘兴元:《谈行政管理与行政执法中急需研究和解决的问题(上)》,《中国市容报》1998年7月22日第4版。
④ 同样的问题也见于其他执法部门如工商局,参见黄冬娅《转变中的工商所》,第四章。
⑤ 存英、庆辉:《徐州城管:难题与挑战》,《中国市容报》1999年7月18日第B版。
⑥ 李展宁:《柳州市柳南区城建监察队伍加大优化组合力度:铁饭碗不铁,优者上岗》,《中国市容报》2000年2月11日第2版。

大队、区中队外，其他则是从市属国有企业下岗职工中考录和从转业军人中选调的。① 郑州则更是将监察大队视为安排下岗职工的部门。② 新疆石河子市城管监察大队中复员转业军人占监察员人数的 1/3。③

当然，在当今世界，并非只有中国面临城市治理的挑战。世界银行经济发展协会首席城市规划师乔治·L. 加托尼（George L. Gattoni）曾指出：

> 发展中国家速度空前的城市化给他们的中央和地方决策者以及行政人员带来了大量新的任务。……地方政府及其城市管理者遇到了如下几个方面的巨大挑战：填补服务领域的空白、解决人口迅速增长带来的需求以及处理之前未曾遇到过的问题。第三世界城市和城镇是最难管理的，这是因为近几年才开始要求地方公共机构利用极为有限的资源承担日益复杂的职责。世界银行和联合国开发计划署等开发机构在试图帮助发展中国家应对城市化带来的影响时，遇到了一系列被称为"弱势的市政当局"或"组织能力缺乏"等实施限制。但是，发展强势而高效率的公共机构比建设基础设施要更加困难和令人沮丧。然而，多年来的城市发展的经验表明，如果没有一个强有力的地方公共机构来作为基础去管理现在的城市，城市化是不可能持续发展的。④

那么，如何才能改变中国在城管执法领域"群龙治水"、政出多门的局面，建立起一套新的执法体制呢？在中国，这一体制是通过制度试验的方式，以相对集中行政处罚权制度为依托建立起来的。

---

① 罗毅：《西安市市容综合监察总队成立》，《中国市容报》1998 年 7 月 17 日第 2 版。
② 白宪州：《郑州组建城管监察队优先安排下岗工》，《中国市容报》1998 年 7 月 24 日第 2 版。
③ 赵国卿：《复转军人在石河子城监大队挑大梁》，《中国市容报》2000 年 8 月 16 日第 2 版。
④ Goerge L. Gattoni, "Foreword." in Ronald McGill Eds, *Institutional Development: A Third World City Management Perspective*, Basingstoke: Macmillan Press, 1996.

第四章 制度试验的探索和试点：相对集中行政处罚权制度的出现

旧有制度安排在执行过程中出现了问题，而社会经济的变迁也会导致新的问题产生；从而，行动者要面临提出解决问题方案、建立新制度的任务。那么，新制度的理念是怎么来的呢？制度试验循环中的前三个阶段——地方性实践阶段、正式试点阶段和试点的初步评估和扩大阶段——又是如何运作的呢？制度试验中的学习活动又是如何的呢？这都是本章要重点回答的理论问题。

具体到中国城管执法体制这一案例，本章的主要内容包括：首先讨论相对集中行政处罚权制度试验之前的地方性实践的开展，其次分析由中央政府启动的正式试点阶段是如何运作的，最后，分析试点的初步评估和扩大试点范围阶段是如何开展的。三个阶段的分析中，都将穿插讨论行动者学习是如何进行的，以及不同的行动者之间是如何互动的这两个方面的问题。

一 正式试验前的地方实践

制度试验的起点，比它的终点要难以清晰地确认。在制度试验开始前，新制度要解决的问题业已存在，而首先要面对这些问题的，是更接近于社会现实的地方政府，尤其是那些基层政府。与一般意义上的中央集权制国家相比，中国的地方政府即使是在没有中央的明确授权下，依旧拥有相当的自主权，这其中就包括有创新制度安排的自主空间。而这些创新，恰恰可以为后来的中央层级的制度建设提供经验和支撑。具体到城管领域，这样的地方性实践指的是地方政府，主要是城市政府在没有得到中央明确授权之下，为应对城管执法中出现的问题而开展的制度创新活动。

在现行城管执法体制建立的最初阶段，中央政府在1996年的国发〔1996〕13号文中明确要开展相对集中行政处罚权的试点工作，探索建立新的行政执法体制；但并未公布一套详细的制度安排。启动制度试验的，只是"相对集中行政处罚权"这一理念。那么，它是怎么来的呢？它是在地方性实践的基础上提出来的。从现有资料来看，在中央正式批准试点之前，至少有两种不同的制度创新实践在探索着，它们分别是以福州、厦门为代表的市容（城建）监察综合执法模式和以北京、上海为代表的巡警综合执法模式。

（一）市容（城建）监察综合执法探索

先来看福州和厦门探索的市容（城建）监察综合执法模式。

1981年4月，福州市成立福州市城管纠察队，有队员47名，负责对城市规划、市政、环保、公用事业、园林绿化、市容和环境卫生行使行政监察执法权。1984年，该队更名为城市管理监察大队；1986年5月又更名为城乡建设管理监察大队。当时的城管监察主要依赖简单的行政执法手段，侧重于城市市容和环境卫生的治理整顿。[①] 进入20世纪90年代，针对当时福州市城市建设全面展开、市区建筑工地逐年增多的状况，福州市专门成立地材管理处，以加强对建筑地材、渣土运输的车辆管理。1991年，福州市城管大队开始调整队伍结构：城市规划监察设立一、二、三中队，分别负责鼓楼、台江、仓山3个城区及周边近郊城镇的规划监察工作；相应成立了市容、市政、园林、房管等专业监察队伍，派驻各业务职能部门。监察大队还设立办案科和综合科，负责对各专业中队的监察工作进行复查审核，并对已竣工的建筑物进行综合监察，提出处罚意见呈报有关部门审批后执行；成立督办科，加强督查办案力度。[②] 在全国尚未出台有关行政执法程序和规范的法律法规的条件下，福州市的城管机构较早开始了这方面的探索。他们建立执法程序，执法办案分立案、勘验取证、处罚、执法、结案5个程序；规定上岗执法人员必须2人以上；并要求着装整齐、佩带执法标志、亮证执法、使用统一的处罚单据和法律文书；实行执法与处罚分开制度等。1992年，福州市还成立了城建管理监察学校，至1994年共举办17期培训班，培训城建监察队员700多人次。[③]

[①] 福州市地方志编纂委员会编：《福州市志·第2册》，方志出版社1998年版，第336页。
[②] 同上书，第337—338页。
[③] 同上。

第四章 制度试验的探索和试点：相对集中行政处罚权制度的出现

与福州同省的厦门也采取了类似的探索思路。1981年，厦门市成立了卫生纠察队；但其成员来自多个单位，没有统一领导和完整的管理制度，队员素质也不高。1985年，市容纠察队改编为建设监察大队，并将其职责明确为负责新旧市区的市容卫生和市政设施的监察工作，实行一级管理制。监察大队可在市政府、市基本建设委员会和市城市管理办公室的协调下，配合城市规划、园林绿化、自然风景资源以及土沙石的保护监察工作。[①] 1988年8月，建设监察大队更名为城市建设管理监察大队。从图4-1可以看出：城市建设管理监察大队隶属于城乡建设委员会，行使的执法权限涉及在城乡建设委员会下辖的各局。1996年11月21日，厦门市十届人大二十六次会议通过《厦门市城市建设管理监察条例》，该条例规定由城市建设管理监察支队负责对违反城市管理法律、法规的行为进行监督、检查和处理，从而形成了城管领域的综合执法模式。

除了福州厦门两市外，上海市静安区也在这方面进行过尝试。1990年3月，为解决专业执法和联合执法的弊端，上海市政府批准静安区政府进行委托式综合执法的试点工作。静安区组建了静安区城市管理监察队（同时取消城建系统的各支执法队伍），为副处级行政事业单位，编制150人。机构内设中队和街道分队；执法形式为委托型综合执法，即由区环卫、交通市容、工商、规土、园林、环保和卫生防疫等11个部门委托区城市管理监察队行使11个法规、规章的30余个条款的执法职能。队伍组建后，静安区的市容市貌和环境秩序曾在几个月内名列上海市前茅。但在实际运作中委托执法也暴露出了自身的局限，加之缺乏强力的执法后盾，从而限制了它的作用；因此这一模式后来被巡警执法代替。[②] 类似的，在20世纪90年代初期，深圳市的城市管理机构为市城市管理委员会，办事机构为市政府城市管理办公室，是市政府组成部门，下设城管监察大队。当时的城管监察大队，已经具备综合执法的功能。但由于从名称上看，市城管办是城管委的办事机构，而不属于政府的职能部门。在《行政处罚法》实施后，城管办在行政执法活动中不符合处罚法要求的主体地位。[③]

总的来说，当时的市容（城建）管理综合执法，实际上是一种委托式的执法：其执法主体并非行政部门，而是某个行政部门下属的事业单位；

[①] 厦门城市建设志编纂委员会编：《厦门城市建设志》，鹭江出版社1992年版，第291页。

[②] 王立帆、何小英：《上海城市管理综合执法的基本经验》，《上海城市管理学院学报》2001年第5期。

[③] 邱金平：《深圳城市管理的特点、存在的问题及对策（上）》，《中国市容报》1997年11月2日第4版。

80 制度建设中的试验机制：以相对集中行政处罚权制度为案例的研究

厦门市城乡建设委员会
(1990年12月)

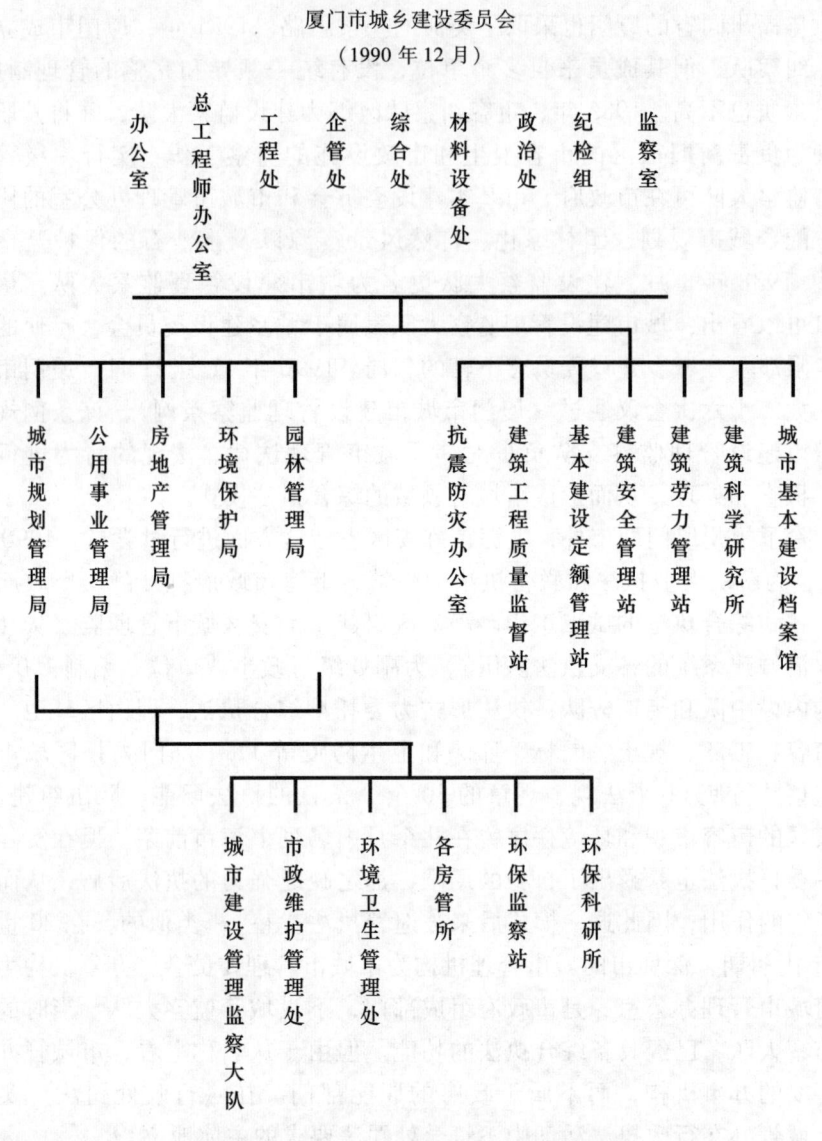

办公室　总工程师办公室　工程处　企管处　综合处　材料设备处　政治处　纪检组　监察室

城市规划管理局　公用事业管理局　房地产管理局　环境保护局　园林管理局　抗震防灾办公室　建筑工程质量监督站　基本建设定额管理站　建筑安全管理站　建筑劳力管理站　建筑科学研究所　城市基本建设档案馆

城市建设管理监察大队　市政维护管理处　环境卫生管理处　各房管所　环保监察站　环保科研所

图4-1　厦门市城乡建设委员会组织架构
资料来源：厦门城市建设志编纂委员会编：《厦门城市建设志》，鹭江出版社1992年版，第4页。

没有明确的法律、法规或者规章的授权；委托执法权限的原行政主管部门有可能依旧行使相应的执法权。1996年颁布的《行政处罚法》对行政执法的主体资格作了明确的界定：行政处罚原则上只能由行政机关实施，非行政机关的企业、事业单位未经法律、法规授权，不得行使行政处罚权；

没有法律、法规或者规章的明确规定，行政机关不得委托事业组织实施行政处罚。①之后建立的相对集中行政处罚权制度，也在执法主体、权限划分上与这一时期的综合执法有所不同。

（二）巡警综合执法模式的探索

与委托式综合执法不同的另一种实践模式，是上海、北京等地开展的巡警综合执法模式。该模式的特点是，负责综合执法的巡警并未取代其他行政执法部门，而是依照规定对发生的影响城市秩序或与治安相关的事件进行先期处置，复杂案件需要按程序移交有关部门进一步处理。②

1992年，上海市人民政府向上海市人大常委会提交了关于《开展人民警察综合执法试点工作方案》的报告。上海市第九届人民代表大会常务委员会第三十四次会议同意了该方案，并决定授权市人民政府在黄浦、静安、徐汇三个区的道路、公共广场范围内试行人民警察综合执法。与其他城区多个执法队伍并存的执法状况不同的是，在试点区域建立公安巡察部门履行下列职责：①维护社会治安和道路交通秩序；②维护市容整洁和环境卫生；③维护社会经济秩序；④参加城市突发性灾害事故救援工作。1992年10月，上海市出台《上海市人民警察巡察暂行规定》（上海市人民政府第26号令），率先在黄浦区、静安区、徐汇区试点组建巡警，进行综合执法。1993年7月，上海市人大常委会通过《上海市人民警察巡警条例》；随后在全市各区推广巡警综合执法模式。该条例规定的公安巡警部门的主要职责是：在道路、广场范围内维护治安秩序和公共安全；维护交通秩序；维护市容环境整洁和市政公用设施的完好；维护经济管理秩序。上海市当时的巡警达到6000人的规模，形成了覆盖全市的巡逻网络，也具备解决交叉型违章行为的条件，体现了一警多能。③由此，上海成为中国率先开展巡警制度的城市。④

1992年12月26日，公安部印发《上海市公安局关于巡警综合执法试点工作情况的报告》《上海市人大常委会关于在本市部分地区试行人民警

---

① 《国务院关于贯彻实施〈中华人民共和国行政处罚法〉的通知》（国发〔1996〕13号）。
② 公安部《关于印发牟新生副部长在全国公安厅局长会议上的讲话的通知》（公通字〔1995〕8号）。此次会议是1995年1月5—10日在上海召开，主题之一就是推广上海等地开展的城市民警巡逻工作的经验，研究加快城市民警巡逻体制建设工作。参见本书编写组编写《建国以来公安工作大事要览》，群众出版社2002年版，第1000页。
③ 王立帆、何小英：《上海城市管理综合执法的基本经验》，《上海城市管理学院学报》2001年第5期。
④ Ronald C. Brown、马志毅：《中美巡警制度的比较研究》，《中外法学》1996年第2期。

察综合执法的决定》和《上海市人民警察巡察暂行规定》这三个文件，并要求其他地方的公安机关结合各自实际情况，开展城市人民警察巡逻体制建设。①

北京市也于1993年12月出台了《北京市人民警察巡察执法暂行规定》（北京市人民政府令1993年第20号），将多项城管执法（处罚）权授予人民警察巡察支队。这一模式于1994年1月1日率先在崇文、海淀两区施行。这些授权项目范围非常广泛，超过了上海巡警所承担的执法范围，既包括了社会治安的职能，也包括了城市管理中的市容环境卫生、流浪人口管理、宠物管理、户外广告、流动摊贩、市政设施管理、交通秩序、园林绿化等。② 以该规定的第16条为例：

> 有下列行为之一的，予以取缔，处50元以下罚款或者警告：（一）未经批准占用道路摆摊设点、堆物作业或搭建各种设施的，或超过批准的范围、期限占用道路的；（二）往车行道上排水或者抛弃物品妨碍交通的；（三）未经批准，设置停车场、存车处的；（四）在道路上玩球、跳舞、演技、游艺、散放畜禽的；（五）在道路上进行其他妨碍交通活动的。

其第20条又规定：

> 有下列第一项行为的，处5元罚款；有第二至六项行为的，处10元以上100元以下罚款，并责令改正。（一）随地吐痰，乱扔瓜果皮核、烟头、纸屑、食品包装等废弃物的；（二）乱倒垃圾、渣土、污水，焚烧杂物、垃圾、树叶，或者堆放树枝、掏挖的污泥不及时清运的。（三）运输流体和散装货物不作密封、包扎、覆盖，在道路上泄漏、遗撒的；（四）建设工程施工现场不围挡、污水流溢，施工车辆车轮带泥上路行驶的；（五）在临街建筑物或者其他设施上涂写、刻画、张贴物品的；（六）在街道摆摊、设点，不按规定保持环境卫生的。有上款（三）、（四）项情形，情节严重的，除按上述规定给予处罚外，移送市容环境卫生管理部门处理。

---

① 本书编写组编写：《建国以来公安工作大事要览》，群众出版社2002年版，第925页。
② 详见《北京市人民警察巡察执法暂行规定》（北京市人民政府令1993年第20号）第5、8、11、12、16、17、20、21、22、23、24、28、29、30条。

第四章 制度试验的探索和试点：相对集中行政处罚权制度的出现　83

1995年5月，北京市将警察巡察制度推广到全市范围。①

进行类似尝试的还有宁波、深圳、佛山、张家港等地。1993年4月，宁波市人民代表大会常务委员会通过了《关于在本市海曙区试行巡警综合执法的决定》（1993年5月8日浙江省第八届人民代表大会常务委员会第四次会议批准，1993年5月14日公布施行）。宁波市海曙区公安机关设立巡察部门，在该区道路、公共广场范围内履行下列职责：①维护社会治安和道路交通秩序；②维护市容整洁和环境卫生；③维护社会经济秩序；④参加城市突发性灾害事故救援工作。江苏省张家港市巡警大队成立于1994年10月，其职责范围不仅包括小区治安，还包括公共卫生、市容环境、装潢噪音扰民、广告标牌设置等。② 深圳也曾组建过市巡警支队，作为深圳市最大的一支城管执法队伍。③

根据公安部当时的统计，截至1995年年初，全国已有25个城市实行巡警综合执法。④ 由于警察巡逻执法所具备的权威性和强制性，这一模式在实际运作中的确起到了一定的成效。但这一模式存在的一个明显的问题是，授权给巡警执法权的行政部门并未明确停止其执法职能；这也造成了执法责任的不明确，甚至在某些方面还加剧了推诿扯皮的矛盾。⑤ 而公安部门的基层单位对将城市管理类的执法权限纳入警察执法的范围是存在不同意见的，这一点从当时公安部牟新生副部长的讲话中可以看出。有的公安人员认为警察已经管事不少了，没有必要管人家的事。但是在公安部内部高层还是支持这项举措的。不过，因为1957年的《人民警察条例》对人民警察的职权已经有明确规定；所以公安部的高层领导在20世纪90年代也预料到了可能产生的立法和授权问题。⑥

（三）地方性实践的特征：作为工作方法的"地方性制度试验"

从对上述两种路径的地方实践的回顾可以看出，即使中央层面并未正

---

① 北京市地方志编纂委员会编：《北京年鉴（1996）》，北京年鉴社1996年版，第165页。
② 永泽、涤非：《张家港巡警创中小城市管理科学模式》，《中国市容报》1998年2月18日第2版。
③ 邱金平：《深圳城市管理的特点、存在的问题及对策（上）》，《中国市容报》1997年11月2日第4版。
④ 公安部《关于印发牟新生副部长在全国公安厅局长会议上的讲话的通知》（公通字〔1995〕8号）。
⑤ 北京市人民政府法制办公室：《北京市实施城市管理综合执法体制改革的探索与实践》，载《相对集中行政处罚权工作读本》，中国法制出版社2003年版，第305页。
⑥ 同上。

式授权，地方政府也大体按照试验的方式对未来的制度安排进行探索。只是，这里的制度试验范围从全国性降为地方性。地方政府也会首先选取辖区内的部分单位（城区）作为试点，然后将新的制度安排在试点地区实施。在经历一定时间的检验后，再行扩大到更大的辖区范围。因此，不论中央，还是地方，不论在全国层面，还是在地方范围内，试验机制都是一项重要的制度建设方法。另外，在这些地方探索实践中，有的制度创新是由中央层级的领导人所支持的（如朱镕基之于上海的巡警综合执法模式[①]），而有的制度创新则是地方政府在某个领域内进行的行政权限的横向调整的尝试（如福州厦门等地开展的在建设委员会下辖各职能部门探索的城建监察综合执法模式）。

在行动者的学习方面。地方政府在实践中同样也需要以学习作为制度创新的起点。以巡警综合执法模式的出现为例，它似乎也可以视为对1949年以前的警察负责城管执法这一模式的回归。也有人谈到，上海、北京等地实践的巡警综合执法模式，参考了香港和一些发达国家的"一警多能"的模式。[②] 这其实就是典型的向组织的历史制度遗产或外部制度安排学习的案例。总之，地方性的探索实践，内含着一种学习机制，其学习的对象可能是本地的历史经验，也可能是其他组织的制度模版，或者是二者的综合。下文笔者即将提到，地方性实践本身，很快又成了中央政府或其他地方政府的学习对象。

二 制度试验的正式开始：试点的启动

在第二阶段，中央政府会根据地方政府已有的探索实践方案和（或）根据学习国外的制度经验，从而确定一个大致的制度建设方向；然后正式启动制度试验。在这一个阶段里，中央会对制度试验进行两个方面的控制：一方面，可能会将类似的制度在不同的试点单位进行试验；另一方面，可能会将不同的制度在情况相似的试点单位进行试验。实际运作中，这两种情况往往同时存在。因此，试点阶段的中央政府并不追求所有试点

---

① 北京市人民政府法制办公室：《北京市实施城市管理综合执法体制改革的探索与实践》，载《相对集中行政处罚权工作读本》，中国法制出版社2003年版，第305页；也见于访谈对象MC-201006-08访谈记录。
② 王立帆、何小英：《上海城市管理综合执法的基本经验》，《上海城市管理学院学报》2001年第5期。

地区制度试验的同步性，也不追求所有试点地区制度设计的统一性；而是允许各试点单位在一个大的制度建设方向下寻求不同的制度建设方案。

（一）制度试验方向的选择：多源头学习的结果

1995年，第八届全国人民代表大会常务委员会第十二次会议通过了《中华人民共和国人民警察法》，其第6条明确了公安巡警的职能，其中并未包含城市管理方面的执法职能。[1] 这样一来，巡警综合执法的探索从法律上被终止了。[2] 但是，这一结果的出现，其背后可能也有其他的考虑。例如，在一次对北京市政府法制办公室主任的访谈中，该主任就提到"巡警制进行不下去，一是巡警有法定的职能，是武装的行政力量，不能事事都把警察推到矛盾的前台。另外，那时部门职能没切分，大家都管，就会互相推诿"[3]。率先尝试巡警执法的上海方面也认为，"巡警隶属于公安部门，其维护市容环境整洁的职责，往往与公安部门维护社会治安和家庭秩序的职能发生碰撞，与人们的传统观念发生冲突，使巡警在市容环境执法的位置受到影响，'一警多能'达不到预期效果"[4]。同时，北京市的实践经验也表明，由于公安机关的主要职责是维护社会治安，巡警作为公安机关的一个分支，在社会治安环境综合治理中的任务非常繁重；履行城市管理综合执法只能是其"附加"职能，很难得到强化。[5]

当然，并非所有的城市就此取消了巡警的城管职能。例如第三章提到的A市，其公安局巡逻警察支队组建于1994年8月，并于1995年4月正式上路执勤，接受A市城市管理委员会和市公安局的双重领导。A市还制定了《A市人民警察巡警暂行规定》，赋予巡警支队维护社会治安和城市管理巡察执法两大职能。该项制度安排并未在《警察法》生效之后停止执行。直到2004年该市的城管执法局成立后，其巡警支队才不再负责城市

---

[1] 当然这部法律似乎并未完全堵死由巡警负责城市管理执法的可能性，因为它的第6条的14款还存在一个兜底条款："法律、法规规定的其他职责"。

[2] 有不少人认可这一说法，见于访谈对象MC-201006-08访谈记录。

[3] 孙文晔：《罚不出个好秩序——访市政府法制办主任周继东》，《北京日报》2009年11月16日第3版。

[4] 王立帆、何小英：《上海城市管理综合执法的基本经验》，《上海城市管理学院学报》2001年第5期。

[5] 北京市人民政府法制办公室：《北京市实施城市管理综合执法体制改革的探索与实践》，载《相对集中行政处罚权工作读本》，中国法制出版社2003年版，第305页。有关改革开放后中国公安所面临的繁重的治理任务，可参见樊鹏《转型社会的国家强制：改革开放时期中国警察研究》，博士学位论文，香港中文大学，2008年，第85—103页。

管理巡察执法工作。① 由此也可以发现,在制度安排及其执行上,中央政府并未要求全国的"一刀切";地方政府拥有了相当大的自主空间。

但是,1995年之后,巡警综合执法毕竟在绝大多数的中国城市里被中止了。不过,我们不能因为它的中止而忽视了这一探索的意义。因为在确立制度建设方向时,它依旧起到了参考作用。当然,另外一个方向的探索——市容(城建)监察综合执法模式——也具有重要的学习借鉴价值。只是这时学习的主体换成了中央。这种学习机制的运作,可以以《行政处罚法》的制定过程为例加以说明。从1991年开始,国务院法制局及全国人大的法制工作委员会(包括法工委领导的由专家组成的行政立法研究组)启动行政处罚法的调研和起草工作。1995年2月,《行政处罚法(试拟稿)》被发送到各地方、各部门征求意见。1995年6月,法制工作委员会又将《行政处罚法(征求意见稿)》发送各省、自治区、直辖市和中央有关部门及大专院校进一步征求意见。法制工作委员会还组成调查组赴厦门等地方进行调查研究。形成《行政处罚法(草案)》之后,法制工作委员会分别在北京、内蒙古召开座谈会,听取中央有关部门、部分地方人大和法律专家对草案的意见。全国人大的立法调研和征求意见,肯定了部分城市开展"相对集中行政处罚权"的尝试,并最终形成了该法的第16条。② 该条规定:国务院或者经国务院授权的省、自治区、直辖市人民政府可以决定一个行政机关行使有关行政机关的行政处罚权,但限制人身自由的行政处罚权只能由公安机关行使。它成为接下来的制度试验最重要的法律依据之一。

从中我们可以看出,在中央确立制度试验方向的过程中,往往通过调研、征求意见等形式学习借鉴地方政府的实践经验。从后来相对集中行政处罚权改革的进程来看,绝大多数的城市城管执法体制建设,都是在原有市容(城建管理)监察执法(但不一定是综合执法)的基础上,参考巡警或城建综合执法的模式进行的。

(二) 第一个试点城区和城市:北京市宣武区和南宁市

随着《行政处罚法》(1996)和《国务院关于贯彻实施〈中华人民共

---

① A市城市管理行政执法局编:《A市城市管理行政执法志》(内部资料),2007年,第62—63页。
② 何海波编著:《法治的脚步声——中国行政法大事记(1978—2004)》,中国政法大学出版社2005年版,第160—161页。另外参见孙文晔《罚不出个好秩序——访市政府法制办主任周继东》,《北京日报》2009年11月16日第3版。

第四章 制度试验的探索和试点：相对集中行政处罚权制度的出现 87

和国行政处罚法〉的通知》（国发〔1996〕13 号）的颁布，制度试验的方向已经确定。接下来要正式开始试点工作。如果非要选择一个时间点的话，那自然是第一个试点单位的获批了。

1997 年年初，北京市政府向国务院递交了《关于开展城市管理综合执法试点工作的函》（京政办〔1997〕2 号），拟成立宣武区城市管理监察大队（以下简称区监察大队），集中行使原有数个行政部门分散行使的行政处罚权。这一函及其附属的试点方案，后经国务院领导批转[1]到国务院法制局（国务院法制办公室的前身），国务院法制局复函同意了北京市的方案。北京市宣武区成为中国第一个开展相对集中行政处罚权改革的试点城区。从当时的复函内容来看，新制度的名称并不是相对集中行政处罚权，而是综合执法。[2] 2000 年在深圳召开工作会议时，国务院法制办还就新制度的名称问题专门进行了说明和更正。这将在本章稍后做详细讨论。

按照当时的制度设想，宣武区新成立的区监察大队应该作为区政府所属的行政执法机关，具有独立的行政执法主体资格。其主要职能包括：综合行使市容、园林等行政机关的全部行政处罚权；综合行使规划、工商、公安交通等行政机关的部分行政处罚权。[3] 虽然同为综合执法，但此一"综合"与前文提及的城建综合执法模式主要有两点不同：第一，明确了在新体制建立后，原有的行政部门不再行使由区监察大队集中行使的行政处罚权；第二，区监察大队的执法人员要按照《国家公务员暂行条例》的规定进行人员的招录和管理。[4] 1998 年，北京市将这一体制扩大到了城近郊 8 个区，1999 年后推广到北京全市。

第一个成为新制度试点的城市是南宁。南宁之所以能获得试点权，也与 1997 年之前的数年内在城市建设领域在全国造成的影响有关。由于大幅增加了对城市建设的投入，使得南宁市在 1996 年获得了"全国卫生城市"和"全国城市环境综合整治优秀城市"两个称号。1997 年 8 月，建设部又授予南宁"园林城市"称号。[5] 1997 年 6 月，建设部曾在南宁市召开全国城建监察队伍建设现场会，向全国介绍南宁市城建监察队伍管理的

---

[1] 这里，时任国务院副总理的李岚清在其中起到了推动作用。当然，他只能是这一改革的一个触发点。来自访谈对象 MC - 201006 - 08 访谈记录。
[2] 《关于在北京市宣武区开展城市管理综合执法试点工作的复函》（国法函〔1997〕12 号）。
[3] 北京市人民政府法制办公室：《北京市实施城市管理综合执法体制改革的探索与实践》，载《相对集中行政处罚权工作读本》，中国法制出版社 2003 年版，第 307 页。
[4] 《关于在北京市宣武区开展城市管理综合执法试点工作的复函》（国法函〔1997〕12 号）。
[5] 彭志平：《园林绿化：南宁城市发展的助推器》，《中国市容报》1999 年 6 月 6 日第 2 版。

经验，并发出了"全国城管学南宁"的通知。① 于是，1997年，广西壮族自治区人民政府办公厅向国务院法制局递交了《关于要求将南宁市作为广西开展城市管理综合执法试点工作城市的请示》（桂政办报〔1997〕66号）。国务院法制局于稍后下发《关于在广西壮族自治区南宁市开展城市管理综合执法试点工作的复函》。

根据当时的文件，南宁市集中行使行政处罚权的行政机关的职责包括市容环境卫生管理、规划管理、城市绿化管理、环境保护、工商行政对无照商贩管理、公安交通对侵占道路管理等；而集中行使行政处罚权的执法人员应当是国家公务员。同时，新制度还规定，集中行使行政处罚权的行政机关不得以收费、罚没收入作为经费来源，罚没收入全部上缴财政；原行政执法部门对集中行使行政处罚权的行政机关依法履行职责的活动予以支持、配合；对行政处罚决定不服申请的行政复议，由本级人民政府管辖。② 不过，南宁市的试点工作真正开展则是到了2001年6月。③

对比国务院法制局给北京市宣武区和南宁市的两份复函，我们可以发现前一份复函的内容非常简单，并未详细列出执法机关集中行使的具体职责范围；也没有对机构设立过程中的人员编制、经费来源、原有行政机关的执法权限的终止、行政复议的管辖权等问题做出明确的说明。但在后一份复函里，这些规定性内容都得以明确。这也说明，作为此次制度建设主导者之一的国务院法制局（或后来的国务院法制办公室），在对制度试验的过程掌控上也有一个学习的过程。

（三）试点过程中变量的控制：中央和省的不同考虑

据统计，截至2000年7月，国务院法制办共批准北京市的8个区、天津市的4个区，以及广东、黑龙江、吉林、辽宁、河北、山东、湖南、广西等省、自治区的14个城市开展了相对集中行政处罚权的试点工作。④ 到了2002年8月，全国已有北京、天津、重庆3个直辖市和23个省、自治

---

① 南宁市年鉴编纂委员会编：《南宁年鉴1999》，广西人民出版社1999年版，第211页。
② 南宁市年鉴编纂委员会编：《南宁年鉴1998》，广西人民出版社1998年版，第191页。
③ 南宁市年鉴编纂委员会编：《南宁年鉴2002》，广西人民出版社2002年版，第289页。
④ 参见《关于印发曹康泰同志在全国相对集中行政处罚试点工作座谈会上的讲话的通知》（国法〔2000〕63号），载《相对集中行政处罚权工作读本》，中国法制出版社2003年版，第46页。

第四章 制度试验的探索和试点：相对集中行政处罚权制度的出现　89

区的 77 个城市获批进行相对集中行政处罚权的试点。① 那么，这些试点城市是如何选择出来的呢？

从已公开的数据来看，至少在城管执法体制的试验过程中，似乎并没有一个非常明确的标准来决定哪个城市可以进行试点。在一份提到审核城市政府的申报材料的文件中，其提出的标准也仅是"认真对照行政处罚法、国发〔1996〕13 号文件和国办发〔2000〕63 号文件的规定，坚持标准，严格要求"。而如果对照这三份文档中的内容同样可以发现，其中并未有关于试点标准的明确规定。所以有人就认为没有什么严格的标准，只要城市政府提出申请就可以了。② 但是，如果从被选择城市，以及其他一些资料中做一推敲，还是可以看出一些"若隐若现"的标准的。

首先从中央的角度来看。按照当时的申请程序要求，城市政府的申报材料要先递交到省级政府法制工作机构。经他们审核后才报到国务院法制局（办）。是否能够成为试点城市，是要由国务院法制办公室（或法制局）来批准。一般在申请的文件中，都会附有一个较为详细的试点方案。国务院法制局（办）也曾专门要求省级法制工作机构要做好申报材料的审核关：

> 只有那些确实已经具备规定条件的城市，方可提请省政府同意后上报审批。对那些条件尚不具备的城市，则要帮助分析原因，完善方案，待条件成熟后再依法办理。……省、自治区、直辖市政府法制工作机构必须把好审核关……不能只充当"二传手"的角色。否则，盲目地凑热闹，赶时髦，勉强要求批下来，事后也难以顺利实施，甚至走偏，损坏试点的名誉。③

再看省级政府方面的考虑。省级政府是否会不经选择地将所有的申请城市转交给国务院呢？安徽的例子似乎给出了否定的答案。从 2000 年年初开始，安徽省的马鞍山、蚌埠、安庆、芜湖、淮南、合肥等市政府先后

---

① 参见《关于印发曹康泰同志在省、自治区、直辖市政府法制办主任会议上的讲话的通知》（国法〔2002〕72 号），载《相对集中行政处罚权工作读本》，中国法制出版社 2003 年版，第 64 页。
② 访谈对象 MC - 201006 - 08 访谈记录。
③ 青锋：《认真贯彻落实"三个代表"重要思想　依法积极稳妥地推进相对集中行政处罚权试点工作》，载《相对集中行政处罚权工作读本》，中国法制出版社 2003 年版，第 219 页。

向省政府递交报告,申请开展相对集中行政处罚权试点。而安徽省政府上报国务院法制办的试点城市只有4个,它们是"马鞍山(位于长江以南,钢铁工业城市)、蚌埠(位于江淮之间,轻工业城市)、芜湖(位于长江以南,商贸城市)、淮南(位于江淮之间,全国较大的市,煤炭工业城市)"。安徽省的考虑是"这4个城市在安徽的经济总量位次靠前,人口密度较大,现代化程度较高"[①]。从中可以看出,安徽省政府在选择试点城市时,考虑到了城市的发展程度、区位、城市功能定位、城市级别等因素。虽然尚未发现其他省份的类似记录,但是这一案例至少可以说明,并非所有的省级政府在试点城市的选择上是仅凭城市政府申请这一条件的。最后再从城市的角度来看,对较早开展试点的城市稍加分析,就可以发现他们一般都是城市化发展较快的地区。这些地区面临着更为现实的城市管理问题,建立新体制的要求更为迫切。这也是位于广东省的城市在试点工作中表现较为积极的一个重要原因。[②]

中央政府的考虑,可能是希望有更多不同的制度安排(以城市政府的试点方案为代表)可以在多个城市同时实行。这样,一方面可以检验类似方案是否在不同的城市能取得类似的效果;另一方面,将不同的方案在情况类似的城市执行,可以看出哪一种方案实际运作起来更为有效。而安徽省的例子则更能说明,起码在本案例中,在省级政府层面,考虑到选择几组城市作为对照,每组城市的情况类似,但组与组之间却有明显不同。这同样可以实现上述两个维度的试验控制。

(四)城市(城区)开展试点的动力:多样化考核与政绩追求

在讨论中国的政策试验时,韩博天认为,由社会精英所倡导的改革试验无法解决那些被经济发展所遗忘的社会领域中的问题,因为这些试验不会带来新的牟利和寻租机会;同时社会精英没有相应的地位和手段去影响行政部门去优先处理社会问题。他还以20世纪90年代中期以来以提高公共产品供给为目的的试验项目(农村医疗和土地管理)为案例,论证了他

---

① 安徽省人民政府法制办公室:《安徽省市是相对集中行政处罚权试点情况汇报》,载《相对集中行政处罚权工作读本》,中国法制出版社2003年版,第401页。
② 广东省人民政府法制办公室:《积极稳妥开展城市管理综合执法工作 推进依法行政 创建社会主义文明法治环境》,载《相对集中行政处罚权工作读本》,中国法制出版社2003年版,第320—323页。

第四章 制度试验的探索和试点：相对集中行政处罚权制度的出现

的观点。① 但实际上，除了牟利和寻租等经济利益，还存在其他能够激励行政精英进行试验的机制，这其中晋升就是非常重要（可能是最重要）的一个方面。②

关于当代中国官员晋升激励机制的研究也表明，官员考核指标体系正在变得越来越复杂和多元化。金山爱（Maria Edin）对中国基层政府官员绩效考核体系的研究表明，考核体系中包括了一票否决指标、软指标、硬指标三类。③ 经济表现虽然是他们升迁的一个重要考核指标，④ 但并非是唯一的指标。促使城市政府中的行政精英推动制度试验的，除经济因素的考虑外，也包含其他方面的算计；尤其在那些经济指标难以与东部地区相比较的中西部城市，或者那些难以用经济发展指标来衡量其政绩的职能部门，其领导干部自然会根据自身的情况来思考如何更好地获得自己的政绩。⑤

城市管理领域并非是一个经济领域，而更应属于一个提供公共产品的领域。在相对集中行政处罚权制度建设过程中，尤其是在制度试验初期，起倡导角色的并非社会精英，而更多的是城市政府的领导人和相关行政部门。那么，他们进行试点的动力来自哪里呢？这一领域的政绩又体现在哪些方面呢？

最现实的动力来自应对城市治理面临的诸多问题。在第三章我们已经提到，改革开放后城市政府面临着众多的治理问题。城市治理水平则是考核城市领导人的一项重要指标，为了提高治理水平，就必须要解决这些问题。而相对集中行政处罚权制度是一种能够达到城市领导人上述目的的可行性制度安排。为什么这么说呢？这就要从"治理水平高低"的考核机制

---

① Sebastian Heilmann, "Policy Experimentation in China's Economic Rise." *Studies in Comparative International Development*, Vol. 43, No. 1, 2008b, pp. 19 – 20.
② 按照一位访谈对象的说法，在某个年龄阶段以前，官员最看重的往往是职位的升迁。只有在超出某些特定年龄阶段后，官员才更看重经济利益。这里的年龄要与官员已经身处的职务级别有关；例如，对于一个科级官员而言，四十岁之前可能更看重"前途"，超过四十岁后则可能更看重物质利益，因为对他而言，超过四十岁就意味着再次获得职务级别晋升的可能性比较小了。来自访谈对象 MC – 201101 – 01 访谈记录。
③ Maria Edin, "State Capacity and Local Agent Control in China: Ccp Cadre Management from a Township Perspective." *The China Quarterly*, No. 173, March 2003, pp. 35 – 52.
④ David D. Li, "Changing Incentives of the Chinese Bureaucracy." *The American Economic Review*, Vol. 88, No. 2, 1998, pp. 393 – 397; Hongbin Li and Li-An Zhou, "Political Turnover and Economic Performance: The Incentive Role of Personnel Control in China." *Journal of Public Economics*, Vol. 89, No. 9 – 10, 2005, pp. 1743 – 1762.
⑤ 访谈对象 MC – 200906 – 01 访谈记录。

来看了——这是一种被称为"创建评比"的机制。①

其实,创建评比机制在1949年后的中国有着相当长的历史。早在革命战争年代,中国共产党及其军队就利用评比的方式来动员部队进行练兵等活动。②

新中国成立初期,毛泽东就倡导单位或组织间的"检查评比"。他在《工作方法六十条(草案)》中3次提到:

> (四)全面规划,几次检查,年终评比。这是三个重要方法。这样一来,全局和细节都被掌握了,可以及时总结经验,发扬成绩,纠正错误,又可以激励人心,大家奋进。(六)一年至少检查四次。中央和省一级,每季都要检查一次;下面各级按情形办理。重要的任务在没有走上轨道之前,每月检查一次。……(七)如何评比?省和省比,市和市比,县和县比,社和社比,厂和厂比,矿和矿比,工地和工地比。可以订评分公约,也可以不订。……(二十二)评比不仅比经济、比生产、比技术,还要比政治,就是比领导艺术。看谁领导得比较好些。③

当下城市管理领域中的创建评比主要包括3个项目:全国卫生城市、全国文明城市、国家园林城市。与之相关的其他项目还有国家环保模范城市、国家历史文化名城、中国人居环境奖城市(项目)等。其中历史最悠久的当属全国卫生城市评比了。创建卫生城市始于20世纪50年代末60年代初城市间的互检互评。1977年4月,黑龙江、吉林、辽宁3省省会市长签订了"沈、长、哈三市爱国卫生运动竞赛协议",协议中决定,每年进行一次检查,对卫生水平比较高的单位,以三市名义颁发红旗和奖状。④

---

① 这一机制的运作有些类似于锦标赛体制中的运作方式,关于锦标赛体制的研究参见周飞舟《锦标赛体制》,《社会学研究》2009年第3期。而关于创建评比模式的研究,参见李振《作为锦标赛动员官员的评比表彰模式——以"创建卫生城市"运动为例的研究》,《上海交通大学学报》(哲学社会科学版)2014年第5期。
② 参见中共中央文献研究室编《朱德选集》,人民出版社1983年版,第259页。
③ 毛泽东:《工作方法六十条(草案)》,载中共中央文献研究室编《毛泽东文集·第七卷》,人民出版社1999年版,第346、353页。
④ 大东城市管理局编:《大东城管志》,沈阳出版社2008年版,第300页。也可参见 A. J. Smith, "Public Health in China." *The British Medical Journal*, Vol. 2, No. 5917, 1974, pp. 492 – 494; Yongmei Zhang and Bingqin Li, "Motivating Service Improvement with Awards and Competitions: Hygienic City Campaigns in China." *Environment and Urbanization*, Vol. 23, No. 1, 2011, pp. 41 – 56.

第四章　制度试验的探索和试点：相对集中行政处罚权制度的出现　93

1989年年初，国务院发布《国务院关于加强爱国卫生工作的决定》（国发〔1989〕22号），肯定了评比竞赛方法的正面效应；并认为应当继续采用检查评比竞赛活动，推动卫生预防工作。该决定还明确将全国和各级爱卫会办公室定为全国和各级爱卫会的办事机构；要求要配备与工作任务相适应的人员。1991年6月，国家爱卫会发布了"全国卫生城市检查评比标准"。是年，开始了全国范围内的"迎国检"创建卫生城市的运动。[①] 1999年，国家爱卫会又重新修订了《国家城市卫生标准》及《国家卫生城市考核命名办法》；2000年又制定了《国家卫生区标准（试行）》；在2005年，国家爱卫会又发布了新的《国家卫生城市标准》和《国家卫生城市考核鉴定和监督管理办法（试行）》，2007年，国家爱卫会公布《国家卫生城市考核命名和监督管理办法》。2010年，全国爱卫会又对《国家卫生城市标准》《国家卫生区标准》和《国家卫生城市考核命名和监督管理办法》进行了修订。2014年5月，全国爱卫会再次公布了《国家卫生城市标准（2014版）》。新修订的《国家卫生城市标准（2014版）》中涉及爱卫组织管理、健康教育和健康促进、市容环境卫生、环境保护，重点场所卫生、食品和生活饮用水安全、公共卫生和医疗服务、病媒生物预防控制8个方面。[②]

创建评比除了国家级项目外，还有省级（如广西壮族自治区的市容环境综合整治"南珠杯"）及市级（如南京市的金陵市容杯）等。各市政府或市区政府几乎每年都会在创建评比中投入大量的人财物，尤其在国家级评比项目上。而能够获得尽可能多的奖项，也成了市政府及相关职能部门一项很重要的政绩。从他们每年的工作总结中可以看出，创建评比工作一般都会放在职能部门总结的首要位置。[③] 而对于这些行政精英而言，评价他们政绩的一个重要方面就是"有没有拿牌子"（是否获得奖励或荣誉称号）、"拿什么牌子"（获得哪个等级的奖励和荣誉称号）。[④] 这样的政绩不仅体现在个人名誉上，也会体现在他们的物质利益上（例如年底奖金等）。[⑤] 而相对集中行政处罚权制度的实施，可以在试点城市建立一个专

---

① 大东城市管理局编：《大东城管志》，沈阳出版社2008年版，第301页。
② 更为详细的信息，可参见全国爱国卫生运动委员会办公室网页《全国爱卫会关于印发国家卫生城市标准（2014版）的通知》（http://www.nhfpc.gov.cn/jkj/s5898/201405/a8ce63259ee640729671917865467a88.shtml）。
③ X省B市某区政府职能部门2002—2008年《部门工作总结》（内部资料）。
④ 访谈对象MC-200906-01、MC-201006-06访谈记录。
⑤ 访谈对象MC-200906-01访谈记录。

门、有效的执法部门。这不仅能在相当程度上克服原先的相互推诿的局面,从而在创建评比过程和之后的复查中发挥很重要的作用;同时也能让城市领导人确立一个"创建评比"过程中的责任主体。因此,城市领导人们自然非常希望能建立这样一套体制。[1]

当然,获得这些奖项还可能为城市领导人带来其他方面的好处,例如外来投资的增加等。[2] 在国家卫生城市评比中经常被拿来做这方面例子的是江苏省昆山市和广西南宁市。昆山的例子是这样被传播的:1988年,有一家日本公司准备到昆山来投资时,发现昆山的街道狭窄、小巷破败,便认为那里不具备投资环境;后来,昆山开始了创建国家卫生城市项目,并于1996年获得"全国卫生城市"称号;到了1998年时,已有1000多家外商到昆山投资,从而形成了闻名全国的昆山经济开发区。于是,昆山的案例就成了"抓市容,促繁荣"和"种了梧桐树,招来金凤凰"这一说法的佐证。[3] 而南宁的例子略有不同。由于地处西南地区,南宁市长期以来在国内外知名度较低,当地的城市建设进程缓慢。自1994年年底,南宁开始"创三城"——全国"卫生城、园林城、文明城"运动,并于1995年年底夺得"全国卫生城"和"全国城市环境综合整治优秀城市"称号,1997年成为全国少数国家"园林城市"之一、1998年成为"中国优秀旅游城市"[4];创建各种城市品牌一度被认为是南宁市经济的助推器。[5] 图4-2是南宁市从1992—1998年[6]间实际利用外资额的变化图。从中可以看出,自1993年起的增长是非常迅速的。而经过一系列创建之后的南宁市在国内外的知名度得到了较大提高,其旅游业也有了较快的发展。[7]

---

[1] 来自访谈对象 MC-201006-11、MC-201007-01、MC-201007-09、MC-201007-18、MC-201008-07 访谈记录。
[2] 有不少的城市政府领导人认为,自20世纪80年代之后,城市招商引资对城市环境质量要求越来越高。参见张国瑞《为了更加美好的生活——全国创建卫生城市活动纪略》,《中国市容报》1998年9月30日第B版。
[3] 张国瑞:《为了更加美好的生活——全国创建卫生城市活动纪略》,《中国市容报》1998年9月30日第B版。
[4] 郑盛丰、杨茗翔:《超越与升华:南宁市创建"中国绿城"纪实》,《人民日报》2002年3月27日第5版。
[5] 彭志平:《园林绿化:南宁城市发展的助推器》,《中国市容报》1999年6月6日第2版。
[6] 1999年之后的数据由于统计口径的不同而无法在此做比较。
[7] 彭志平:《园林绿化:南宁城市发展的助推器》,《中国市容报》1999年6月6日第2版。

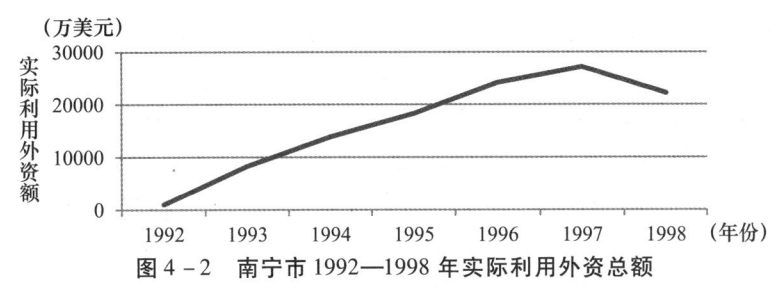

第四章　制度试验的探索和试点：相对集中行政处罚权制度的出现　95

图 4-2　南宁市 1992—1998 年实际利用外资总额

资料来源：《南宁年鉴》（1995—2001 年）。

近年来，创建评比机制的一些负面效果也逐渐显露出来，例如资源的浪费和扰民等。因为在创建评比和迎接复查过程中，城市政府多以突击式的整治运动和执法活动来达到创建所提出的各种标准。这期间，很多城市管理中的问题可能会暂时受到压制，但评比"风头"一过，很多问题又会重新冒出来。不过，也不可否认的是，这种运动式的集中整治对于解决一些长期存在的"老大难问题"有着一定的作用。这主要是因为在创建评比过程中，相关问题在城市领导人的议程安排里的重要性得以提高；这时，相关职能部门便可借机从市政府那里得到很多平时得不到的资源。[1]

当然，除了对政绩的追求外，开展试点对城市的行政精英还有其他方面的激励，例如特殊或者优惠的发展政策等。这一点在改革开放早期设立经济特区或各种开发区时表现得尤为明显。不过，对相对集中行政处罚权制度试验而言，试点城市并未从中获得多少实际的优惠政策。[2] 这也在某种程度上使他们对试点工作产生了一些失望情绪。[3] 另外，由于制度试验初期中央曾明确要求新成立的执法机构的执法人员必须为公务员，[4] 这一点也令有的城市领导人认为可以此为契机，解决相关人员的编制问题。[5] 实际上也的确有城市达到了这一目标，例如在 2000 年哈尔滨市成立城市管理综合执法支队时，编制 1000 人的执法队员均为干部身份，部分队员系由各行业的原有监察执法人员中选录。[6] 但更多城市则在这方面遇到了

---

[1] 访谈对象 MC-201006-11、MC-201007-01、MC-201007-09、MC-201007-18、MC-201008-07 访谈记录。
[2] 这也部分地印证了韩博天所指出的，中央政府有选择地对试点工作进行补贴可能持续到 1990 年代末的说法。参见 Sebastian Heilmann, "Policy Experimentation in China's Economic Rise." *Studies in Comparative International Development*, Vol. 43, No. 1, 2008b, p. 10。
[3] 访谈对象 MC-201006-08 访谈记录。
[4] 给北京市宣武区的复函作为第一个此类复函，在这方面是个例外。
[5] 访谈对象 MC-201006-08 访谈记录。
[6] 何中幅：《哈市城市管理实行综合执法》，《中国市容报》2000 年 8 月 30 日第 1 版。

超过他们设想的难度。因为此次试验正值中央着力推行1998年确定的机构改革方案,这一方案对各个政府的机构及其编制数量做了严格的规定。改革方案留给城市领导人调整行政编制的空间很小;不少城市为了组建新的执法部门,只能由编制办公室从其他部门调剂部分行政编制。① 之后,随着国有企业改革的深入,大量下岗失业人员的出现更使得增加城管执法机构编制数量(即便是事业编制)变得更加困难。这一点我会在第六章中详细讨论。

总的来说,在推动制度试验的过程中,行政精英扮演着极其重要的角色。相对集中行政处罚权制度试验前后面临着众多的困难。例如在试验前,多个执法部门"机构重叠,职责交叉,互相扯皮,互相拆台";试验进行中,有的机构及其领导人坚持"机构不论大小,独立就好,职务不在高低,有职就有权,有权就好办"的想法,"效益好的单位不愿意合并,单位领导不愿丢职丢权"②。为了能够推动制度试验的进行,行政精英,尤其是其中的城市领导人的角色就非常重要了。从国务院法制办及各省市法制办历次座谈会的发言稿中可以看出,在谈及相对集中行政处罚权改革的经验时,一般第一条要提到就是"领导重视"③。当然,这一点在西方学者们对中国的政策执行的研究中也早有提及。④ 访谈过程中得到的信息也体现了这一点。例如,在C市城管局一位"元老级"工作人员看来,他们之

---

① 黑龙江省人民政府法制办公室:《积极推进行政执法体制改革 逐步提高城市的综合管理水平》,载《相对集中行政处罚权工作读本》,中国法制出版社2003年版,第378页。
② 陈正福:《浅谈城市管理体制》,《中国市容报》1999年9月3日第4版。
③ 参见《关于印发曹康泰同志在全国相对集中行政处罚权试点工作座谈会上的讲话的通知》(国法〔2000〕63号),载《相对集中行政处罚权工作读本》,中国法制出版社2003年版,第52—53页,以及《关于印发曹康泰同志在省、自治区、直辖市政府法制办主任会议上的讲话的通知》(国法〔2000〕72号),载《相对集中行政处罚权工作读本》,中国法制出版社2003年版,第67—68页;以及该书中收录的其他省市法制办公室人员的讲话材料。
④ 例如大卫·兰普顿 (David Lampton) 在其主持编写的书中,就通过总结崔大伟 (David Zweig) 和泰瑞尼·怀特 (Tyrene White) 的研究后,强调了在改革开放之后的中国,领导人的注意力对政策执行所产生的推动作用。参见 David M. Lampton, "The Implementation Problem in Post-Mao China." in David M. Lampton, Eds, *Policy Implementation in Post-Mao China*, Berkeley: University of California Press, 1987, p. 17. 崔大伟和怀特的研究分别如下: David Zweig, "Context and Content in Policy Implementation: Household Contracts and Decollectivization, 1977 – 1983." in David M. Lampton, Eds, *Policy Implementation in Post-Mao China*, Berkeley: University of California Press, 1987, pp. 255 – 283; Tyrene White, "Implementing The 'One-Child-Per-Couple' Population Program in Rural China: National Goals and Local Politics." in David M. Lampton, Eds, *Policy Implementation in Post-Mao China*, Berkeley: University of California Press, 1987, pp. 284 – 317。

所以能成为省内第一批两个试点城市之一,其新任市长起了主要的推动作用。① 而 Y 省 D 市的试点工作之所以一度无法开展的一个很重要的教训就是,政府职能部门之间各自为政,没有在改革方向上取得共识;② 同时,市政府的主要领导人出现人事变动,导致这方面的工作无人来抓。③

(五) 试点地区的经验:组织的设置与初级制度的制定

试点单位最重要的任务,就是在一个大的制度建设方向下寻求不同的初级制度建设方案。而此时的中央政府,既不追求所有试点地区制度试验的同步性,也不追求所有试点地区制度设计的统一性。就城管执法体制的制度试验而言,对"相对集中"哪些方面的行政处罚权、如何集中、集中到哪个部门等问题,中央政府并没有一个清晰的规定。中央政府的推动者所能援引的,只是《行政处罚法》中的那个条款。

起初,各试点城市的主要精力大都放在了成立机构和配置人员上,这一点也可以从他们在 2000 年座谈会上提交的讨论材料看出来。试点期间,各地的执法机构的名称不尽相同。例如,北京市宣武区成立的是城市管理监察大队,隶属于市政管理委员会;广州市成立的是城市管理综合执法支队;深圳市罗湖区成立的是行政执法检查局;佳木斯设立的是城市建设检查局;大连市和营口市成立的是城市管理综合执法局;廊坊市和承德市设立的是城市管理局;青岛市则是在原有的城管办基础上加挂城市管理监察总队的牌子。

但是,制度试点的目的不仅是新机构的设置,还有制度上的探索。用当时的国务院法制办公室副主任曹康泰的话说:"相对集中行政处罚权是一项新的法律制度,推行这项制度没有现成的经验可供借鉴,只能在工作的实践中及时总结,探索规律,积累经验……"④ 当然,这其中的参与者们,对于制度建设的方式和必要性的认识是有一个过程的。

不少试点城市在试点之初一般以《开展城市管理综合执法试点工作的办法(通知)》的形式,规定有关集中行使行政处罚权的行政机关的职责权限、执法程序、执法责任制和评议考核等方面的规章制度。例如 1997 年,北京市根据国务院法制局的复函,下发了《关于在宣武区开展城市管理综合执法试点工作的通知》;辽宁省的三个试点城市(大连、沈阳、营

---

① 访谈对象 MC - 201007 - 09 访谈记录。
② 访谈对象 MC - 201008 - 07 访谈记录。
③ 访谈对象 MC - 201006 - 08 访谈记录。
④ 曹康泰为《相对集中行政处罚权工作读本》所作的序言,《相对集中行政处罚权工作读本》,中国法制出版社 2003 年版,序言。

98　制度建设中的试验机制：以相对集中行政处罚权制度为案例的研究

口）分别制定了《综合执法实施方案》《综合执法实施细则》或《综合执法暂行规定》；广州市政府公布了《关于推进城市管理综合执法试点工作的决定》。有的城市还订立了一些适用于机构内部的规章制度。例如广州市制定的《行政执法过错责任追究制度》《执法责任制度》《综合执法考核制度》《缴罚分离实施暂行规定》《委托银行代收罚款操作规程》《暂扣、罚没物资管理规定》《综合执法规范守则》等。[1] 有城市（城区）甚至较早地就建议采取国家立法的形式推广综合执法。[2] 这主要是因为在试点工作中，多数城市遇到了如下几个方面的问题：一是个别单位的抵触；二是部分已有的法律执法不容易操作；[3] 三是有些处罚缺乏执行条件；四是有些执法还存在多家管理的问题，例如对运载余泥渣土车辆的管理上，环卫局负责发放余泥排放证、收纳证，交通委员会负责发放资格营运证，交警负责道路交通管理，属于特种车辆的还需要警备区、武警出面查处，城管综合执法队伍只负责"泥头车"洒漏污染马路的违法行为；五是执法队伍的编制难以落实。[4]

但是，国务院法制局（法制办）似乎在一开始并未在制度建设方面与地方政府看法一致。直至 2001 年，国务院法制办的人员在谈到这一问题时，依旧认为"关于法律依据，恰恰是你不用管的东西。现行那么多的法律、法规，你把它汇编成册，队员拿着用就行了。如果法律、法规、规章有修改，你就在汇编中可以及时做出相应调整"[5]。这一方面可能考虑到既存的相关法规已经很多，另一方面也可能是试图摆脱过去部门与法律间的一味地追求条条对应关系的模式。在其后的较长时间里，编纂法规手册成为大多数建立相对集中行政处罚权制度的城市的通行做法。例如，笔者在 X 省 B 市某区访谈过程中发现，每一名执法队员手中都有一本《城管常用法规汇编》；这其中包括有《行政处罚法》《城市规划法》等法律和省市

---

[1] 《关于印发曹康泰同志在全国相对集中行政处罚权试点工作座谈会上的讲话的通知》（国法〔2000〕63 号），载《相对集中行政处罚权工作读本》，中国法制出版社 2003 年版，第 54 页。

[2] 罗湖区行政执法检查局：《探索行政综合 执法促进政府机构改革》，载《相对集中行政处罚权工作读本》，中国法制出版社 2003 年版，第 348 页。

[3] 以上这两点，将在第六章中详细讨论。

[4] 参见广州市人民政府法制局《广州市开展城市管理综合执法试点工作情况》，载《相对集中行政处罚权工作读本》，中国法制出版社 2003 年版，第 335—336 页。这是广州市法制局在 2000 年 7 月全国相对集中行政处罚权试点工作座谈会上提交的交流材料。

[5] 青锋：《关于相对集中行政处罚权的几个问题——在广东省相对集中行政处罚权试点工作座谈会上的讲话》，载《相对集中行政处罚权工作读本》，中国法制出版社 2003 年版，第 210 页。

第四章 制度试验的探索和试点：相对集中行政处罚权制度的出现　99

制定的地方性法规、规范性文件等。①

不久后，中央政府也认识到了试点城市在执法实践中遇到的上述问题。在2002年国务院发布的《国务院关于进一步推进相对集中行政处罚权工作的决定》（国发〔2002〕17号）文中，终于明确提到了要"总结经验，不断完善开展相对集中行政处罚权工作的配套制度"。其中还提出：

> 省、自治区、直辖市和有立法权的其他地方政府，可以按照规定程序适时制定地方政府规章；没有立法权的地方政府根据需要可以制定规范性文件。要通过各层次的配套制度建设，明确集中行使行政处罚权的行政机关与其他有关部门之间的职责权限，完善集中行使行政处罚权的行政机关与其他部门之间的协调配合机制。

之后，地方政府（包括城市政府）出台的关于相对集中行政处罚权制度的正式文本逐渐多了起来；有的省份，例如安徽和浙江，已经以地方立法的形式颁布了地方性法规。这一点我们会在下一章中另行讨论。

三　试点经验的初步总结和试点范围的扩大

试点工作进行一段时间后，新的问题摆在了制度试验的推动者面前：新的制度理念是否可行？不同的制度安排中哪些在实践中更为有效？在不同的试点地区都有哪些成功的经验？试点失败的地区出现问题的原因是什么？是否有必要扩大试点范围？这时就需要以某种形式对这些问题展开讨论。在中国，这样的形式主要是通过会议来实现的。② 这一类型的会议，一般由较高层级的政府（主要是中央政府，当然也可能包括部分省级政府）负责召集，而参会人员则主要包括中央政府负责推动制度试验的部门人员，以及各试点地区的相关负责人。会议之后，一般会以中央政府文件的形式来明确上述问题的答案。这样的做法，主要目的是整体上为制度试验的效果进行初步评估。如果评估结果是积极的，则可以以中央的名义打消试点地区和有意实行新制度的地区的顾虑，进一步明确制度建设的方向。反之，如果评估结果是消极的，则可以尽快结束此一方向的制度试

---

① B市城市管理局编：《城管常用法规汇编》（内部资料）。
② 关于这一点的更为详细的讨论，参见本书第六章。

验,并总结原因;进而考虑新的试验方向或方案。

具体到城管执法体制的建立,这一会议召开于2000年。而负责召集的单位是国务院法制办公室。以下将分别来看初步总结中对制度试验的评估结果,以及中央政府如何进一步推动扩大试点范围的。

(一) 初步总结试点经验:2000年深圳座谈会

1999年,国务院颁发了《国务院关于全面推进依法行政的决定》(国发〔1999〕23号),提出"继续积极推进相对集中行政处罚权的试点工作,并在总结试点经验的基础上,扩大试点范围"。2000年7月,国务院法制办公室召集各试点城市,在深圳召开了"全国相对集中行政处罚权试点工作座谈会"。这次会议的议题是:总结、交流相对集中行政处罚权试点工作的经验,研究试点过程中存在的主要问题,提出继续做好相对集中行政处罚权工作的意见和建议,特别是研究如何将相对集中行政处罚权工作中取得的主要经验运用于市、县机构改革。① 座谈会上,除时任国务院法制办副主任的曹康泰有两次发言(开幕式讲话和总结讲话)外,北京市法制办、广东省法制办、广州市法制局、深圳市罗湖区行政执法检查局、青岛市政府、营口市政府、佳木斯市政府的人员也交流了他们各自的试点经验。

分析此次座谈会的诸多发言材料可以发现,它们主要讨论的问题有5个方面:一是试点工作取得的效果,二是关于扩大试点的方式,三是关于试点集中行政处罚权限的范围,四是关于管理体制,五是关于试点工作的物质人员保障。② 其中的一、四、五点主要是在检验试点工作的有效性和取得的经验。当然,这种有效性的讨论,其判断主要是由制度试验的推动者(城市领导人和行政部门领导人)做出的;至于民众的声音则更多的是在近年来才借助各种方式进入制度建设的过程中。这一点我们也会在第五章和第六章展开讨论。

在试验推动者看来,试点取得的成效主要有两个方面:一是精简了机构和人员。因为这正符合了1998年《第九届全国人民代表大会第一次会议关于国务院机构改革方案的决定》(一般称为1998年国务院机构改革方案)的要求。在这样的大环境下,能够精简更多的机构和人员,对于城市政府的领导人而言也是一种政绩。因此,他们在交流材料中运用相当的篇幅来详细介绍这方面的成绩。例如,北京市宣武区组建城管监察大队后,

---

① 《关于印发曹康泰同志在全国相对集中行政处罚权试点工作座谈会上的讲话的通知》(国法〔2000〕63号),载《相对集中行政处罚权工作读本》,中国法制出版社2003年版,第43页。
② 《相对集中行政处罚权工作读本》,中国法制出版社2003年版,第48—49页。

精减人员超过200人；佳木斯市精减人员41%；大连市则撤销了原来的18个独立的执法单位，执法人员数量从原来的1023人减少到400人；深圳市罗湖区将原来的20多支执法队伍合并为1支。① 济南市试点后将原有的城管监察、市容卫生监察、爱国卫生监察3支队五合并，人员从4000多人减少到2000人。② 执法机构的精简还带来了政府职能部门的调整合并。例如北京市在试点过程中撤销了环境卫生管理局、公用事业管理局和市政工程管理处3个机构。③ 杭州市在进行试点后，撤销了市容环卫局、市政公用局和市容环卫监察支队、市政公用监察支队、规划监察支队等部门，将属于市政公用设施修建、养护的公用事业职能与行政执法职能分开，组建了市容市政局和城市管理行政执法局。④ 这是试点中进行行政管理和行政执法分离的一次尝试。上述这些机构调整，也为接下来的其他城市以及县市机构改革积累了经验。二是初步解决了多头执法、重复执法的局面，减少了政府在不同执法部门之间协调的难度；城管执法的效率和力度明显提高。⑤ 例如新成立的北京执法机构，除了遏制无照经营和治理私搭乱建的违章建筑之外，还在治理城市脏、乱、差的老大难问题上显示出了其高效性。⑥ 而深

---

① 《关于印发曹康泰同志在全国相对集中行政处罚权试点工作座谈会上的讲话的通知》（国法〔2000〕63号），载《相对集中行政处罚权工作读本》，中国法制出版社2003年版，第51、53页。

② 《关于印发曹康泰同志在省、自治区、直辖市政府法制办主任会议上的讲话的通知》（国法〔2000〕72号），载《相对集中行政处罚权工作读本》，中国法制出版社2003年版，第64页。

③ 《关于印发曹康泰同志在全国相对集中行政处罚权试点工作座谈会上的讲话的通知》（国法〔2000〕63号），载《相对集中行政处罚权工作读本》，中国法制出版社2003年版，第52页。

④ 《关于印发曹康泰同志在省、自治区、直辖市政府法制办主任会议上的讲话的通知》（国法〔2000〕72号），载《相对集中行政处罚权工作读本》，中国法制出版社2003年版，第66页。

⑤ 《关于印发曹康泰同志在全国相对集中行政处罚权试点工作座谈会上的讲话的通知》（国法〔2000〕63号），载《相对集中行政处罚权工作读本》，中国法制出版社2003年版，第51—53页。

⑥ 可参见当时各地在会上发言的交流材料，特别是：北京市人民政府法制办公室：《北京市实施城市管理综合执法体制改革的探索与实践》，载《相对集中行政处罚权工作读本》，中国法制出版社2003年版，第309—310页；广东省人民政府法制办公室：《积极稳妥开展城市管理综合执法工作 推进依法行政 创建社会主义文明法治环境》，载《相对集中行政处罚权工作读本》，中国法制出版社2003年版，第317—318页；广州市人民政府法制局：《广州市开展城市管理综合执法试点工作情况》，载《相对集中行政处罚权工作读本》，中国法制出版社2003年版，第334页；罗湖区行政执法检查局：《探索行政综合 执法促进政府机构改革》，载《相对集中行政处罚权工作读本》，中国法制出版社2003年版，第340页。

圳市罗湖区更是将城市管理、环境卫生、文化市场、房屋租赁、医疗市场、旅游市场、计划生育7个方面的执法职能全部归并到新成立的执法检查局,形成了当时执法范围最广的"相对集中"模式。①

此次会议也讨论了部分城市试点失败的教训。例如,Y省D市是一个较早获得试点资格的城市,但因前文分析的原因而未能较早开展试点工作。而会议中对试点成效和经验方面的讨论也成为D市学习的对象。当时,该市的市长和法制办的工作人员也参加了此次会议。会上的交流发言让他们感受到了压力,也认识到了此项制度在其他城市取得的效果。会后,该市参照其他城市,特别是深圳市罗湖区的经验,于2001年推行了相对集中行政处罚权制度。②

会议还涉及的争论是关于试点的提法问题。这一讨论的起因是在1999年,有学者撰文,从法理学的角度对国务院法制局(及后来的法制办公室)批准一些城市进行城市管理综合执法试点提出了质疑。该学者的主要观点是:国务院法制局(办)的试点复函与当时依旧有效的《城市规划法》和《环境保护法》相冲突;这些冲突也给城市管理的理论和行政执法实践带来一系列的问题。③曹康泰在此次会议的讲话中对此专门作了两点说明:一是区分了1997年之后的"综合执法"与以往开展的"综合执法";并承认"综合执法"的提法并不严格,应当是相对集中行政处罚权。二是初期进行的试点虽然只在城市管理领域,但这并不是说只能在该领域相对集中行政处罚权。④此次会议之后,国务院法制办批复的试点复函中,一律改用"相对集中行政处罚权试点"。

当然,除了中央层级召开的会议之外,省级政府也可能会召开类似的会议,以总结和推动本地区的试点工作。例如,在2001年7月,广东省法制办公室在珠海市召开了"广东省相对集中行政处罚权试点工作座谈会"。会议还邀请了国务院法制办公室的青锋参加。从青锋当时的发言材

---

① 参见罗湖区行政执法检查局《探索行政综合 执法促进政府机构改革》,载《相对集中行政处罚权工作读本》,中国法制出版社2003年版,第340页。当然,他们的这一做法在后来的实践中也暴露出了问题。最近几年,深圳市已经将其中的部分执法职能重新剥离出去。这也体现了制度试验中的反复性。这一问题我将在第六章中另加讨论。
② 访谈对象MC - 201006 - 08、MC - 201008 - 07访谈记录。
③ 王毅:《城市管理综合执法依据的法律冲突亟待解决》,《中国市容报》1999年6月11日第4版。此信息来自访谈对象MC - 201006 - 08访谈记录。
④ 《关于印发曹康泰同志在全国相对集中行政处罚权试点工作座谈会上的讲话的通知》(国法〔2000〕63号),载《相对集中行政处罚权工作读本》,中国法制出版社2003年版,第46—47页。

料来看,会议的主要议题就是讨论试点过程中各地的经验和遇到的问题。其中,遇到的问题主要体现在相对集中行政处罚权的范围、组织职能配置、立法、县一级政府的试点等方面。①

而除了会议之外,还可能有其他形式的总结。例如,在试点阶段,国务院法制办就曾有专门工作人员开展了针对相对集中行政处罚权试点工作的调研,并形成调研报告。该报告除总结各地的试点实施情况和面临的问题之外,还专门介绍了美国海洋保护管理的执法制度。②

(二) 试点范围的扩大:中央与地方的互动

2000年深圳会议上,围绕着扩大试点的方式,中央与地方之间发生了一次有趣的互动。在会议开幕式的讲话上,曹康泰提到:

> 当前,正值地方政府机构改革之际,各地方要求进行相对集中行政处罚权试点的积极性很高,最近又有一些省向国务院请示或者准备请示要求开展试点。对于下一步如何扩大试点,初步有三种设想:一是按照现行的作法,继续由国务院批准;二是,在总结试点经验的基础上,拟定几条试点应当遵循的原则,由国务院授权各省、自治区、直辖市政府按照这些原则批准试点;三是,把试点城市的经验运用于市、县机构改革,理顺市、县行政执法体制。③

而对其中第二个设想响应最积极的是广东省。广东省法制办公室在会议的发言材料里明确提出"广东已基本具备了全面推广开展城市管理综合执法的条件""为了贯彻国务院及省委、省政府的工作部署,省政府法制办公室做了一系列准备工作,以期早日获得国务院授权省政府可以决定城市管理综合执法"④。他们还从多个方面论证了广东所具备的各种条件,并

---

① 青锋:《关于相对集中行政处罚权的几个问题——在广东省相对集中行政处罚权试点工作座谈会上的讲话》,载《相对集中行政处罚权工作读本》,中国法制出版社2003年版,第203—211页。
② 方军:《开展相对集中行政处罚权试点工作的调研报告》,载《相对集中行政处罚权工作读本》,中国法制出版社2003年版,第229—257页。
③ 《关于印发曹康泰同志在全国相对集中行政处罚权试点工作座谈会上的讲话的通知》(国法〔2000〕63号),载《相对集中行政处罚权工作读本》,中国法制出版社2003年版,第48页。
④ 广东省人民政府法制办公室:《积极稳妥开展城市管理综合执法工作 推进依法行政 创建社会主义文明法治环境》,载《相对集中行政处罚权工作读本》,中国法制出版社2003年版,第320—321页。

提出了在全省推广相对集中行政处罚权试点工作的若干设想。① 但是，广东省的提议并未得到其他省份的附议。最后，这一提议也没有被国务院法制办采纳。

2001年7月，时任国务院法制办协调司司长的青锋，在受邀参加广东省组织的相对集中行政处罚权试点工作座谈会上，特别对未下放审批权作了解释：

> 从发展方向看，相对集中行政处罚权，它不是一时的事，而是相当长的一项探索性的工作，是我们整个行政管理体制改革的突破口。事实上，已经是突破口。纵深在哪？过程要延续多长时间？现在还说不准。……去年在深圳开会时，大家曾讨论是否把试点审批权下放给省一级政府。有些同志认为，如果下放的话，那恐怕就不是试点了，而是全国推开了。仍由国务院审批，稳步推进，还是有必要的，因为，目前这个制度本身有些问题还没有解决，试点工作本身还需要不断完善和发展。②

但广东省似乎并未放弃。后来的2002年1月，广东再次以省政府的名义向国务院上报了《关于授权我省自行审批决定相对集中行政处罚权试点的请示》（粤府〔2002〕7号）。③ 但直到2002年8月22日，国务院下发《国务院关于进一步推进相对集中行政处罚权工作的决定》（国发〔2002〕17号），才正式授权各省、自治区、直辖市人民政府自行决定开展相对集中行政处罚权工作。中央政府在掌控试验进程上又一次扮演了控制性的角色。

2000年深圳会议后，国务院法制办向国务院专门汇报了试点工作的情况，并综合各地方提出的意见，提出了完善试点工作的建议。④ 2000年9月，国务院办公厅下发了《国务院办公厅关于继续做好相对集中行政处罚

---

① 《相对集中行政处罚权工作读本》，中国法制出版社2003年版，第321—324页。
② 青锋：《关于相对集中行政处罚权的几个问题——在广东省相对集中行政处罚权试点工作座谈会上的讲话》，载《相对集中行政处罚权工作读本》，中国法制出版社2003年版，第205页。
③ 参见广东省人民政府法制办公室网站（http://www.fzb.gd.gov.cn/publicfiles/business/htmlfiles/gdsfzb/yfxzdsj/201009/3599.html）。
④ 《关于印发曹康泰同志在省、自治区、直辖市政府法制办主任会议上的讲话的通知》（国法〔2000〕72号），载《相对集中行政处罚权工作读本》，中国法制出版社2003年版，第63页。

第四章 制度试验的探索和试点：相对集中行政处罚权制度的出现

权试点工作的通知》（国办发〔2000〕63号）。该通知与此次会议曹康泰的总结发言基调基本一致。通知提出了"积极稳妥地扩大试点范围是必要的、适宜的"的观点。另外，通知还就相对集中行政处罚权的"集中"范围作了规定：

> 在城市管理领域可以集中行使的行政处罚权，主要包括：（一）市容环境卫生管理、规划管理、城市绿化管理、市政管理、环境保护管理等方面法律、法规、规章规定的全部或部分行政处罚权；（二）工商行政管理方面法律、法规、规章规定的对无照商贩的行政处罚权；（三）公安交通管理方面法律、法规、规章规定的对侵占道路行为的行政处罚权。集中行使行政处罚的行政机关还可以履行法律、法规、规章或省、自治区、直辖市和城市人民政府规定的其他职责。但是，国务院部门垂直领导的行政机关行使的行政处罚权以及限制人身自由的行政处罚权不得由集中行使行政处罚权的行政机关行使。

上述界定的范围通常被简称为所谓的"7+1"模式。其中的"7"指的是（一）、（二）、（三）条中的7个领域，而"1"则指的是随后的兜底条款。这一界定，既给制度试点城市提供了一个模板，又留下了一定的自主空间。但在最后，又明确了不得"相对集中"的处罚权的领域。这是中央层面第一次较为明确地对相对集中行政处罚权的范围作出界定，其基础则是前面开展试点的经验。

在扩大试点城市的范围方面。在2000年会议的总结发言中，曹康泰提到了"需要考虑把试点工作的成功经验运用到市、县机构改革"中；[1] 国办发〔2000〕63号文也提到"要把试点的经验运用于市、县机构改革，进一步理顺市、县行政管理体制"。2000年年底，国务院法制办批复广东省顺德市开展相对集中行政处罚权试点工作，从而使顺德成为全国第一个开展试点工作的县级市。[2] 2001年之后，国务院法制办又先后批复了江苏

---

[1] 《关于印发曹康泰同志在全国相对集中行政处罚权试点工作座谈会上的讲话的通知》（国法〔2000〕63号），载《相对集中行政处罚权工作读本》，中国法制出版社2003年版，第58页。

[2] 《关于在广东省顺德市开展相对集中行政处罚权试点工作的复函》（国法函〔2000〕143号）。

苏州市下辖的昆山市、常熟市、山东济南下辖的章丘市等开展试点工作。[①]当然，国务院发文的目的，不仅希望将试点经验应用于行政执法领域，还希望"对有关行政机关必须保留的管理权、审批权，该归并的归并，该集中的下决心相对集中，以精简机构、精减人员"。

除了部分县级市外，在此后的2年左右时间里，国务院法制办还批准了更多的地级市和作为直辖市的重庆市进行试点工作。截至2002年8月，国务院法制办总共批复了3个直辖市和77个市，这其中大部分城市都成立了相应的执法机构。

[①] 《关于在江苏省苏州市开展相对集中行政处罚权试点工作的复函》（国法函〔2001〕28号），以及《关于在江苏省苏州市所辖的常熟市开展相对集中行政处罚权试点工作的复函》（国法函〔2002〕202号）。

第五章 制度试验的总结和扩散：相对集中行政处罚权制度的成熟与推广

本章要讨论的是制度试验的后三个阶段。当制度试验在较大的范围内开展一段时间后，则需要总结各地区试点的经验（包括新成立的组织架构和制度安排，以及它们的运作模式），并将其推广到更为广泛的地区。这时，试点的经验又是如何总结和推广的呢？最后的新制度又是如何形成的呢？本章将逐一回答上述问题。

具体到城管执法体制的制度试验，本章还将通过国际比较的方式，简单探讨一下中国城管执法体制的可能发展趋向。最后，本章还会讨论到相对集中行政处罚权的制度试验被其他领域的行政执法或行政权相对集中的改革所学习借鉴的情况。

一 试点经验的总结：一次会议和一个《决定》

随着试点数量的扩大，是否考虑要结束试点纳入到行动者，特别是中央政府的议程中。而在作出这一决定之前，还需要对制度试验的前三个阶段进行评估；此一阶段的评估则既包括节点评估（例如通过会议或者文件的方式进行），也包括动态评估，也即通过定期或不定期的方式，总结讨论制度试验的效果，并对试验的内容、方式等进行调整，从而寻找更具可行性的制度模式。然后考虑将某种（或某几种，或某几种综合而成的）制度方案在全国范围内进行推广。与前一阶段的初步总结类似，这一阶段的总结形式同样以会议和文件为主。而会议主要还是以中央层级召开的更具有代表性和标志性。

城管执法体制试点经验的总结是在2002年8月由国务院法制办公室召集的省级单位法制办公室主任会议上进行的。会后，国务院以国发〔2002〕17号文的形式，正式结束了试点阶段，从而使制度试验转入到了制度扩散阶段。当然，当时的各地方政府除了关心试点本身何时结束外，还关心制度试验过程中的其他方面。

（一）试点的正式结束

2002年上半年，国务院法制办在拟定《国务院关于进一步推进相对集中行政处罚权工作的决定（代拟稿，讨论稿）》时，开始考虑结束试点，由国务院向省级政府授权决定开展相对集中行政处罚权工作。① 同年8月，国务院法制办在大连召开了"省、自治区、直辖市政府法制办主任会议"。该会议的一个主要议题就是讨论和修改上述"决定"。会中，除之前的广东省外，黑龙江、辽宁等省也表达了希望国务院授权由省一级来决定在具备条件的城市开展相对集中行政处罚权（试点）工作。至于是否结束试点本身或取消"试点"字眼，则并非他们关注的核心。②

此外，就是否需要尽快统一制度模式，中央与地方之间还并未达成一致。例如，辽宁省在会上提出，希望国务院允许试点城市扩大相对集中处罚权的范围和领域，如文化市场、殡葬等。③ 安徽省也建议，在具体试点模式和突破的度上不搞一刀切；希望允许地方"步子再大一点，路子再走得更远一点，让执法问题暴露的更充分一点"④。

会后，国务院于同年8月发布《国务院关于进一步推进相对集中行政处罚权工作的决定》（国发〔2002〕17号）一文，以此来肯定制度试验前三个阶段的成效。同时，中央将批准城市开展相对集中行政处罚权的权力下放给省级人民政府。文中明确：

> 相对集中行政处罚权试点工作……取得了显著成效，对深化行政

---

① 《关于印发曹康泰同志在省、自治区、直辖市政府法制办主任会议上的讲话的通知》（国法〔2002〕72号），载《相对集中行政处罚权工作读本》，中国法制出版社2003年版，第70—71页。
② 这一点可见他们对国务院法制办提出的一些想法。参见黑龙江省人民政府法制办公室《积极推进行政执法体制改革　逐步提高城市的综合管理水平》，载《相对集中行政处罚权工作读本》，中国法制出版社2003年版，第380页；辽宁省人民政府法制办公室：《认真开展相对集中行政处罚权试点工作　积极探索行政执法体制改革》，载《相对集中行政处罚权工作读本》，中国法制出版社2003年版，第392页。
③ 辽宁省人民政府法制办公室：《认真开展相对集中行政处罚权试点工作　积极探索行政执法体制改革》，载《相对集中行政处罚权工作读本》，中国法制出版社2003年版，第393页。
④ 安徽省人民政府法制办公室：《安徽省实施相对集中行政处罚权试点情况汇报》，载《相对集中行政处罚权工作读本》，中国法制出版社2003年版，第407页。

第五章 制度试验的总结和扩散：相对集中行政处罚权制度的成熟与推广　109

管理体制改革、加强行政执法队伍建设、改进行政执法状况、提高依法执政水平，起到了积极的作用。实践证明，国务院确定试点工作的阶段性目标已经实现，进一步在全国推进相对集中行政处罚权工作的时机基本成熟。为此……国务院授权省、自治区、直辖市人民政府可以决定在本行政区域内……开展相对集中行政处罚权工作。

该"决定"继（国办发〔2000〕63号）后再次重申了相对集中城市管理领域行政处罚权的范围；但又一次给省级政府留下了余地——"集中行政处罚权的范围，主要包括……省、自治区、直辖市人民政府决定调整的城市管理领域的其他行政处罚权"。这在一定程度上响应了安徽等省提出的要求，为各地方政府继续探索不同的制度模式留下了空间。该"决定"还提出"需要在城市管理领域以外的其他行政管理领域相对集中行政处罚权的，各省、自治区、直辖市人民政府依照行政处罚法第十六条的规定，也可以决定在有条件的地方开展这项工作"。这又为相对集中行政处罚权制度建设的经验向其他制度领域扩散提供了可能性。这一点笔者会在本章的最后一节加以讨论。

2003年10月21日，中国共产党第十六届中央委员会第三次全体会议通过的《中共中央关于完善社会主义市场经济体制若干问题的决定》中也提出了要"改革行政执法体制，相对集中行政处罚权，推进综合执法试点"。这一决定更是从最高决策层的角度肯定了相对集中行政处罚权制度试验方向的正确性，并推动了这一制度由城市管理领域的"相对集中"向更广领域的外溢。

（二）通过"模范"和"典型"推动学习

制度试验进入后三个阶段时，层级较高的行动者一般通过树立"模范"和"典型"的形式，将试验中值得推广的经验推荐给有需要学习的地区。① 评选"模范"和"典型"的，可能是中央级政府，也可能是省级或市级。而学习的主体，可能是省级政府，也可能是城市或市区一级。

这样一种总结和推广的形式，毛泽东在《工作方法六十六条》中早有类似的概况：

---

① 当然，在制度试验的前期，特别是第二、第三阶段，也可能有类似的评选活动；只是出现的次数比较少。

(二十）组织干部和群众对先进经验的参观和集中展览先进的产品的做法，是两项很好的领导方法。用这些方法可以……推广先进经验，鼓励互相竞赛。许多问题到实地一看就解决了。

（二十三）中央各部门、各省、市、自治区党委，应该派遣负责同志到地方的基层单位去，总结群众中的这一类先进经验，发展下层单位和群众……的创举，建议主管机关给以批准，停止原有的规章制度中某些规定在这个单位实行，并且把这个单位的先进经验推广到其他单位试行。

中央各部门、各省、市、自治区党委，还应当派遣负责同志到各地的基层单位去，发现那里有些什么规章制度已经限制了群众积极性的提高和生产力的发展，根据那里的实际情况，通过基层党委和群众的鸣放辩论，保存现有规章制度中的合理部分，修改或者废除其中的不合理部分，并且拟定一些新的适合需要的规章制度，在这个单位实行，也可以推广到其他单位试行。

中央各部门、各省、市、自治区党委，应该系统地总结这方面的典型的成熟的先进经验。重大和全国性的，经过党中央和国务院批准。地方性的，经过相应的地方党委和政府批准。技术性的和专业性的，经过主管部门批准。然后在全国或者全省的相同的所有单位中普遍推行。经过一段时间实行以后，在必要的时候，再根据新的经验修改或者重新制定各种规章制度。[①]

实际运作中，会议是一种最常用的评选"模范"和"典型"的方式。在中国共产党的工作机制中有着很长的会议传统。[②] 制度试验中举办的会议名称多种多样，有工作会议、座谈会、交流会、论坛、研讨会、现场工作会等。而这些会议的发起者和主办方（而不是承办方）的级别也分中央级、省级、市级等。从会议筹备阶段开始，主办方一般会选择试点工作或制度建设方面有一定典型性、具备推广价值的"点"作为"典型"。主办方还会要求其在会议召开期间做典型经验介绍。另外，参加会议的组织也会借机提出各自在制度试验过程中遇到的问题和将来的工作计划等。对主办方而言，会议是他们推广典型经验、收集下级反映的问题、布置将来工

[①] 毛泽东：《工作方法六十条（草案）》，载中共中央文献研究室编《毛泽东文集·第七卷》，人民出版社1999年版，第349、353—354页。

[②] Kenneth Lieberthal, *Governing China: From Revolution through Reform*, New York: W. W. Norton, 1995, p. 176.

第五章　制度试验的总结和扩散：相对集中行政处罚权制度的成熟与推广　111

作的渠道。而对被树立为"典型"的参会方而言，成为典型本身就成为他们政绩的一部分；参会并做典型发言则让他们有机会在更大范围内宣传自己的政绩。而对所有的参会方（即使是那些被树立为典型的地方）而言，参加会议除了可以寻求高层级组织解决他们面临的问题外，还可以学习借鉴典型地方的实践经验。

自相对集中行政处罚权制度试验开始以来，中央级（主要由国务院法制办）数次召集相关会议。这其中主要的两次即前述的2000年在深圳召开的全国相对集中行政处罚权试点工作座谈会和2002年在大连召开的全国法制办主任会议。在两次会议上，国务院法制办副主任曹康泰都通过发言，为整个会议的主题"定调"，主导着会议讨论的方向。同时，他也借机传达国务院法制办对下一步工作的打算，以及对各省市的要求等。在2000年的会议中，北京市、广东省、广州市、深圳市罗湖区、青岛市、营口市、佳木斯市分别介绍了他们进行试点的工作经验，并提出了各自面临的问题和下一步的打算。广东省还借机表达了希望下放试点审批权的意愿。而前文提到的Y省D市也正是通过参加此次会议，尤其是看到了深圳市罗湖区开展试点的情况后，才启动了自己的试点工作。① 在2002年会议上，介绍试点经验的省市则有黑龙江省、广东省、辽宁省、江苏省、安徽省、大连市、山东省、湖南省。

此外，国务院法制办于2002年8月，在江苏昆山召开了"城市管理相对集中行政处罚权制度理论研讨会"。会上重点推介了昆山市城管的程序标准化工作。② 2002年之后，随着试点阶段的结束，国务院法制办并未再专门召开类似会议。③ 毕竟，国务院法制办的职能不只局限于城管行政执法领域；而城管行政执法机构在中央又没有主管的部委机构。这也导致了城管执法体制在扩散过程中出现了一些其他方面的问题。笔者将在本章稍后再进行讨论。

除了中央层级外，省市级也同样会召开类似的会议。以广东省为例，2001年7月，广东省法制办在珠海召开了9个本省内试点城市参加的全省相对集中行政处罚权试点工作座谈会。这次会议力图统一不同城市在试点

---

① 访谈对象MC-201008-07访谈记录。
② 《城市管理相对集中行政处罚权制度理论研讨会在昆山召开》（http://www.srsz.suzhou.gov.cn/Newsdetails.asp? id = 35703）。
③ 虽然国务院和国务院法制办也曾召开过例如"全国依法行政工作会议"（2010年）或"全国市县依法行政工作会议"（2007年）等。但这些会议的主题都不仅限于城管领域。

工作的不同想法,并有效地影响了汕头市试点机构的设置。① 2007年,广东省法制办又在中山市召开了"全省城市管理相对集中行政处罚权工作座谈会";中山市的相关经验在会上得到了国务院法制办和广东省的肯定。② 江苏省也曾在2006年和2007年召开全省相对集中行政处罚权工作座谈会。城市方面的例子也有很多。例如B市曾于2009年在下辖的某区召开现场会,其目的就是向其他城区推广某区城市管理工作中的经验。③

制度试验中的这种典型示范的模式,被一些学者视为中国式政策执行中的一种核心机制[4];当然,它也非常类似于中国的"英模塑造"机制,[5]只是这里的典型不仅包括个人,还包括组织;并且,那些被树立为典型的基本上都是来自体制内部的人或组织,而不像英模塑造过程中可能会遴选来自体制外的普通民众。在2000年、2002年的两次会议中,已有多个省、市、区作为典型在会议上介绍经验。但这并不是典型示范的全部内容,它还包括"表彰先进(模范)",即通过授予荣誉称号等方式,给予在制度试验中做出有推广价值和示范作用的组织和个人以名誉和(或)物质上的激励。这种奖励,既可以激励他们在将来创新出更多有推广价值的经验,更是向其他组织和个人传达一种信号——哪种实践方式是受到鼓励的、哪个试验方向是值得学习的。组织和个人还是相当看重这些荣誉称号的,尤其是在最近几十年,频繁的机构改革给很多部门产生了极大的"生存"压力;在"有为才有位"的考虑之下,部门领导人或一般公务员都会视荣誉(先进)称号为一种重要的晋升资本。当然这些称号还会给受表彰者带来一定的物质奖励。[6]

在城管执法体制的试验过程中,中央政府或部门很少专门表彰先进或模范。但是,省市级的表彰却并不少见。例如,江苏省在2006年和2007年召开全省相对集中行政处罚权工作座谈会期间,分别对全省相对集中行

---

[1] 广东省人民政府法制办公室:《积极稳妥地开展综合执法试点工作 创新行政执法体制 推进依法行政》,第385页。
[2] 陈慧:《全省城市管理相对集中行政处罚权工作座谈会在中山市召开》,《中山日报》2007年6月17日第A1版。
[3] 访谈对象MC-201006-06访谈记录。
[4] 叶敏、熊万胜:《"示范":中国式政策执行的一种核心机制——以XZ区的新农村建设过程为例》,《公共管理学报》2013年第4期;韩国明、王鹤:《我国公共政策执行的示范方式失效分析——基于示范村建设个案的研究》,《中国行政管理》2012年第4期。
[5] 赖静萍:《英模塑造的运作机制与效果分析》,《当代中国研究》2007年第4期。
[6] 访谈对象MC-200906-01、MC-201010-01访谈记录。另外参见李振《作为锦标赛动员官员的评比表彰模式——以"创建卫生城市"运动为例的研究》,《上海交通大学学报》(哲学社会科学版)2014年第5期。

政处罚权暨城市管理行政执法工作的先进集体和先进个人予以表彰。其中2006 年表彰了 14 个先进单位、27 个先进个人；2007 年表彰了 14 个先进单位、17 个先进个人。① X 省法制办在 2010 年还专门联合省人力资源与社会保障厅，在表彰依法行政先进个人时，明确让他们享受"市级劳模"待遇。②

对模范和典型的评选和宣传，从另一个角度来看，其实就是对那些没有获评的单位的警示。当然，一个单位（不论是在试点阶段，还是在其他阶段），如果不仅没有被评为典型或模范，反而在公开场合受到批评（点名或不点名），那么将是对他们较为严重的警示。这种警示既是对被批评单位的压力，也是对其他单位的提醒。前文提到的 Y 省 D 市曾在 2000 年的深圳会议上被不点名地提出批评，的确给了他们较大的压力。当然，这一压力也直接推动了制度试验在该市的开展。

二 试验中的初级制度扩散：城管执法体制由点到面

在试点阶段，各试点地区已经形成了一些较为初级的制度安排和组织设置模式，在选取了一些值得推广的"模范"和"典型"后，需要将这些试点的经验尽可能地推广到更为广泛的地区。这就是第五阶段的主要任务。在这一阶段，中央政府（包括立法机构）也会利用时机，将新制度试验的成果加以吸纳，有的会直接形成新的全国性的制度安排，有的则会用以修正已有的制度安排。

在制度经验的扩散过程中，"模范"或"典型"的树立，肯定是一种推广试点经验的方式之一。在韩博天等人对中国政策试验过程的研究中，有这样的描述：

> 中央和地方官员以会议的形式反馈和协商来自地方试验的经验。决策者甄别试点单位的创新做法，并对其进行内部的或公开的讨论。……以"典型经验"为基础的"试点"就会在更大范围内推广开来。同时，启动"学典型"的运动，数以百计的外地代表团会前往典

---

① 参见江苏省法制办公室网站（http：//www.jsfzb.gov.cn/searchNew.asp）。
② 访谈对象 MC - 201007 - 06 访谈记录。

型的试点地区，从而引发政策旅游热潮。①

但这一阶段的推广扩散方式却并不只限于树立典型，它还包括其他多种形式。

具体到城管执法体制这一案例，中央通过总结这一制度试验的经验，修订了已有的部分法律（虽然尚未出台全国性的制度）。而试点城市所形成的城管执法体制在这一阶段逐渐扩散到越来越多的城市。同时，这一体制本身也经历着不断的微调——不论在组织设置上还是在制度制定方面。试点城市的经验和制度的模式，是通过不同的方式扩散到达更多城市的。本节将概括经验扩散的不同方式，并讨论它们的运作过程，以及不同参与者的角色和相互间的互动。

按照扩散的推动者和被扩散对象的等级关系，笔者将扩散方式分为纵向式、横向式和错位式三类：如果扩散的推动者层级高于被扩散对象，则属于纵向式扩散过程；如果两者的层级相同，则属于横向式扩散；如果推动者的层级低于被扩散对象，则被视作一种错位式扩散。需要指出的是，制度的扩散，其实从试点阶段就开始了（主要是最初几个试点城市向其他试点城市的扩散），但大规模的扩散过程还是发生在试点结束之后；因为在高层对制度试验明确定性前，多数非试点城市更可能持观望态度。

（一）纵向式经验扩散：来自上级的推动

纵向式经验扩散，一般是由较高层级的行动者主导，目的是推动下属的机构或组织进行学习。推动者可能是中央级政府，也可能是省级或市级政府。而被扩散对象，可能是省级，也可能是城市或市区一级。至于扩散的具体方式，除了前文提到的举办会议和典型示范外，还包括信息公开、组织参观考察。

首先看信息公开。除了以会议方式传达信息外，中国的政府内部还存在着一个"信息上报"制度。它一般要求每个行政职能部门安排专门的信息员，由他们将该单位的工作和实践以信息条目的形式向上级报送。② 报送的渠道包括内参、上书、工作动态，以及新近建立的办公自动化系统等。上级在接受这些信息后，会将其中有推广价值的再以信息汇编、通

---

① Sebastian Heilmann, "Policy Experimentation in China's Economic Rise", *Studies in Comparative International Development*, Vol. 43, No. 1, 2008b, pp. 10 - 11.
② 当然，也包括向媒体披露，只是这不在本部分的讨论范围内。

第五章 制度试验的总结和扩散：相对集中行政处罚权制度的成熟与推广 115

告、报纸杂志、网络专题等渠道予以公开。上级组织对下级组织的信息上报有"质"和"量"的考核："质"一般指的是上报信息的价值，例如是否在某一级别的渠道上予以公开等；"量"则是指上报信息的数量。上级组织会依据考核结果评选信息工作先进集体或个人。行政部门一般会将信息上报纳入每个工作人员及信息员本人的工作目标责任，考核个人的信息上报的"质"和"量"，并以荣誉称号和物质奖励的形式加以激励。[①]

各类党政机关主办的报纸曾在信息上报和公开中扮演着重要的角色。中国的各级政府曾出现大量的报纸和内部刊物，它们基本上是按照"条条"模式由各自的主管部门主办。据统计，在1996年年底，中国曾有报纸2202种，期刊8135种。[②] 1996—2003年，中国先后进行了3次报刊治理；此后报刊数量大幅度减少。例如，由当时的建设部主管的，主要以报道中国城市建设管理及行政执法为内容的《中国市容报》于2001年停刊。但依旧还有部分报刊如《法制日报》《中国建设信息》《江苏法制报》等得以保留，另外，还存在如北京市城管局和哈尔滨市城管局主办的《北京城管杂志》和《龙江集中执法》等一些小范围发行的刊物，它们都成为公开与城管有关的信息的渠道。[③]

1999年是中国的"政府上网年"。此后，网络已经成为政府信息公开的主要载体之一。如果浏览国务院各机构或省市政府各机构，尤其是国务院法制办、住建部或省市法制办的网站，它们大都设有专门的栏目，以集中公布各地城管的信息。[④] 而随着2008年《政府信息公开条例》的实施，更多相关信息成为政府部门必须公开的内容。信息上报和公开成了政府部门的义务和责任。网络较之于其他信息上报和公开手段，它的及时性使得下级政府不再担心自己的创新做法（被视为政绩的一部分）被其他组织模仿之后谎报邀功；[⑤] 也使得一些地区的经验能在较短时间内为其他地区所获悉。

最后看组织参观考察。这里，参观和考察的地点，往往是前文树立的一些"模范"和"典型"地区，当然，也包括还没被树立为典型但已经被

---

① 访谈对象 MC-200906-01、MC-201006-02、MC-201010-01 访谈记录。
② 丁柏铨：《新一轮报刊治理与党报发展》，《现代传播》2004年第2期。
③ 例如，《中国建设信息》2009年5月上期曾设专题讨论"城管之'痛'"，参见周恒《城管之"痛"》，《中国建设信息》2009年5月上期。
④ 例如，国务院法制办网站有一个专门的栏目"地方信息"（http://www.chinalaw.gov.cn/article/dfxx/dffzxx/bj/）。江苏省法制办网站也有一个专门的栏目"省级依法行政示范点工作动态"（http://www.jsfzb.gov.cn/list.asp?classid=2111111154）。
⑤ 访谈对象 MC-201006-02 访谈记录。

认为取得了较有价值的经验的地方。此外，国际上其他国家或地区也有可能成为参观考察的对象。具体到城管执法体制的制度试验，早在2000年深圳会议时，就有省份曾提出希望由国务院法制办组织人员，对全国范围内试点工作较为领先的城市进行观摩考察，以划分出不同类型，总结其成功做法和经验，为准备申报试点的其他城市提供可借鉴的模式。[1] 但是自2002年试点阶段结束后，中央层级很少组织专门的考察活动。但各省市组织的参观考察却并不少见。例如，X省曾于2007年组织本省内的城管执法部门的人员前往香港，参观考察香港地区的城市规划、城市管理、垃圾处理等方面的工作。[2]

但是，组织参观考察的主体也并不仅限于高层级政府，有的考察活动则是学习主体自己组织的。我将在下一小节中再行讨论由学习主体自己组织的参观考察。

（二）横向式经验扩散：组织自我的驱动

关于组织横向借鉴的动机问题，早期的社会学制度主义一般认为是组织为了追求一种社会"正当性"[3]。但近年来的新制度主义研究则更多地将其解释为出于现实需要，[4] 当然这种需要也可能包含着"装点门面"的意图。[5] 在城管执法体制问题上，由于缺乏全国统一的法律或法规，也没有主管的中央部委，所以各地追求"合法性"（legality, 体制设置的统一）的压力并不大。接受访谈的政府法制办或城管局的人员大都也认为，他们之所以要借鉴学习别人的经验，主要是因为自我摸索的成本高、风险大、速度慢。[6]

对于横向式经验扩散机制，毛泽东也早有类似的总结："社和社、乡

---

[1] 山东省人民政府法制办公室：《认真贯彻落实国办发〔2000〕63号文 积极稳妥地推进相对集中行政处罚权试点工作》，载《相对集中行政处罚权工作读本》，中国法制出版社2003年版，第424页。

[2] 访谈对象 MC‑201006‑13 访谈记录。

[3] Peter A. Hall and Rosemary C. R. Taylor, "Political Science and the Three New Institutionalisms", *Political Studies*, Vol. 44, No. 5, 1996, pp. 936–957.

[4] Kurt Weyland, "Toward a New Theory of Institutional Change." *World Politics*, Vol. 60, No. 2, 2008, pp. 281–314.

[5] Steven Levitsky and Maria Victoria Murillo, "Variation in Institutional Strength." *Annual Review of Political Science*, Vol. 12, 2009, pp. 120–124.

[6] 访谈对象 MC‑201006‑01、MC‑201006‑02、MC‑201006‑20、MC‑201008‑07 等访谈记录。

第五章　制度试验的总结和扩散：相对集中行政处罚权制度的成熟与推广　117

和乡、省和省、县和县之间，都可以组织互相参观……"① 除了毛泽东提出的互相参观外，横向式经验扩散还包括文本分析和远程交流等形式。

首先看参观考察。已有学者通过对城市间参观考察机制的研究，来分析城市之间的相互学习的确推动了政策创新和扩散；并且还进一步指出，考察团的规模越大，考察次数越多，考察时间越久，该项目就越有可能在考察后启动。② 也许有人会质疑这种形式只是所谓借考察之名而行公费旅游观光之实。笔者并不排除这种可能性；实际上，就连政府机构的人也并不回避这种指责。③ 但需要指出的是，同样是学习考察活动，根据带队人员的不同，还是大致可以看出是否在借机公费旅游观光的。这里，引用一位有着多次接待外地参观考察团经验的公务员说法：

> 如果是一个城市的一把手市长或者是主管副市长带队的考察团，一般都是带着问题来的，他们的用意都是希望能把所要考察的这块工作搞好。那些部门一把手带队的，也都是希望能促进本部门的工作。这样的考察活动，在安排行程的时候，观光旅游的时间一般都很少。④

有的接待方会明确提出不安排参观活动。⑤

参观考察学习并非横向式经验扩散的唯一方式；在实际运作中，它也不是最先用的方式，毕竟参观考察之前还要先进行一定的准备。一般而言，行政机关最先用到的方式是文本分析，即通过各种媒介（例如网络、公开出版物等）完成相关制度文本的收集、整理和分析。⑥ 各城市的城管局在其网站上一般都会及时公布他们的一些经验和做法，而各种网站、报刊、电视台、电台等在披露城管信息方面也非常及时。⑦ 有意于进行制度探索的组织，可以通过这些渠道收集其他城市的实践经验，然后通过整理

---

① 毛泽东：《工作方法六十条（草案）》，载中共中央文献研究室编《毛泽东文集·第七卷》，人民出版社1999年版，第349页。
② Liang Ma, "Site Visits, Policy Learning, and the Diffusion of Policy Innovation: Evidence from Public Bicycle Programs in China." *Journal of Chinese Political Science*, Vol. 22, No. 4, December 2017, pp. 581–599.
③ 访谈对象 MC-201006-01、MC-201006-02 访谈记录。
④ 访谈对象 MC-201006-02 访谈记录。
⑤ 《第五届全国城市管理执法论坛暨城市管理行政执法工作现场会会议指南》（内部资料），2010年5月，湖南省长沙市。
⑥ 访谈对象 MC-201006-01 访谈记录。
⑦ 访谈对象 MC-201006-16、MC-201006-17、MC-201006-18、MC-201006-24、MC-201006-25 访谈记录。

和分析以供己用。不过，因为中国是一个成文法的国家，制度的制定一般需要落实到文字上。有时，文字所概括的说法可能具有模糊性或当地性，使得外地人难以理解。因此，有时可能需要向被借鉴地方了解其制度文本的准确意涵。这时，电话、传真、网络等就成了学习者与被学习者沟通的媒介。这就是所谓的远程交流。最后，如果经验扩散的驱动方认为某地的做法确实有借鉴的必要，便会考虑派人前往当地进行实地考察。① 当然，他们考察的对象不仅限于国内，有时也会参考海外的做法。香港、新加坡等地都是内地诸多城市考察借鉴的主要目的地。但是，海外考察的结果带给他们更多的是压力和失望，因为他们既羡慕一些国家和地区的经验和做法，但又普遍认为，海外的经验很难直接运用到本地的制度建设中。②

浙江省法制办主任孙志丹在向浙江省人大常委会说明《浙江省相对集中行政处罚权条例（草案）》的形成过程时，就较为清晰地描述了法制办在制度建设过程中横向借鉴外地经验的过程和机制：

> 从2006年3月开始，省法制办开始条例草案的起草准备工作，为此确定了专人，广泛收集全国各地的相关立法资料，邀请杭州市政府法制办、杭州市城市管理行政执法局共同参与，起草了条例草案的初稿，并以座谈会和书面征求意见等形式向省级有关部门、11个设区市政府及全省各行政执法局征求了意见，与省法院以及省工商、环保、公安等部门进行了意见协调。2008年……省法制办随即成立了条例草案起草小组，到省外进行了立法考察，在杭州、宁波、金华、义乌、富阳等地进行了立法调研……在广泛调研、借鉴省外立法经验和吸取各方面意见基础上，起草了条例草案征求意见稿，发全省各设区市人民政府、省政府各有关部门和各市、县（市）城市管理行政执法局征求意见，并召开了省级有关部门协调会，听取省编办、工商、环保等部门的意见。此外还通过政府网站向全社会征求了意见。在以上调研基础上，综合各方面意见，反复讨论、修改，并经省政府常务会议通过，形成条例草案。③

---

① 访谈对象MC-201006-01、MC-201006-02访谈记录。
② 访谈对象MC-201006-06、MC-201006-11、MC-201006-13、MC-201007-08、MC-201007-18、MC-201008-07访谈记录。
③ 孙志丹：《关于〈浙江省相对集中行政处罚权条例（草案）〉的说明》(http://www.locallaw.gov.cn/dflfw/Desktop.aspx? PATH = dflfw/sy/xxll&Gid = de472f1e-0a61-4dd9-9e2f-0ff08091ec29&Tid = Cms_ Info)。

而来自其他省市法制办的访谈数据,基本与上述描述相吻合。①

在城管执法体制建设过程中,横向式扩散的推动者主要是法制办和城管局(队)。在制度试验的前四个阶段,各地方和城市的法制办公室扮演着主要的角色。例如《广州市人民政府关于推进城市管理综合执法试点工作的决定》就是在广州市法制局、城市管理体制改革办公室、城建管理监察支队联合赴北京考察试点工作,并结合广州市的实际之后起草的。② 而X省在开展相对集中行政处罚权试点工作之前和试点开展期间,省法制办也参考了广州、深圳、长沙、哈尔滨、大连等地的经验。③ 而前述《浙江省相对集中行政处罚权条例(草案)》的形成中,也是在借鉴了安徽、北京、天津、厦门、青岛、郑州、珠海等具有立法权的地方政府出台的地方性法规或者规章的基础上形成的。④

而在试点阶段结束后,随着法制办工作重心的转移,新成立的城管局推动经验扩散的动力逐渐显现。通常法制办注重规则的借鉴,而城管局更多注重具体行政执法模式的学习,他们借鉴的主要议题包括执法方式、队伍建设(人员、编制、性质)、执法保障等。⑤ 但是,由于近年来诸多与相对集中行处罚权相关的制度大都由法制办和城管局拟定,所以即使是具体行政执法行为模式的学习,可能会在草稿拟定过程中带来本地制度的变化。

(三)错位式经验扩散:城管执法体制外的驱动

近年来,除行政精英外,多种类型的行动者加入到经验扩散的驱动者行列中。他们主要包括社会团体、专家学者、媒体及其从业人员、普通民众;也有部分城管队员以特别的方式推动着制度建设的进程。他们的参与给城管执法体制带来了外部压力,从而影响了一些新制度的创立和经验的扩散。

先看社会团体方面。2002年后,国务院法制办不再专门组织关于相对集中行政处罚权的工作会议;但各地城管执法机构希望有全国性交流平台

---

① 访谈对象MC-201006-01、MC-201007-06、MC-201008-07访谈记录。
② 曹寒松:《广州:即将开展城市管理综合执法试点工作》,《中国市容报》1999年5月30日第1版。
③ 访谈对象MC-201007-06访谈记录。
④ 浙江省法制办公室主任孙志丹:《关于〈浙江省相对集中行政处罚权条例(草案)〉的说明》(http://www.locallaw.gov.cn/dflfw/Desktop.aspx?PATH=dflfw/sy/xxll&Gid=de472f1e-0a61-4d89-9e2f-0ff08091ec29&Tid=Cms_Info)。
⑤ 访谈对象MC-201008-06访谈记录。

的呼声却很高。① 于是,一些社会团体部分地承担了组织者的角色。较早组织类似会议的是扬州大学城市管理研究中心。该中心于 2007 年 8 月联合吉林省吉林市城管局共同主办了全国城市管理行政执法理论研讨会;有来自全国 80 多个城市的城管部门负责人和学者共 200 余人出席会议。② 而中国法学会行政法学研究会城市管理执法专业委员会③则于 2008、2009 年,分别在西安和青岛组织了全国城管行政执法理论研讨会和全国城管行政执法论坛。2010 年,该委员会又在长沙举办了第五届全国城市管理执法论坛暨城市管理行政执法工作现场会。④

除上述学术性团体外,还出现了一个性质比较模糊的"联席会"——全国城管(执法)局长联席会议。它的创办人是原中国城市科学研究会中小城市分会常务副秘书长罗亚蒙。该联席会声称其目的是以不固定地点、时间、主办单位举行联席会议的形式,加强各城市之间联系与沟通。它的参与成员以国内的中小城市城管局为主。该联席会自 2006 年起分别在山东胶州、江苏淮安、山东聊城、广东中山等地召开了数次,并推介了中山、淮安等地的城管模式。⑤ 2009 年年中,该联席会由于被举报为未经登记的非法组织而一度成为舆论焦点。⑥ 但是,它的出现迎合了一些城市相互交流的现实需要。⑦ 另外,类似的团体还有 2005 年成立的全国城市管理交流平台(http://www.cgjl.org)。该平台于 2007 年举办了全国(部分)城市管理执法联谊会座谈会;2009 年,协助住建部政策研究中心举办了全国城市管理(执法)工作交流研讨会;2010 年,又与江苏盱眙县城市管理局合作举办"全国(部分城市)县(市、区)城市管理(行政执法)工作交流座谈会"。

再看专家学者的参与。早在 2000 年的深圳会议时,国务院法制办就

---

① 访谈对象 MC - 201006 - 11 访谈记录。
② 佚名:《全国城管行政执法理论研讨会在我市召开》 (http://www.jlcg.gov.cn/list-news.asp?nid=216)。
③ 该委员会成立于 2008 年 4 月。
④ 之所以是第五届,是因为将上述西安和青岛的会议,以及在北京和沈阳举办的会议也计算在内,不过在北京和沈阳召开会议时该委员会尚未正式成立。来自访谈对象 MC - 201102 - 01 访谈记录。
⑤ 参见该联席会的网站"会议简介"一栏(http://cgzf.city188.net/bwh.asp?xxtype=hyzc)。
⑥ 何忠洲:《城管的"娘家"是非多——全国城管局长联席会议被指非法的背后》,《南方周末》2009 年 9 月 3 日第 A05 版。
⑦ 访谈对象 MC - 201006 - 12、MC - 201006 - 16、MC - 201006 - 13、MC - 201007 - 08 访谈记录。

邀请了部分法学界学者参会。① 此外，有的学者则一直是城管执法领域较为活跃的参与者。例如中国法学会行政法学研究会城市管理执法专业委员会中就聚集了以应松年为代表的多位行政法学家，而另一位行政法学者熊文钊也曾参与到全国城管局长联席会的活动中。② 2008年1月，中国法学会行政法学研究会城市管理执法专业委员会与中央民族大学法学院还联合举办了"综合行政执法体制学术研讨会"。城管部门在制定新制度时，曾主动邀请专家学者针对相关规定进行辩论。例如，广州市在出台《广州市流动商贩管理暂行办法》前，曾邀请10位专家对流动商贩的进入门槛、发证、收费、选址等问题进行座谈，并对座谈会进行网络直播。③

再看媒体及其从业人员。这里的媒体并不限于传统新闻媒体，还有新型的网络媒体。正如王绍光对中国公共政策议程设置模式的研究所表明的，在今天的中国，不论是传统媒体，还是网络媒体，都在政策议程设置上发挥着越来越大的影响力。④ 对城管部门来说，媒体从业人员发布的信息已成为他们收集其他地方实践经验的主要渠道。⑤ 同时，新闻媒体的报道，特别是那些负面性的报道所产生的强大压力，还催生了一些新制度。例如南京市江宁区在2009年5月发生了一起执法人员与摆摊大学生冲突的事件，该事件曾在网络上引发了社会的强烈关注。事件发生的第二天，南京市市容管理局就出台了《关于对高校学生摆摊设点管理工作的意见》（宁容字〔2009〕114号）。⑥ 此外，新闻媒体的影响力也正在改变城管部门的内部组织架构。例如，上海市自2007年成立了市市容环卫局、市城管局新闻发言人工作小组；⑦ X省B市某区的城管大队也配备专门人员定期与媒体记者沟通。⑧ 有的城管局还专门在执法过程中邀请新闻记者全程参与。⑨ B市城市管理局还指派专人在当地主要城市生活社区网站设立讨

---

① 访谈对象MC－201006－08访谈记录。
② 参见人民城市网相关网页（http：//cgzf.city188.net/news.asp? newsid=11943）。
③ 裴萍、姜圣慧：《专家激辩走鬼难题 共识不多分歧不少》，《南方都市报》2010年9月4日第GA03版。
④ 王绍光：《中国公共政策议程设置的模式》，《中国社会科学》2006年第5期；以及 Andrew Mertha，"'Fragmented Authoritarianism 2.0'：Political Pluralization in the Chinese Policy Process."*The China Quarterly*，Vol. 200，December 2009，pp. 995 – 1012.
⑤ 访谈对象MC－201008－06访谈记录。
⑥ 这一意见于2010年1月1日正式公开。
⑦ 《关于建立上海市市容环卫局、城管局新闻发言人制度的通知》（http：//lhsr.sh.gov.cn/view_105.aspx? cid=144&id=156）。
⑧ 访谈对象MC－201006－15访谈记录。
⑨ 访谈对象MC－201006－11访谈记录。

论版，发布部门工作动态；该讨论版曾一度成为当地记者获得部门信息的主要来源。①

再看普通民众的参与。最近几年，随着开门立法在公共政策制定②和法律法规的制定③过程中的愈发常见，普通民众参与城管制度制定的机会越来越多。例如，Z省P市在制定《P市城市管理综合执法条例》时，市政府法制办在主要媒体上发布通知，公开向社会各界征求意见。针对社会各界提出的意见，法制办在回复时，一般都注明所提意见哪一条被采纳，哪一条未被采纳；凡是未被采纳的意见还会说明其中原因。④ 类似的，广州市在制定《广州市城市管理综合执法细则》时，也公开向社会征求意见，并在市政府法制办公室网站上设置"法规规章草案意见征集平台"（http：//www.gzlo.gov.cn/xzlf/lfzqyj.jsp）。⑤ 除参与立法过程外，普通民众在网络平台表达的利益诉求和意见，也对相关的组织和制度产生了影响。前述南京市出台关于大学生摆摊设点的新规定，就与网络舆论压力有关。⑥

国务院2017年8月公布的《无证无照经营查处办法》，其正式出台前的《修改意见稿》就曾于2016年2月1日至3月10日，在国务院法制办公室的"中国法制信息网"（http：//www.chinalaw.gov.cn/）公开向社会各界人士及有关单位征求修改意见。⑦ 当然，实际上早在2014年之前，国家工商行政管理总局就已经开始征求各地对《无照经营查处取缔办法》进行修订的意见，并拟定了《无证无照经营查处办法（修订草案）》，送交各省、自治区、直辖市及计划单列市、副省级城市工商行政管理局、市场监督管理部门征求修改意见和建议。⑧ 之后，国家工商总局对《无照经营

---

① 访谈对象 MC-201006-16、MC-201006-25、MC-201007-08 访谈记录。
② 已有学者将这种政策制定形式学理化，参见王绍光、樊鹏《中国式共识型决策："开门"与"磨合"》，中国人民大学出版社 2013 年版。
③ 刘金平：《"开门立法"成常态值得关注》（http：//www.chinacourt.org/public/detail.php?id=298083）。
④ 访谈对象 MC-201012-08 访谈记录。
⑤ 广州市人民政府法制办公室：《关于公开征求公众意见的公告》（http：//www.gzlo.gov.cn/xzlf/iteminfo.jsp?itemid=1285465497038852386）。
⑥ 南京市市容管理局在本意见的开头即承认了这一点。
⑦ 根据国务院法制办公室中国法律信息网的相关介绍，有关单位或社会各界人士可以通过该网的"公开征求意见系统"（http：//zqyj.chinalaw.gov.cn/index）提交意见（实名或匿名皆可），此外，还可以通过电子邮件网、信函、传真等多种方式参与立法意见征集。
⑧ 参见国家工商行政管理总局办公厅文件《工商总局办公厅关于征求对〈无证无照经营查处办法（修订草案）〉意见的通知》（办字〔2014〕184号）（2014年12月19日）。

查处取缔办法》进行修改，起草了《无证无照经营查处办法（修订送审稿）》上报国务院。国务院法制办公室经过征求各有关部门、地方政府和行业协会的意见，并在赴地方进行调研的基础上，根据意见反馈和调研情况，会同国家工商总局对送审稿进行了研究修改，并形成了《无证无照经营查处办法（征求意见稿）》。之后才是前文提到的通过"中国法制信息网"向社会各方征求意见和建议。①

实际上，国务院法制办公室自2007年便制定了《国务院法制办公室法律法规草案公开征求意见暂行办法》，将法律草案、行政法规草案全文或者部分内容在中央主要媒体（包括《人民日报》、《法制日报》、中央人民政府门户网站等）、中国政府法制信息网上公布，向社会公开征求意见和建议。此后的2008年7月，国务院法制办公室向国务院各部门法制工作机构发出《关于通过"中国政府法制信息网"汇集刊登部门规章草案有关事项的通知》，知会各部门在通过有关载体公布规章草案向社会征求意见的同时，将该规章草案及公开征求意见的通知发送至国务院法制办，由其在"中国政府法制信息网"上公布。此后的2011年8月，国务院法制办公室又发出了《国务院法制办公室秘书行政司关于部门规章草案在"中国政府法制信息网"公开征求意见有关事项的通知》重申了这一操作。这也就意味着，国务院各部门制定部门规章草案过程中，社会各界除了可以通过该部门自有的渠道和平台提出修改意见和建议外，还可以通过国务院法制办公室的平台和渠道。而后者相比于前者最大的优势在于信息集中度高——一个平台可以汇集多个部门、多个领域的行政法规和部门规章的制定或修改信息。国务院2017年7月发布的《国务院关于修改〈行政法规制定程序条例〉的决定（征求意见稿）》中也是明确提出了"起草行政法规，起草部门应当将行政法规草案及其说明等向社会公布，征求意见"的规定。② 除了行政法规和部门规章外，法律的制定过程也逐渐公开化和透明化，民众也可以通过"全国人大网"的"法律草案征求意见"平台，以系统提交或信件寄送等方式参与立法意见征集。③ 类似的征求意见的方式和渠道，也可见于各地方人大或法制办公室。

---

① 参见中央人民政府网站（http://www.gov.cn/xinwen/2016-02/02/content_5038254.htm）。
② 参见国务院法制办公室"公开征求意见系统"中的相关网页（http://zqyj.chinalaw.gov.cn/readmore?listType=1&id=1982）。
③ 参见全国人大网"法律草案征求意见"平台（http://www.npc.gov.cn/npc/flcazqyj/node_8176.htm）。

除了法律法规、部门规章外,行政决策制定前的公开征求意见程序也已经纳入到制度化进程中。2017年6月,国务院法制办公室起草的《重大行政决策程序暂行条例(征求意见稿)》中,有专门的"公众参与"一章,对公众参与的范围、条件、方式、程序等做出了规定。①

最后,让我们看看一个很有意思的现象,是由城管队员利用体制外的渠道来推动经验的扩散。这其中典型的是南京市玄武区城管大队的执法队员赵阳。工作时间之外,他是一位在网络上非常活跃的网民;曾以个人身份在当地主要城市小区论坛上开辟了名为"城管之家"的网络讨论版。通过该讨论版,他发布了大量的来自各地的与城管有关的新闻报道和评论。例如,他曾于2009年在网络上发帖,指出《城管操作实务》② 一书中存在大量不妥的用词,不适合用于执法人员的培训。此事一经公开,便引来大批网民的关注。之后,北京市城管局公开表示不将此书用于队员培训。③ 他的网络讨论版现已成为全国多个城市的城管队员交流的平台。④ 近两年,随着微信的普遍使用,赵阳又主持了一个名为"城管圈"的微信公众号,订阅用户数已近5500,在传播普及城管执法体制相关信息和话题方面发挥了很大的社会影响力。在前述纵向扩散和横向扩散机制中,行动者主要是城管部门的领导干部,而非普通执法队员。而赵阳所提供的网络平台则给普通队员以交流的机会。普通执法队员的参与所能改变的首先是具体的执法方式,某种适宜的执法方式的扩散,一旦在执法队员群体中长时间固化定型后,也有可能变成正式的制度。⑤

三 制度试验的结果:允许地区间制度差异的存在

一项制度试验,其最终目标是形成一个全国性的制度安排。但是,它从最初的地方探索到全国性制度的形成,可能经历的时间长短不一。有的可能是一两年,有的可能要十几年。全国性制度的形式也不只限于是法律,也有可能是全国性的条例。在一个社会经济环境变化快速的国家,那

---

① 参见国务院法制办公室"公开征求意见系统"中的相关网页(http://zqyj.chinalaw.gov.cn/readmore?listType=1&id=1886)。
② 课题研发组:《城管操作实务》,国家行政学院出版社2006年版。
③ 王薇:《城管培训教材 个别用词欠妥》,《北京青年报》2009年4月23日第A10版。
④ 访谈对象 MC-201007-05、MC-201007-16 访谈记录。
⑤ 关于这一点,会在本书第六章第三节展开更为详细的讨论。

些涉及领域越为广泛的制度试验，其难度就越大，因而经历的周期可能就越长。

中国城管执法体制的制度试验，从1990年代初开始算起，到今天已经有20多年的历史了。其间，恰逢中国正经历着全世界范围内最大规模的城市化进程，因此，这一制度试验可以说是在一个本身就不断发生变化的环境中进行的。再加上它的制度建设目标，是将原本隶属于几个行政职能部门的执法权集中到一个部门之中；当中涉及的利益取舍相对复杂，其难度也就可想而知了。

（一）正式制度的逐步形成

试点阶段，组织的设置和制度的制定往往是从较小的方面开始起步。前文已经分析到，这些较小的制度创新，可以为后来制定更为普遍的和宏观的制度奠定基础。

具体到城管执法体制，直到2001年，中央似乎并未完全意识到制度建设，尤其是法律法规制定的重要性。这导致新成立的城管部门不得不"借法执法"。当时的城市政府，尤其是那些不具有立法资格的城市政府，一般仅以出台《关于推进××市城市管理综合执法试点工作的决定》或《××市城市管理相对集中行政处罚权暂行规定》的形式来明确新成立的执法机构的执法主体资格、执法范围和执法依据。2002年的大连会议上，中央要求各城市法制办"起草本市相对集中行政处罚权的具体实施办法"[①]。国务院法制办在次年编写的《相对集中行政处罚权工作读本》中，还特意选取了三个有代表性的具体规定作为模版，以供其他城市政府借鉴参考。[②]

但是，制定政府规章或规范性文件的效力还是低于法律和法规，仅依靠它们来执法会产生很多问题。这其中尤为突出的有三个方面：一是城管执法与现有法律的规定有冲突。因为以往的法律制定以"部门立法"为主，一部法律就要对应一个"主管部门"；许多法律、法规和规范性文件中存在着部门权力和利益的保护性规定；其他部门执行这部法律必然引来法律条文上的冲突。为此，江苏省法制办曾"建议今后国家

[①] 《关于印发曹康泰同志在省、自治区、直辖市政府法制办主任会议上的讲话的通知》（国法〔2002〕72号），载《相对集中行政处罚权工作读本》，中国法制出版社2003年版，第81页。

[②] 《相对集中行政处罚权配套规定》，载《相对集中行政处罚权工作读本》，中国法制出版社2003年版，第481—516页。

在立法和审核、备案规章和规范性文件时，把各地相对集中行政处罚权试点工作的经验，运用到立法工作中去，打破原来按'条条'确定职权的立法模式……"① 二是既有法律规定缺乏操作性。在 2002 年以前，各城管执法机构所依据的法律法规大多是 20 世纪八九十年代制定的。这其中的很多规定已明显落后于城市发展的速度；并且多条条款规定模糊、行政自由裁量空间过大，且缺乏行政强制措施。② 因此，仅将这些已有法律汇编成册并不能满足执法人员的需要。三是部门权限分化不明确。被"集中"处罚权的行政主管部门并未将其配置的执法人员划转到新成立的执法机构；③ 还有一些比较"强势"的行政部门可能会援引既有法律条文，或以另发公文等形式，拒不执行城市政府出台的规范性文件。④ 当然，这些问题早在 2000 年已经显露，只是那时并未引起省一级政府和中央层级的重视。

  面对这些问题，很多城市，特别是那些没有立法权的城市，都希望尽快出台一部全国性的城市管理法律或法规。有的省级政府为了更好地在全省范围内推进相对集中行政处罚权工作，试图以省政府规章的形式明确新成立的执法机构的人员编制、经费来源，权限划分等。例如，黑龙江省在 2002 年时就提出了制定《黑龙江省城市管理相对集中行政处罚权暂行规定》的想法。⑤ 但是，这一规定在征求意见过程中似乎遇到了较多的争议。从一份黑龙江省建设厅就该规定的协调意见稿的复函中，我们可以看出制定它所面临的阻力。在该复函中，建设厅提出了三条修改意见，其中的第二条内容如下：

---

① 江苏省人民政府法制办公室：《积极推行相对集中行政处罚权制度　努力提高城市管理执法水平》，载《相对集中行政处罚权工作读本》，中国法制出版社 2003 年版，第 399 页。
② 同上。又见访谈对象 MC-201006-27、MC-201006-28、MC-201007-01 等的访谈记录。这一点笔者也会在第六章再行展开讨论。
③ 广东省人民政府法制办公室：《积极稳妥地开展综合执法试点工作　创新行政执法体制　推进依法行政》，载《相对集中行政处罚权工作读本》，中国法制出版社 2003 年版，第 386 页。
④ 辽宁省人民政府法制办公室：《认真开展相对集中行政处罚权试点工作　积极探索行政执法体制改革》，载《相对集中行政处罚权工作读本》，中国法制出版社 2003 年版，第 391 页。也见于访谈对象 MC-201006-05、MC-201006-06、MC-201006-11 等的访谈记录。
⑤ 黑龙江省人民政府法制办公室：《积极推进行政执法体制改革　逐步提高城市的综合管理水平》，载《相对集中行政处罚权工作读本》，中国法制出版社 2003 年版，第 380—381 页。

第五章 制度试验的总结和扩散：相对集中行政处罚权制度的成熟与推广　127

第二章第六条（四）款有关城市规划管理所涉及审批后的超面积建设，如建设项目移位（位置）、建设高度、建筑层数、建筑质量、建筑造型、建筑外立面色彩、配套基础设施建设、附属绿地、附属公用设施等违法的行政处罚权，应由城市规划管理主管部门行使。①

该建议表明建设厅并不同意相对集中关于城市规划的执法权限。从已掌握的文献来看，黑龙江省这一《暂行规定》最终还是未能出台。直至2007年10月，黑龙江省人大通过了《黑龙江城市市容和环境卫生管理条例》。该条例第3条提出由"省建设行政主管部门负责本省行政区域内城市市容环境卫生监督管理工作，并组织实施本条例"。这实际上又回到了相对集中行政处罚权制度试验前的模式。由此可见，不同的行政部门之间在权限划分问题上的"角力"有多么复杂。之后，黑龙江省又曾试图制定《黑龙江省相对集中行政处罚权规定》，并计划最迟在2005年开始各方征求意见。② 直至2010年7月，该规定才以省政府规章的形式由省政府公布。

而在这方面"后来居上"的是安徽省。该省于2006年6月出台了《安徽省城市管理领域相对集中行政处罚权办法》（安徽省人民政府令第192号）。它也成为中国第一部规范相对集中行政处罚权工作的省级政府规章。③ 而一些具有地方立法权限的城市政府，则开始了相对集中行政处罚权的地方立法工作。2004年12月，厦门市人大常委会通过了《厦门市经济特区城市管理相对集中行使行政处罚权规定》。这是中国第一部关于相对集中行政处罚权的地方性法规。此后，珠海和青岛两市的人大常委会也分别于2005年和2006年通过了《珠海市相对集中行政处罚权条例》和《青岛市城市管理相对集中行政处罚权条例》；2008年6月，西安市人大常委会通过了《西安市城市管理综合行政执法条例》；同年8月，广州市

---

① 《黑龙江省建设厅关于〈黑龙江省城市管理相对集中行政处罚权暂行规定〉（协调意见稿）的复函》（黑建函〔2002〕143号）（http：//www.hljjs.gov.cn/document/3354.aspx）。

② 逄博：《全省集中执法队伍法制骨干培训研讨班在哈举办》，《龙江集中执法》2005第3期（2005年8月）。此刊物可查阅黑龙江法制办网站（http：//www.hljfz.gov.cn/data/xxjb/xxjb/1182738217562.htm）。

③ 赵夕君：《〈安徽省城市管理领域相对集中行政处罚权办法〉出台》（http：//www.chinacourt.org/public/detail.php?id=210546）。这个说法应该不包括直辖市制定的相关政府规章，例如上海市早在2004年就出台了《上海市城市管理相对集中行政处罚权暂行办法》（上海市人民政府令第17号）。

人大常委会通过了《广州市城市管理综合执法条例》。此外,《深圳经济特区城市管理综合执法条例》也已经数次讨论和修改,并于2013年10月1日起施行。

2008年9月,浙江省人大常委会通过了《浙江省城市管理相对集中行政处罚权条例》,这是中国第一部由省级人大制定的地方性法规。它可视为相对集中行政处罚权制度建设进入一个新阶段的标志。2010年9月,《四川省城市行政执法相对集中处罚权条例》也已起草完毕,并进入征求意见阶段。2010年上半年,有部分学者向全国人大提交了《中华人民共和国城市管理相对集中行政处罚权条例(专家建议稿)》,这是该领域全国第一份专家建议稿。[①] 但遗憾的是,行政处罚领域似乎并未进入那届全国人大的5年立法规划和2011年的立法规划。另外,由于全国人大的立法权限是制定和修改有关法律,而不是行政法规和地方法规("条例");所以这一建议稿更有可能会由人大转请国务院法制办处理。[②]

以上过程可以看出,一项制度的形成在中国并非是一蹴而就的,中间可能会经历数次由实践到抽象规则再到实践的反复。相对集中行政处罚权制度建设正逐渐由部分城市的规范性文件,升格为部分省或城市的政府规章,再升格为地方性法规。虽然这一领域近期出台全国性法规或法律的前景并不明朗,但这一过程所体现的试验式制度建设的路径却是较为清晰的。当然,从另外一个角度来看,即使明确声明不建立全国统一的城管执法体制,本身也可视为一种制度安排。前述这些城市和省份为了开展试点工作而制定的那些内部的或者公开的制度,有的虽然看似零散和琐碎(尤其是那些内部性规范文件),但它们实际上在为更高层次的制度制定进行实践和试验。将来,全国性法律或法规的制定,也是在吸收部分城市或省份试验的经验基础上完成的。[③]

(二) 全国性制度下的地方性差异

在上一章我们已经提到,在试点阶段,近似或不同的制度安排在不同试点单位实施,中央政府允许甚至鼓励这种地方间的制度差异。整个制度

[①] 访谈对象MC-201006-08访谈记录。该学者又在更晚的时间里,提交了《中华人民共和国城市管理法草案(专家建议稿)》,并获得相关部门的回应。来自对该访谈对象2014年11月26日的追踪访谈。

[②] 访谈对象MC-201011-01访谈记录。

[③] 例如,前述那份专家建议稿就是在参考了厦门、珠海、青岛等地的地方性法规的基础上形成的。来自访谈对象MC-201006-08访谈记录。

第五章 制度试验的总结和扩散：相对集中行政处罚权制度的成熟与推广

试验期间，制度建设的进度和体制安排在全国的不同地区并不同步。中央政府并不追求在体制上的"一刀切"，而是继续允许地区间差异的存在。从这里可以看出试验模式的一个特点是，试验过程中乃至试验结束后，行动者并不追求在同一个国家的不同地区建立新制度的同步性和匀质性。

具体到城管执法体制这一案例，我们可以看到，在迄今为止的制度试验过程中，组织架构和制度安排在不同城市之间存在着较为明显的差异。

首先在组织架构上，在试点阶段，不同城市成立的城管执法机构不论从名称上、机构隶属关系上、编制性质、经费来源上等都存在诸多不同。即使到现在，城管执法体制已在中国很多城市和县建立起来，但仍有部分城市（地区、自治州等）并未明确建立这一体制。这些地区一般仍沿用城建监察执法等形式负责城管方面的执法职能。

而在那些已建立起城管执法体制的城市，它们的组织架构设置和制度安排也存在着多种类型。有学者甚至用"五光十色、面目各异"来形容它们之间的区别。① 根据组织设置和制度安排这两个不同的维度，可以将已有的城管执法体制划分为不同的类型。这里，笔者根据城管执法局在各自城市政府中的架构设置情况，将它们大致分为独立型、联体型和从属型三类。其中，独立型城管组织，是指在行政级别上作为同级政府的一个直属部门，且并不与负责行政管理、行政许可的职能部门合署办公的城管部门。例如，浙江省的各市城管部门（城市管理行政执法局）多按照此模式设置，而与负责管理的行政部门（如建设局、规划局等）分列于城市政府组成部门之中。联体型城管组织则是指城管部门（城市管理行政执法局）既在行政级别上作为同级政府的一个直属部门，又与负责行政管理和许可的职能部门（城市管理局）合署办公（一个部门两块牌子）。例如，江苏省的城市管理部门就按照此模式进行设置。而从属型指的是城管执法部门不直接隶属于同级政府，而是划归为政府某个部门（如市政管理委员会、城市管理委员会、市政管理局等）管辖，成为其二级单位。这一类型的典型即北京市，其城市管理综合行政执法局就隶属于北京市市政管理委员会。②

---

① 马怀德主编：《共和国六十年法学论争实录·行政法卷》，厦门大学出版社2009年版，第71—74页。书中，法学学者将这些架构模式大体分为以下7种类型："典型"城管、联体型城管、从属型城管、委托型城管、地方授权型城管、街道城管和"城管公司"。

② 2011年11月5日，北京市政府办公厅下发文件，将北京市城管综合行政执法局（以下简称北京城管）调整为市政府直属行政执法机构。参见李松涛《城管：资格上来，水平也得上来》，《中国青年报》2011年11月16日第5版。

其次看制度安排上的不同，这主要体现在相对集中行政处罚权范围的不同上。这种不同自制度试验之初就存在着。按照相对集中执法权的范围大小，可以将不同城市的城管执法体制划分为普通型和综合型两大类。前者指的是大体按照国发〔2000〕63号文及国发〔2002〕17号文的建议而进行的行政处罚权的相对集中。当然，这也并不是说所有这一类型的城市，其执法范围都完全相同。例如，较早开展试点的天津市（1998年获批）所集中的权限包括：市容环境卫生、规划、园林绿化、环境保护、工商、公安这6个方面和一个兜底条款（俗称"6+1"），大连（1999年获批）则集中了规划、房产、市容环境卫生、园林绿化、市政管理方面的权限（"5+1"模式），沈阳市则包括工商、环保和公安执法权限在内的"8+1"模式等。① 时至今日，不同城市的城管的权限范围也没有全国统一。比较已经出台的部分省市的地方条例或政府规章，我们可以发现：厦门市的执法范围包括了市容环卫、城市规划、园林绿化、环境保护、市政公用、工商、公安、历史风貌建筑这8项，再加一项兜底条款；西安市城管的范围则主要包括市容环卫、城乡规划和建设市场、园林绿化、环境保护、工商、公安和户外广告这7项；而浙江省的地方条例则规定城管范围主要在市容环卫、规划、绿化、市政公用、环保、工商、公安这7大项。综合型城管指的是行政处罚权集中的范围明显超出了以城建口为主的框架，从而使得城管执法涵盖了城市建设、市政、园林绿化、环境卫生、文化、房产、旅游、社会医疗机构、计划生育等众多领域。例如，早期的深圳市罗湖区的综合执法试点范围就涵盖了上述多项执法权限。② 而自2007年开始，深圳市推行的街道综合执法也更是将执法范围扩大到了犬类管理、人才市场管理、殡葬管理等20大类。③

由于在城管领域至今尚未出台一部全国性的法律或者条例，虽然住房和城乡建设部起草的《城市管理执法办法（征求意见稿）》试图从执法范围、队伍建设、执法措施、执法保障、执法监督等方面梳理出一套全国性

---

① 参见国务院法制办（局）的相关复函，载《相对集中行政处罚权工作读本》，中国法制出版社2003年版，第83—100页。
② 罗湖区行政执法检查局：《探索行政综合 执法促进政府机构改革》，载《相对集中行政处罚权工作读本》，中国法制出版社2003年版，第346页。
③ 参见《深圳市人民政府关于全面推进街道综合执法工作的决定》（深府〔2006〕268号）；又见《深圳市城市管理〈行政处罚目录〉》（http://www.szum.gov.cn/html/ZWGK/ZCFGJGFXWJ/XZZF/QT/2009826/1962009726175236899.aspx）。

的规范，①但从法律效力上来说，这也仅仅是一份国务院的部门行政规章，其效力等级并不高；况且也仅处于公开征求意见阶段。此后的2016年11月，住房和城乡建设部又印发了《全国城市管理执法队伍"强基础、转作风、树形象"专项行动方案》，要求市县两级城市管理部门要在2016年12月底之前基本完成权力清单和责任清单的制定公布工作，但同时这份文件也提出，这种清单可以"根据改革情况进行更新调整"②。而住房和城乡建设部于2017年1月正式颁布的《城市管理执法办法》的终稿版本却再一次模糊了执法范围，这也进一步凸显了事权划分在实践中存在的诸多难题。③

这些缺憾也就为此后的执法范围的调整留下了空间。因此，我们还不能说这一制度试验已经完结。但是，我们可以预计的是，即使将来出台这一领域的法律或条例，它也可能会包含许多原则性条款，从而为地方政府结合本地实际制定更为详细的实施细则留下空间。④也就是说，即使制度试验完成，中央政府依旧会和实际上允许地方之间制度安排差异性的存在。如果联系到中国其他领域的制度试验，我们也可以发现，即使最终形成了一个全国性的条例或法律，地方政府依旧可以根据全国性的制度而制定适合于各自地区的实施细则等次级制度。当然，具体到中国的城管执法体制而言，将来是否一定要出台一部全国性的法律或法规，这还有待进一步讨论。笔者也将会在下一节通过对比国外的做法，再来重新探讨这一问题。

四　制度试验的延续：城管的将来

2008年前后，针对现行城管执法体制的"存废"问题，出现了所谓"鹰派"与"鸽派"、"取缔派"与"改良派"的争论；民众也越来越关注城管执法体制的发展趋势。2010年年中，北京市城管局局长兼任公安局副

---

① 参见佚名《住房和城乡建设部关于〈城市管理执法办法（征求意见稿）〉公开征求意见的通知》（http：//www.chinalaw.gov.cn/article/cazjgg/201608/20160800481557.shtml）。
② 参见住房和城乡建设部相关网页（http：//www.mohurd.gov.cn/wjfb/201611/t20161118_229567.html）。
③ 参见住房和城乡建设部网站关于《城市管理执法办法》的网页（http：//www.mohurd.gov.cn/fgjs/jsbgz/201703/t20170330_231330.html）。
④ 访谈对象MC-201006-08访谈记录。

局长一事又使这一问题再次成为公众关注的热点。① 在讨论中国城管执法体制的未来之前，先让我们看看世界上其他国家和地区相应体制的设置及运行情况。虽然我们最终不一定完全照搬他们中的某个模式，但是这样的讨论至少可以为我们提供一个参照。

（一）城管执法体制的国际比较②

从横向比较的角度来看，世界上其他国家和地区似乎并没有专门被称为"城管"的机构或部门；但类似的执法需求是共有的，因此存在着不同的行政机构来负责这一领域的执法职能。以下将主要讨论中国的港台地区、新加坡和美国等地的城管执法模式及其各自的特点。

先看中国香港地区。香港特区政府制订的与城管相关的法律有《公共卫生及市政条例》《道路交通条例》《公共照明条例》《水污染管制条例》《建筑物条例》《道路交通条例》等，③ 这些条例几乎涵盖了城市管理的各个方面。它们的条款不仅全面具体，而且可操作性强，执法力度大。在执法机构上，香港有数个机构参与城管执法，其中包括食物环境卫生署、房屋署、渔农自然护理署等。以食物环境卫生署为例，它下面设有环境卫生部；其下又有三个行动科，每个行动科负责不同地区的街市管理、收集垃圾、洁净街道、管理公厕、管理小贩、巡查持牌店铺，以及采取执法行动。行动科下设小贩管理特遣队，负责小贩的管理和执法。④ 香港食物环境卫生署的职能，非常类似于当下大陆城市的城市管理局（及其执法局）。只不过有些执法职能如违例建筑工程（内地称之为违章建筑）的监察和拆除则由香港房屋署负责。⑤

与内地城市不同的是，香港的城管执法过程中，行政执法、法院和警署三者是协同进行的。例如，行政执法人员一旦发现有"涉嫌犯定额罚款公众地方洁净罪行"的行为，便向违例的人发出通知书。违例人士需按照

---

① 周宇、袁国礼：《市城管局可能由公安代管 将脱离市容委专家称方便部门间协调》，《京华时报》2010年7月28日第A08版。
② 此节内容刊发于《中国城市研究》第5辑，商务印书馆2012年版，第202—212页。此处内容较之前刊发的版本已作一定程度的更新。
③ 参见相关特区政府律政司双语法律数据系统（http：//www.legislation.gov.hk/chi/index.htm）。
④ 参见香港特区政府食物环境卫生署组织表网页（http：//www.fehd.gov.hk/sc_chi/department/organisation_chart.html#）。
⑤ 参见香港特区政府《建筑物条例》及房屋署网站（http：//www.bd.gov.hk/chineseT/services/index_faqA.html）。

通知书上指定的数额和方式缴纳罚款。但如果违例人士就上述罪行的法律责任提出异议，并以文本形式告知主管当局，则该事件会以申诉方式交由法官按照既有条例裁定。而如果违例人士不按照通知书的规定缴付罚款，执法人员将向法官申请做出命令，勒令违例人士缴付罚款，并追加相应的附加罚款及诉讼费。[1] 香港警察作为行政执法人员的保障，在行政执法人员遇到被执法对象暴力抗法时可提供相应的支持。而这与内地不少城市（尤其是没有设立公安城管分局的城市）城管执法人员的执法情形是大为不同的。

在小贩管理方面，香港很早实行了小贩牌照制度，小贩（不论是流动摊位还是固定摊位）的经营需获得牌照准许。自 20 世纪 70 年代初起，当时的香港市政局及后来的特区政府在一般情况下已不再签发新的小贩牌照。之后，有香港市民反映摊贩牌照数量偏少的问题；2009 年年初，在对小贩发牌政策检讨后，香港食物环境卫生署在 2009 年 7 月至 2012 年 4 月期间又新签发 61 个流动摊位牌照（冰冻甜点）和 218 个固定摊位（其他类别）牌照。截至 2016 年 12 月底，香港全境共有 5496 个固定摊位（不包括临时小贩牌照）和 415 个流动小贩牌照。此外，香港还有一种临时小贩牌照，持牌人可以在准许期内（一般不超过一个月），就注明的目的进行贩卖活动。[2] 另外，政府自 2013 年 6 月起为全港 43 个固定小贩排档区内经营的小贩，提供一定的财政资助，以通过重建或搬迁的方式帮助其加快减少排档区火警风险的工作。[3]

再看台湾地区，以台北市为例。台北迄今也并未有专门统一的城市管理法规。相关法规多为台湾"行政院"和台北市政府以及各行政部门（尤其是环境保护局）的法规和规范性文件，例如《废弃物清理法》《台北市资源垃圾强制分类回收管理办法》等。与内地城管部门最接近的执法机构是台北市政府环境保护局下属的卫生稽查大队。该大队成立于 1984 年 7 月，其前身为 1969 年成立的卫生警察队。该大队现在的主要稽查任务包括以下 10 项：水污染列管厂场、事业稽查采样，医疗院所感染性事业废弃物稽查，废弃物代清除处理等作业场所，清运车辆污染环境稽查，水

---

[1] 参见香港特区政府现行中文条例和附属法律·第 570A 章《定额罚款（公众地方洁净罪行）规例》。

[2] 参见香港食物环境卫生署小贩管理"概览"网页（http：//www.fehd.gov.hk/sc_chi/pleasant_environment/hawker/overview.html）。

[3] 参见香港食物环境卫生署小贩管理"为固定小贩排档区小贩推行的资助计划"网页（http：//www.fehd.gov.hk/sc_chi/pleasant_environment/hawker/assistance_scheme.html）。

源、水质保护区、饮用水列管场所及自来水直接供水点稽查、采样，营建、道路管线工程施工污染稽查，机车未定期检查及排放空气污染物稽查，柴油车排烟稽查，餐饮业污染环境稽查，汽修业污染环境稽查，限用塑料袋及免洗餐具稽查。① 另外，从相关条例的执法过程来看，环境保护局下属的其他单位（如第一到六科）的工作人员也可以进行稽（巡）查，并且在必要时可以请警察协助。② 而具体到路街边摊贩的管理，则主要归属于保安警察的职责范围。在台北，警察主要分为保安警察、刑事警察、交通警察等。③ 其中的保安警察大队则主要分管街边摊贩。④

台北地区的小摊贩经营也必须获得批准。而那些在公共场所未获批准摆摊的小贩，根据台湾地区的《道路交通管理处罚条例》，除责令行为人停止经营并撤除摊位外，还将处行为人或其雇主新台币1200元以上2400元以下罚款。⑤ 当地市民如果有人发现摊贩违规设摊经营，可直接向辖区警察单位或以110电话报案；警察局将派人查处。⑥ 在执法权限方面，根据台湾《社会秩序维护法》第79条第一款："于公共场所任意叫卖物品，妨碍交通，不听禁止"者，可处新台币三千元以下罚锾或申诫。⑦ 而《社会秩序维护法》第67条："有左列各款行为之一者，处三日以下拘留或新台币一万二千元以下罚锾"，第二款"于警察人员依法调查或查察时，就其姓名、住所或居所为不实之陈述或拒绝陈述者"。但是，台湾的警察在执法过程中也并非一视同仁地严格执法，有时候更倾向于去处罚那些没有黑社会背景的摊贩。⑧

再看新加坡的情况。新加坡以花园城市闻名，但这也是建立在完善的

---

① 参见台北市政府环境保护局卫生稽查大队网页（http：//www. epib. taipei. gov. tw/ct. asp? xItem = 126949&ctNode = 35419&mp = 110021）。

② 参见台北市制定的《台北市政府环境保护局执行违反废弃物清理法案件查证劝导作业程序》，可查询台北市法规查询系统（http：//www. laws. taipei. gov. tw/taipei/lawsystem/law-showall01. jsp? LawID = P12E2018 – 20050614&RealID = 12 – 05 – 2018）。

③ 参见台北市政府警察局网页（http：//www. tcpd. taipei. gov. tw/ct. asp? xItem = 7149391&ctNode = 46390&mp = 108001）。

④ 参见台北市政府警察局保安警察大队网页（http：//md. tcpd. gov. tw/ct. asp? xItem = 113222&CtNode = 9575&mp = 108151）。

⑤ 参见台北市政府警察局相关网页介绍（http：//police. gov. taipei/ct. asp? xitem = 917984&CtNode = 45340&mp = 108001）。

⑥ 同上。

⑦ 参见台北市政府警察局网站关于《社会秩序维护法》的网页（http：//www. tcpd. gov. tw/tcpd/cht/index. php? act = law&code = view&ids = 48）。

⑧ 访谈对象 TW – 2013 – 12 – 01 访谈记录。

法律法规和严格的执法基础上的。在制度建设方面，新加坡与城市管理相关的最主要的法律是《环境公共卫生条例》（Environmental Public Health Act），当然也还有其他条例涉及该领域。新加坡负责城管执法的部门也有几个，包括警察局，环境和水源部下属的国家环境局（National Environment Agency），国家发展部下属的农粮食品和兽医局（Agri-Food & Veterinary Authority under the Ministry of National Development）、建筑与建设局（The Building and Construction Authority）、国家公园委员会（National Parts Board）、城市重建局（Urban Redevelopment Authority）等部门。以《环境公共卫生条例》为例，它的17—20条详细地规定了公民在公共场所应遵守的规则，如禁止任何人乱丢、乱放、遗弃任何可能对公共场所产生污染的物品，例如纸屑、食物残渣、食品容器等。新加坡对于违反条例的处罚是非常严厉的。例如对于乱丢垃圾的人士，第一次将被处1000新币以下罚金，第二次则罚金翻倍，第三次违反的罚金则高达5000新币。该条例第21条更是规定，任何人如果违反相关规定，可能会被任何警察或执法人员（authorised officer）在没有拘留证（warrant）的情况下逮捕。警察和执法人员在觉得有必要时，有权要求被逮捕者提供身份证明。[①] 可见，新加坡相关机构的执法人员所具有的上述执法权限是中国的城管执法人员所不具备的。

在引发争议比较多的小贩管理方面，新加坡的管理既体现了严格规范的特点，又有一定的人性化。加工售卖本地食物的小摊贩被视为新加坡本土文化的一个独特方面，小摊贩因而分布在整个国境内，包括中心城区。小贩管理的主要机构设置在国家环境局下的小贩中心管理部（The Hawker Centres Division）；他们的管理目标是保障摊贩为民众提供干净卫生且廉价的食物。新加坡目前在全国设有113个市场和小贩中心，未来还计划兴建20个新的小贩中心。这些中心皆由小贩中心管理部负责运营和管理。[②] 根据《环境公共卫生条例》，凡是新加坡公民，通过了与熟食加工售卖相关的食品卫生课程的考试后，就可以向国家环境局申请注册小贩证书（牌

[①] 具体法律条文可参见新加坡法规查询网页（http://statutes.agc.gov.sg/）;《环境公共卫生条例》的最新版本为2016年6月10日更新（http://statutes.agc.gov.sg/aol/search/display/view.w3p;page = 0; query = DocId% 3A8615ccd4 - a019 - 485d - aa9e - d858e4e246c5% 20Depth% 3A0% 20Status% 3Ainforce; rec = 0）。

[②] 参见新加坡环境局小贩中心管理部的职能介绍（http://www.nea.gov.sg/public - health/hawker - management）。

照），注册费为13新元/年。① 2017年10月，新加坡政府还启动了提高小贩生产力的资助计划，凡是符合一定条件的小贩可以申请小贩生产力资助金，以便购买厨房自动化器材，借助自动化工序提高小贩的生产力。每名获得资助的小贩在购买指定名录中的器材后，可向环境局报销高达80%的费用（最多不超过5000元）。②

最后看美国。以美国亚利桑那州的凤凰城（Phoenix）为例。凤凰城的法律禁止在所有公共场所和区域（包括人行道、围墙、建筑物、栅栏、广告牌等处）乱涂乱画；并规定零售商不能将涂料、油漆等涂鸦原料出售给未满18岁的未成年人；还倡导每一位居民只要发现有涂鸦者，可随时打电话向警察局举报。同时，市政府还明文规定，禁止一切未经许可的户外通知或广告张贴。③当地政府的小区管理条例对小区环境（如建筑兴建、房前屋后植被栽种、栅栏维修、车辆摆放、涂鸦处理、垃圾清除、户外存储、废旧汽车处置等）有明确的要求；不同的小区也会根据其不同的质量要求做出补充性规定，如不得在房前屋后和公共绿化地带晾晒衣服，不能大声喧哗和在院子里放音响等。居民要在自家院子里修游泳池、建篮球场，甚至种什么品种的植物，都必须符合小区管理条例的要求。小区管理委员会除与市政府小区服务部门联络外，还与当地警察局和法院保持密切的联系。如果有居民拒不执行小区的管理规定，小区管理委员会将会通过警察和律师来解决问题。④

美国城市日常的城管执法一般由警察来完成。与中国的警察体制设置不同，美国的警察机构可分为联邦警察、州警察、城市警察三类。联邦警察主要负责侦破违反联邦法律的全国性重大案件。州警察的主要职能是处理违反交通法规的案件和调查违反州法律的案件。一般城市居民所常见到的警察是城市警察，他们是由各城市的税收供养。城市警察肩负着美国90%的执行法律、维护秩序以及为社会提供安全服务的职能。⑤城市警察中有一部分被称作"小区警察"，他们除了保障小区治安外，还兼有查处

---

① 根据新加坡小贩执照申请表内容（http://www.nea.gov.sg/docs/default-source/services-and-forms/application-for-a-hawker-stall-licence.pdf?sfvrsn=0）。
② 具体可参见新加坡环境局小贩生产力资助金计划介绍（http://www.nea.gov.sg/hawker-management/hpg）。
③ 唐华：《美国城市管理：以凤凰城为例》，中国人民大学出版社2006年版，第175页。
④ 同上书，第180页。
⑤ 同上书，第181页。

和处罚小区内违反小区管理条例的居民或商户的职责。①

（二）相对集中行政处罚权的国际比较

在讨论完其他国家和地区的城管执法体制设置情况后，我们再来看看其他国家或地区实施相对集中行政处罚权制度的情况。这其中美国海洋保护管理的执法制度就是一例。美国的海岸线较长，全国一半以上的人口居住在沿海地区，全国国民生产总值的 1/3 又产自沿海地区；因此沿海地区经济开发与海洋保护管理的矛盾十分突出。对此，20 世纪 70 年代以来，美国先后出台了一系列法律法规。其中的《国家环境政策法》规定，美国国家环保局负责进行环境影响评价；《1972 年清洁水法》则规定美国国家环境保护局负责制定排污标准并实施排污许可制度；《1990 年油污染法》规定建立油污染事件的应急反应制度，与其配套的《综合环境反应、赔偿和义务法案（超级基金法）》则规定美国国家海洋大气局负责分析和评估污染事件对海洋环境和海洋资源的损害；《海岸线管理法》规定由美国国家海洋大气局负责海岸线管理规划工作；《国家海岸监测法》《国家污染沉积管理法》规定由美国国家海洋大气局和国家环保局共同制定并实施海岸线水质监测计划，定期分析有关数据，了解海岸生态系统水质情况。尽管以上法律规定的海洋保护管理方面的政策规划和审批职能分别由美国国家环保局或（和）美国海洋大气局承担，但是海洋保护管理的执法工作则由美国海岸警卫队（United States Coast Guard）统一负责。这支队伍具有双重身份：同时接受美国交通部和国防部的领导，平时隶属于交通部，是行政执法机构；战时则隶属国防部，归属海军序列。②

另一个实行相对集中行政处罚权的例子来自德国。德国实施处罚权的主要机构有警察局、秩序局、税务局等，但是能上街执法的是警察局和秩序局。秩序局是除警察局外主要的行政执法部门。秩序局所行使的行政处罚权涉及规划、卫生、工商或环保等部门。例如，在汉堡市的 7 个大区下，都设立了秩序局。它们主要负责居民身份登记、养老与医疗保险、消防、交通、运输、兽医与食品监督、环境保护等相关事务。其他行政部门

---

① 一个很好的例子，参见牟佳《一个美国小区警察的一天》，《平安时报》2009 年第 127 期第 5 版。也可以参见孔宪明《中国警官走进美利坚》第 2 版，上海人民出版社 2011 年版，第 187—193 页。

② 方军：《开展相对集中行政处罚权试点工作的调研报告》，第 252 页。又见青锋《行政处罚权的相对集中：现实的范围及追问》，第五届全国城市管理执法论坛暨城市管理行政执法工作现场会，长沙市，2010 年 5 月，第 8 页。

发现违法行为后，可以调查有关事实，获取相关证据；但最终都应当将案卷移送秩序局，由秩序局统一作出行政处罚决定。秩序局也可以自己上街进行执法检查，并根据获取的相关证据作出处罚决定。[①] 从美德两国的例子可以看出，相对集中行政执法权限，由一个执法机构来行使多部法律、法规规定的执法任务是可行的。

（三）城管执法体制的将来

以上的比较可以看出，尽管在不同的国家和地区，城管执法体制在制度和组织设置上各有特点；但他们的城市都采取了"相对集中行政执法（处罚）"的模式，虽然集中的执法范围各有不同。在执法机构方面，有的城市是警察（如凤凰城），有的城市是秩序局（如汉堡），有的城市是城市管理部门内设的执法机构（如香港和台北）。新加坡的严格执法模式更是设置了包括警察在内的多个执法主体，且每个执法机构都拥有相当大的执法权限。中国大陆现阶段的城管执法体制，与香港和台北的模式更为接近一些。但是，在执法保障上，尤其是司法系统与城管执法机构处罚执行的衔接上还很不到位。这一点，我会在第六章再行讨论。

实际上，城管执法体制内部也对其未来的走向有着诸多的设想。[②] 但从以上分析来看，将来是否一定要出台一部全国性的法律或法规，这个还有待讨论。因为，一方面，如果我们能通过修改其他相关法律，解决部门法"条条"林立的问题，那么制定全国统一的城管法的紧迫性似乎并不强；另一方面，根据2008年出台的《住房和城乡建设部主要职责内设机构和人员编制规定》，[③] 中央既然已经明确将城市管理体制的设置权下放给城市政府，则地方（省或有立法权的城市）出台相应的地方性法规也应该被视为城管执法体制在地方建设完备的标志之一。即便是2015年12月出台的《中共中央 国务院关于深入推进城市执法体制改革 改进城市管理工作的指导意见》也只是提出"到2020年，城市管理法律法规和标准体系基本完善"及"积极推进地方各级政府城市管理事权法律化、规范化"，

[①] 这一模式是由马怀德在2008年的"综合行政执法体制学术研讨会"上引介的，参见张有义、李亮：《谁为城管执法吹响集结号》（http://www.legaldaily.com.cn/jdwt/content/2008-01/20/content_785204.htm）

[②] 邓云峰：《当前我国城市管理体制的现状、问题及对策》，第五届全国城市管理执法论坛暨城市管理行政执法工作现场会，长沙市，2010年5月，第92—93页。作者时任山东省青岛市城市管理委员会办公室主任、城管局局长。

[③] 国务院办公厅关于印发《住房与城乡建设部主要职责内设机构和人员编制规定》（国办发〔2008〕74号）。

并未设立制定全国性城市管理行政执法统一法律的目标,当然,正如前文已经讨论的,行政条例或者部门规章等法律效力较低的制度文本的制定可能性会更大。在城管执法的保障措施,尤其是公安部门和司法体系的衔接等①,也应该是将来制度建设的重要方向。在这一方面,西安市和宁波市海曙区已经做出了很好的实践。②

在机构设置上,将来的城管部门不论是成为警察的一个分支,还是维持现有模式,这与制度的完善相较起来并不重要。还有另外两个问题倒是需要我们进一步关注和讨论。一是在众多执法权集中到一个执法部门之后,如何较好地监督该执法部门。③ 当然,如果司法部门能更多介入到城管行政执法环节,它们应该能起到较强的监督作用。二是城市领导人经营城市的理念可能也需要转变。④ 我们到底是需要一个什么样的城市?城市的"脸皮"和城市居民的"肚皮"应该如何权衡?这都是需要我们反思的。⑤

五 制度试验的外溢:其他领域的"相对集中"

虽然城管执法体制的制度试验还不能说最终完成,但是这一试验的经验却已经影响到了其他领域的制度建设。多个领域内新的制度安排在它的带动下已经催生或正在形成。本部分将分两个方面来讨论相对集中行政处罚权制度试验外溢的结果。

---

① 2010 年,公安部有意撤销各地的公安局城管分局,这也使得公安与城管的相互衔接前景更加黯淡。参见访谈对象 MC - 201006 - 02 访谈记录。
② 西安市的例子笔者会在下文中加以介绍。宁波市海曙区的例子参见徐长贵《在全区城管系统工作会议上的报告》(2004 年 2 月 13 日)(http://www.nbhscg.gov.cn/zwgk/CurrencyInfo.asp?id=11656&DeptStreetID=40&SortNum=C03010)。
③ 访谈对象 MC - 201007 - 06、MC - 201007 - 08、MC - 201008 - 05 访谈记录。
④ 例如,在 2005 年 7 月召开的城市总体规划修编工作座谈会上,时任建设部部长的汪光焘披露,在全国 200 多个地级市中,竟有 183 个城市提出建立"现代化国际大都市"的目标。许多中国的城市,尤其是二三线城市普遍存在着所谓"城市形象焦虑症"的问题。不少城市热衷于用"大事件营销"来提升城市形象。参见刘耿《国际形象"封城榜"》,《瞭望东方周刊》2010 年第 22 期。但是,这种"大事件营销"过程中就会容易出现运动式城市管理以及对部分弱势群体的"严格"执法的问题。来自访谈对象 MC - 201007 - 01、MC - 201008 - 10 访谈记录。
⑤ 许多城市已经开始思考这一问题,来自访谈对象 MC - 201006 - 06、MC - 201006 - 11、MC - 201007 - 08、MC - 201007 - 18 等访谈记录。

（一）外溢到其他行政执法领域：更多的"相对集中行政处罚权"

1996年，国务院发布关于贯彻实施《中华人民共和国行政处罚法》的通知（国发〔1996〕13号）时，提出"支持省、自治区、直辖市人民政府做好相对集中行政处罚权工作"；但当时并未限定只相对集中城市管理领域的行政处罚权。只是从时间上看，城市管理是最早探索进行相对集中处罚权试验的领域。①

农业执法领域则是另外一个较早开展综合执法的领域。1999年1月，农业部下发了《关于印发〈关于进一步开展农业行政综合执法试点工作意见〉的通知》（农政发〔1999〕1号）。通知提到，农业部拟选择若干个省、地市、县作为试点单位，②对部定试点单位给予一定的经费支持；各省、自治区、直辖市也要根据各自的情况，选择若干地市、县进行试点，并给予必要的经费支持。但该通知并未明确限定综合执法的范围（例如农业、林果、畜牧、蔬菜、农机、农药等），允许各地继续摸索。

2002年年底修订的《农业法》第87条提出，"县级以上地方人民政府农业行政主管部门应当在其职责范围内健全行政执法队伍，实行综合执法，提高执法效率和水平"。2008年，农业部又发布《农业部关于全面加强农业执法扎实推进综合执法的意见》（农政发〔2008〕2号），提出要力争在3年内实现县级全面推行综合执法。该意见具体提出了农业综合执法的5个原则，分别是：

> 一是综合的内容依照法律法规规定。法律法规赋予农业部门的执法职能应当由一个综合执法机构实施。法律、行政法规授权的动物卫生监督机构、渔政监督机构和植物检疫机构，各自在授权范围内履行相应的执法职能；在县一级，可以与综合执法机构实行统一调度管理，联合开展执法行动，分别实施行政处罚。二是综合的范围在现行体制内进行。综合执法在本级农业部门的职责范围内进行，不跨部门综合。畜牧兽医、水产、农机部门单独设置的，在各自职责范围内实行综合。三是综合的职能主要是行政处罚权。综合执法机构主要行使执法环节中的行政处罚权，行政许可、行业管理、检验检测等仍由原

---

① 这里的探索，不只从官方的试点时间（1997年）起计算，而是要考虑到20世纪80年代末、90年代初的城建监察制度和巡警执法制度。
② 这些试点单位包括浙江等5个省，江苏省盐城市等5个市，以及湖南省浏阳市等10个县。

专业管理机构承担。四是综合的重点在县级。县级农业部门是农业违法案件的基本管辖主体,承担着绝大部分农业执法任务,推进农业综合执法的重点是加强县一级。五是综合的形式因地制宜。综合执法机构的设立要经当地政府或编制部门批准,有与承担任务相适应的编制和人员。各地农业部门可以根据本地的实际情况,积极探索不同的综合执法模式,提高执法效率和效果。

与城管领域类似的是,农业执法领域至今也尚未有一部统一的法律或法规。有统计表明,由地级市农业部门负责执行的涉农法律法规共计98部。[①] 根据2018年11月农业农村部发布的答复全国人大代表关于深化农业综合执法改革建议的摘要,农业农村部门是国家重要的行政执法部门,负责执行的农业法律15件、行政法规29件、部门规章151件,仅行政处罚职权事项就达286项;截至2017年年底,全国已有30个省、自治区、直辖市开展了不同程度的农业综合执法工作,共成立了2419个县级、284个市级、8个省级农业综合执法机构,县级基本实现全覆盖,市级覆盖率超过80%。但相关组织和制度建设工作尚未完成。农业农村部也于2018年4月发布了《关于深化农业执法体制改革的指导意见(征求意见稿)》,力图按照《深化党和国家机构改革方案》的要求,进一步整合农业综合执法队伍。[②]

另一个推行综合执法(集中执法)的领域是文化领域。最早尝试这一模式的是上海市。1999年12月,上海市发布《上海市文化领域行政执法权综合行使暂行规定》(上海市人民政府令第79号),并成立上海市文化稽查总队,对文化、广电、新闻、文物管理领域进行综合执法。[③] 2004年,中共中央办公厅、国务院办公厅转发了《中央宣传部、中央编办、财政部、文化部、国家广电总局、新闻出版总署、国务院法制办关于在文化体制改革综合性试点地区建立文化市场综合执法机构的意见》(中办〔2004〕24号)。之后,上海市又发布《上海市文化领域相对集中行政处罚权办法》(上海市人民政府令第42号)。该办法规定:上海市文化市场行政执法总队是市人民政府直属的行政执法机构,主管全市文化领域综合

---

① 《咸阳市农业局关于全市推行农业行政综合执法工作的意见》(2010年)(http://www.xianyang.gov.cn/zfxxgk/2010/1112/article_81637.html)。
② 《十三届全国人大一次会议第3130号建议的答复摘要》(2018年11月)(http://www.moa.gov.cn/gk/jyta/201811/t20181109_6162713.htm)。
③ 《上海年鉴》编纂委员会:《上海年鉴·2000》,上海年鉴社2000年版,第96页。

执法工作，集中行使文化领域行政处罚权。这些处罚权主要包括原来由市和区县文化广播影视行政管理部门、市新闻出版行政管理部门和区县负责出版管理的行政部门、市和区县文物行政管理部门、市和区县体育行政管理部门、市和区县旅游行政管理部门行使的行政处罚权。2010年出台的《上海市人民政府关于修改〈上海市文化领域相对集中行政处罚权办法〉的决定》，又将市版权行政管理部门的行政处罚权划归文化执法总队。现在，上海市文化领域综合执法的经验已经推广到全国多个省份；山东、江苏两省的多个地级市都已实施了文化行政综合执法。

2002年10月，国务院办公厅转发了《中央编办关于清理整顿行政执法队伍实行综合行政执法试点工作的意见》（国办发〔2002〕56号）。该意见明确提出：

> 要改变多头执法的状况，组建相对独立、集中统一的行政执法机构。要严格控制执法机构膨胀的势头，能够不设的不设，能够合设的合设；一个政府部门下设的多个行政执法机构，原则上归并为一个机构。在此基础上，重点在城市管理、文化市场管理、资源环境管理、农业管理、交通运输管理以及其他适合综合行政执法的领域，合并组建综合行政执法机构。

该意见决定在广东省、重庆市开展清理整顿行政执法队伍、实行综合执法的试点；并要求其他省区市各选择1—2个具备条件的市（地）、县（市）进行试点。2003年10月21日中国共产党第十六届中央委员会第三次全体会议通过的《中共中央关于完善社会主义市场经济体制若干问题的决定》中也提出了要"改革行政执法体制，相对集中行政处罚权，推进综合执法试点"。这些既可以看作是对相对集中行政处罚权试验的肯定，也可以视为将相对集中行政处罚权制度向更广领域推广的信号。现在，已有部分省市开始考虑在国土资源、规划、建设部门实行相对集中行政处罚。① 而浙江省也于2015年开始在沿海市县逐步开展海洋综合行政执法试点，探索由一个部门相对集中行使海洋行政执法职权。② 在后来出台的《关于深入推进城市执法体制改革改进城市管理工作的实施意见》中，更是提出

---

① 参见访谈对象 MC - 201008 - 07 访谈记录。
② 参见《浙江省人民政府关于深化行政执法体制改革全面推进综合行政执法的意见》（浙政发〔2015〕4号）（http：//www.zjfzb.gov.cn/il.htm? a = si&id = 5c3f755b4bca1536014bddba73a60498）。

第五章 制度试验的总结和扩散：相对集中行政处罚权制度的成熟与推广 143

"逐步推进市政公用、市容环卫、园林绿化、城乡规划、环境保护气工商行政管理、公安交通、土地和矿产资源、建筑业、房地产业、人防（民防）、水行政、安全生产、石油天然气管道保护、陆域渔政、林政、教育、商务、旅游、价格、体育管理等21个方面的法律、法规、规章规定的全部或部分行政处罚权集中行使"①。

除了上述在"条条"上的集中执法之外，已有不少地区开始探索"块块"的综合执法模式。例如，早在2004年，山东省就率先在泰山和刘公岛两个风景名胜区实施相对集中行政处罚权。之后，这一模式又推广到南四湖、东平湖两个湖区和莲花山风景区。②再如，南京市在2006年颁布了《南京市火车站地区综合管理办法》（南京市人民政府令第250号）。该办法决定成立南京市火车站地区综合管理办公室，该办公室受有关行政机关的委托，对火车站地区内违反有关市容和环境卫生、绿化和道路设施管理等法律、法规、规章的行为进行查处并实施处罚；对委托处罚范围以外的其他违法行为，该办公室有权予以制止，并应当及时移送有关行政机关或者法律、法规授权的组织依法处理。2008年，南京市又颁布《南京市火车站地区和中央门地区综合管理办法》（南京市人民政府令第267号），将综合管理的地点扩大至与火车站相邻的中央门地区。管理机构的名称也改为南京市火车站地区和中央门地区综合管理办公室。

类似的，2007年4月，由上海市综治办牵头的"轨道交通综合执法工作站"也开始试点运作。该"工作站"联合了公安、城管、文化、民政、交通、地铁执法等部门，其主要职责为整治轨道交通相关区域内散发黑广告、非法兜售、流浪乞讨、非法设摊"四乱"问题。③ 2007年11月，上海市综合执法站的数量增至4个，分别设于人民广场站、上海科技馆站、颛桥站和东宝兴路站；参与部门也增加了工商、税务和市场管理。④再如，Y省D市有一条贯穿市区的河道，该河道的水上执法，可能涉及的行政部门包括建设委员会、规划管理局、城市管理局等15个，还涉及D市下辖

---

① 具体文件内容参见浙江省住房和城乡建设厅网站（http://www.zjjs.gov.cn/n115/n117/c354010/content.html）。

② 山东省政府法制办：《分步实施 立体推进 全面做好相对集中行政处罚权工作》第五届全国城市管理执法论坛暨城市管理行政执法工作现场会，长沙市，2010年5月，第81、85页。

③ 上海综治网：《轨道交通成立综合执法工作站综合整治"四乱"问题》（http://www.shzfzz.net/node2/zzb/jrgz/xw/u1a12707.html）。

④ 张凌：《轨道交通综合执法工作站增至4家》，《东方早报》2007年11月22日第A10版。

的8个区。2010年，D市开始筹备在该河道上实施水上综合执法。[①]

在十八届三中全会决议中提出了一个更为宏大的改革图景，深化行政执法体制改革将在整合执法主体、相对集中执法权的方向上，进一步推进综合执法，着力解决权责交叉、多头执法问题，建立权责统一、权威高效的行政执法体制。同时，改革还将减少行政执法层级。而具体到"相对集中行政处罚权"的领域，则涵盖了食品药品、安全生产、环境保护、劳动保障、海域海岛等。近年来，部分省份还开始推行县级市场监管部门体制改革：通过整合工商、质监、食药监三个部门的监管队伍，开展相对集中统一执法。在中国共产党第十九次全国代表大会报告中也进一步提出了在生态文明建设领域，设立国有自然资源资产管理和自然生态监管机构，统一行使监管城乡各类污染排放和行政执法职责。在中共中央2018年3月21日印发的《深化党和国家机构改革方案》中提出了"按照减少层次、整合队伍、提高效率的原则，大幅减少执法队伍种类，合理配置执法力量"；进而要整合组建市场监管、生态环境保护、文化市场、交通运输、农业等领域的综合执法队伍；并提出了"继续探索实行跨领域跨部门综合执法，建立健全综合执法主管部门、相关行业管理部门、综合执法队伍间协调配合、信息共享机制和跨部门、跨区域执法协作联动机制"；并且还提出"对涉及的相关法律法规及时进行清理修订"的要求。

由此可见，官方的一系列举措都在一定程度上体现了相对集中行政处罚权制度建设成效已获得认可，并会继续将此一制度安排推广到更多的执法领域。

（二）外溢到非行政执法领域：其他类型的"相对集中"

除了行政执法领域的"相对集中"，近年来，在行政许可、行政审批等更大范围内也开展了行政权限的"相对集中"工作。早在2000年的深圳会议上，深圳市罗湖区行政执法检查局就提到了"随着处罚权的全面综合，今后还必将出现决策、审批、许可及监督机构等各个环节的综合"[②]。在2002年的大连会议上，江苏省法制办和安徽省法制办的发言中都提到，不能仅仅去集中行政处罚权，还应考虑到规划、建设、审批、管理等其他

[①] D市编制办公室、D市城市管理局撰写的可行性报告（内部资料），以及访谈对象MC-201008-04、MC-201008-05、MC-201008-06、MC-201008-07访谈记录。

[②] 罗湖区行政执法检查局：《探索行政综合 执法促进政府机构改革》，载《相对集中行政处罚权工作读本》，中国法制出版社2003年版，第346页。

领域。[1]

大部制就是其他行政管理领域的"相对集中"的一个典型。2003年，中国开始启动大部委制改革，将原外经贸部、国内贸易部以及原国家计委、国家经贸委的部分职能整合组建商务部，将属于财政部、经贸委等部门职能进行整合之后成立国有资产管理委员会。而2008年的大部制改革可看作是行政管理权限在中央政府层级的又一次"相对集中"[2]。现在，这一种"相对集中"正在地方层级政府中陆续展开。这一次大部制之所以是由上而下开展，而非由下往上，部分是基于之前不同领域的"相对集中"制度试验的经验。

在地方大部制改革过程中，部分省份实现了城市管理（而非执法）权限的相对集中；原先分设的市政局、园林局、绿化局、市容局、环卫局等被具有综合管理权限的城市管理局（各地名称不尽相同）取代。有的省市如江苏、上海等，城市管理局与城市管理行政执法局合署办公；而有的省份如浙江，则坚持将管理和执法权限分属不同部门。到底哪一种体制安排更合理，各地还在摸索中。合署办公的地方认为这样可以提高执法的效率，增加执法队伍的经费、提高执法队员的待遇水平；而分开设置的省份则主要希望实现管理与执法的相互监督。[3] 2016年出台的浙江省《关于深入推进城市执法体制改革改进城市管理工作的实施意见》中，则继续允许两种模式的并存。[4]

2003年颁布的《行政许可法》第26条规定"行政许可依法由地方人民政府两个以上部门分别实施的，本级人民政府可以确定一个部门受理行政许可申请并转告有关部门分别提出意见后统一办理，或者组织有关部门联合办理、集中办理"。据此，也有城市开始考虑在行政许可权上尝试相对集中。[5]

---

[1] 江苏省人民政府法制办公室：《积极推行相对集中行政处罚权制度 努力提高城市管理执法水平》，载《相对集中行政处罚权工作读本》，中国法制出版社2003年版，第399页；安徽省人民政府法制办公室：《安徽省实施相对集中行政处罚权试点情况汇报》，载《相对集中行政处罚权工作读本》，中国法制出版社2003年版，第407页。

[2] 邓云峰：《当前我国城市管理体制的现状、问题及对策》，第五届全国城市管理执法论坛暨城市管理行政执法工作现场会，长沙市，2010年5月，第92页。又见于访谈对象MC-201007-06访谈记录。

[3] 访谈对象MC-201006-11、MC-201007-06、MC-201007-08访谈记录。

[4] 具体文件内容参见浙江省住房和城乡建设厅网站（http://www.zjjs.gov.cn/n115/n117/c354010/content.html）。

[5] 访谈对象MC-201008-07访谈记录。

第六章 制度试验的特征、优势与产生的问题

以试验方式建设制度的传统在中国由来已久，只要我们稍加留心，就可以在不同的制度领域中发现其他类似的案例。韩博天更是以这种"等级制度下的政策试验"来解释中国经济的崛起和政体的适应性。[①] 本书的第三章我们曾经分析了旧有制度在执行中出现的一系列问题。第四章、第五章则主要详细展示了制度试验发生的过程。本章的第一部分将从理论层面总结制度试验和其中的学习活动的特征。第二部分将讨论制度试验所具备的优势，由此可以理解为何会采取试验的方式来建设制度。第三部分将讨论制度试验过程中产生的一些问题。

一 制度试验模式的特征

相对于发达国家而言，制度化在转型国家政治发展过程中的重要性尤甚。而制度化的过程，实际上就是旧制度的消亡和新制度的建立过程，也即制度变迁的过程。但是，除发生整体性社会变革外，在一个常规社会状态下，这样的变迁过程难以在较短时间内全面完成；它是一种渐进的而非激烈的制度变迁。导致这类变迁的原因，可能来自外部因素（如国际压力或其他国家的模板效应），也有可能（甚至更多）来自内生性的因素影响。不过，对发展中国家而言，解释制度变迁的原因，可能还不如讨论制度变迁的方式来得更为重要。因为既然是转型国家，变迁已经在所难免，那么我们更应该关心的是如何以一种适宜的方式完成制度变迁，从而建立一系列有效的制度安排。

[①] Sebastian Heilmann, "Policy Experimentation in China's Economic Rise." *Studies in Comparative International Development*, Vol. 43, No. 1, 2008b, pp. 2–4.

另外，要分析制度变迁，不论是解释为什么变，还是解释如何变，都离不开分析行动者的学习。因为正如道格拉斯·C. 诺思等人所提到的，学习是一切社会制度变迁的起点。前面我们也已经提到，不同国家由于历史传统和既有制度框架的差别，可能还存在着不同的学习模式。讨论并总结这些模式，对于我们理解和解释新旧制度变迁发生的过程，同样具有重要意义。

中国作为世界上最大的发展中国家，在过去的 30 多年里经历着所谓"三千年未有之大变局"。这一"变局"也为制度分析提供了大量生动的案例。另外，中国特殊的历史条件和复杂的制度遗产，也会对本国发生的制度变迁模式及风格形成产生影响。这其中，当代城管执法体制的形成过程，特别是背后的相对集中行政处罚权制度的形成及扩散过程，就是一个既引发了众多关注，却又缺乏学界深入研究的制度领域。

发端于革命战争年代的试验模式，就是一种在中国非常常见的新制度的建设机制。虽然有学者率先将其纳入到政策领域的研究中，但这并不排斥我们以制度分析的视角来看待试验模式。制度试验过程中，行动者的学习以一种特别的方式呈现出来。与制度试验相关的学习，不论在学习的来源上，还是在学习的方式上，都有其特别之处。本节的主要目的是总结制度试验的基本特征，并讨论围绕着试验开展的学习活动与已有研究中的学习活动的区别。

（一）明确的更替目的与模糊的新制度安排

总结本书前几章的讨论我们可以看出，制度试验至少有两个方面的特征。第一个特征是在试验初期即公开了新制度的目的（为了应对现实环境中出现的问题）和建设方向，但又没有立即推出全国性、系统的制度安排。

以城管执法体制的建设过程为例，我们可以发现，地方政府的先期探索与之后中央政府推动的试点，其目的就是应对中国城市管理中出现的执法"群龙治水"、政出多门的局面。在 1996 年颁布的《行政处罚法》和发布的《中华人民共和国行政处罚法》的通知文（国发〔1996〕13 号），就明确提出要以新的制度形式（相对集中行政处罚权）来取代旧的制度安排（"条条式"的行政执法体制）。但是，新制度的详细内容却并未同时出台，因为这一内容恰恰正是制度试验的目标，而不是出发点。新的、具体的制度安排，往往是通过制度试验的方式，经过总结各地试验的经验和有效的制度设计，并在吸纳其他制度要素（如国外经验等）的基础上逐步形成的。

(二) 允许地方性差异的存在

制度试验的第二个特征是，在试验过程中，乃至试验结束后，行动者并不追求在同一个国家的不同地区建立新制度的同步性和匀质性，而是允许新制度的次级制度安排在不同地方存在差异。制度试验中，不同的对策或方案首先在地方被投入到实践中，次层级的制度形式先行公布和实行，不同的法律措施、地域性规定和要素组合方式同时并存和互相竞争；之后，高层级的行动者会从这些实践中发现和选择最有效的或者能得到认可的做法，并逐步将其提炼为抽象的原则，从而形成全国性的制度安排。[①]

在城管执法体制形成过程中，自试点阶段开始，中央政府就允许各地方政府（主要是城市政府）探索不同的模式和经验，从而检验哪一种模式更为有效和适宜推广。这样的不同模式和经验，不仅体现在组织架构方面，还体现在规则制定方面。第四章我们已经讨论了，众多新成立的城管组织，不论在组织名称方面，还是在隶属关系上都存在地区间差异。而在地方条例制定方面，仅权限集中范围一项，就存在着所谓的"6+1""7+1""8+1"、街道综合城管（深圳）等诸多不同的模式。

在制度试验开展了20多年后，部分地区的经验也逐步被省级或国家级的制度安排所吸纳，并且还促成了已有制度的修订。由此可见，制度试验如同欧盟的试验主义治理一样，也是一个反复迭代的过程。虽然城管领域尚未出台一部全国性的法律或法规，但已经形成不少省级或市级条例。而从这些条例的文本中，同样可以发现地区间存在的差异，尤其体现在集中执法的范围方面。

(三) 学习源的多元化和过程的系统化

在整个制度试验的几乎所有阶段，行动者的学习活动频繁可见。其中，既包括有初期未经正式授权时的地方性实践，也包括在中央正式授权后的实践，更包括了在既定的制度建设目标之下的有组织、有目标的学习活动。这最后一类学习活动的形式，具体还包括经验交流会议、典型示范、信息传递、文本分析、远程交流、开门立法等。这些学习活动，不仅直接影响了制度试验的大体方向，也影响了制度建设最终的规则条文和组

---

① 这里参考了法学界学者的观点，参见季卫东《法律秩序的建构》，中国政法大学出版社1999年版，第168—169页。

织架构的形式。因此,分析制度试验中的学习活动,对于我们理解试验的制度理念是从哪里来的,制度试验将往何处去,最终的制度安排内容如何形成等问题都至关重要。

概括起来,我们可以说,制度试验中的学习活动呈现出两个方面的特点。一方面是学习源的多元化。制度试验中的学习不仅会学习组织之外的制度模式和经验,也更注重向组织内部的实践活动和历史传统学习。从城管执法体制的形成过程来看,行动者(以行政精英为主)的学习源是多元化的:既包括了通过自身的实践,如最初的地方性实践和试点时期的地方性实践,也包括了向组织自身的历史制度遗产的学习,如借鉴曾经实行过的巡警执法模式等,更包括了向组织之外的实践经验的学习,例如借鉴别国的组织和经验等。这种多源学习的模式,明显区别于社会学制度主义所主张的那种以同构为目的的、单一化地向组织之外的制度学习的模式。

另一方面是学习过程的系统化。制度试验中的学习,除正式试点开始前的地方性实践阶段外,其他阶段都是在中央政府的组织控制之下、朝着一个明确的制度建设目标而进行的学习。中央政府掌控着制度试验的进程,并在几个时间点上扮演关键的角色;而地方政府及越来越多的本地区行动者,则围绕着中央决定的制度建设方向,发挥自身的制度创新的功能。这样的学习与道格拉斯·C.诺思等人极力倡导的组织中的学习有着明显的不同。因为它可以减少制度试验之外的因素对于学习的干扰。例如,正式试点之前的地方性实践,就是比较类似于道格拉斯·C.诺思等人倡导的那种学习模式;但是这一阶段的学习活动,如巡警综合执法的探索,在1995年《警察法》出台之后,就被中止了。而1997年试点开始之后,虽然也有多个部门试图阻碍相对集中行政处罚权制度的建立;但是,新制度终究还是抵抗住了这些干扰。

最后需要指出的是,试验中的学习并非一蹴而就,而是体现出从具体的学习活动到抽象的制度安排的多次反复。城管执法体制的形成过程就很好地反映了这一特征。以深圳市城管执法体制的变迁过程为例。该市的罗湖区是较早开始大幅度相对集中行政处罚权的试点单位,并在20世纪90年代就将城市管理、环境卫生、文化市场、房屋租赁、医疗市场、旅游市场、计划生育7个方面的执法职能全部归并到新成立的执法检查局,形成了当时执法范围最广的"相对集中"模式。[①] 2006年年底,深圳市出台的

[①] 参见罗湖区行政执法检查局《探索行政综合 执法促进政府机构改革》,载《相对集中行政处罚权工作读本》,中国法制出版社2003年版,第340页。

《关于全面推进街道综合执法工作的决定》，更是将城管综合执法的范围扩大到城市容貌、环境卫生、城市园林、城市绿化、风景区、市政设施、爱国卫生、犬类管理、户外广告设置，乃至人才市场管理、殡葬管理等20大类。① 而由于如此宽泛的执法范围导致了街道执法队伍不堪重负。2009年，深圳市又将原属工商、卫生、食品卫生、规划、土地、药品、医疗器械、保健食品、化妆品、劳动、人才市场、文化市场管理等执法权限调整出了城管执法的范围。②

当然，制度试验并非中国制度建设的唯一方式；其他领域发生的制度变迁过程可能正以别的模式进行着。但从历史经验来看，制度试验，如同其在政策领域那样，是一种较为有效的制度建设方式。并且，这一模式的制度建设过程也并不排斥其他机制在其间发生作用。那么，制度试验具备了哪些方面的优势，从而使其能够在中国成为一个常见的制度建设模式呢？这些优势又与中国的历史条件和发展状况有着何种联系呢？制度试验是否会在新制度的建设过程中产生一些问题呢？这将是本章接下来要回答的问题。

二 试验机制的优势之一：应对制度变迁的不确定性

中国复杂的制度转型过程中，存在着诸多的不确定性因素。新制度是建立在已有制度"丛林"中的，它的形成是一个涉及多方利益调整和资源重新分配的过程。对于新制度的建设者，尤其是中央层级的领导人而言，必须要考虑的是确定新制度实施过程中产生的影响。本节笔者将结合城管执法体制建立过程中面临的不确定性，来讨论制度试验在应对这些不确定性时具备的优势。

（一）复杂多样的制度建设环境

正如本书开篇提到的，中国现有城市的数量超过650个。但如此众多的城市却在诸多方面是不同的。要建立新的城管执法体制，不同城市面临

---

① 参见《深圳市人民政府关于全面推进街道综合执法工作的决定》（深府〔2006〕268号）；又见《深圳市城市管理〈行政处罚目录〉》（http://www.szum.gov.cn/html/ZWGK/ZCF-GJGFXWJ/XZZF/QT/2009826/1962009726175236899.aspx）。

② 黄明钢、崔嵩：《街道综合执法"减负"》（http://www.szum.gov.cn/html/ZWGK/QT/GZDT/2010414/61201031493742433.aspx）。

的制度环境千差万别。这里主要从功能定位、发展水平和行政立法权限三个方面展开讨论。

首先看城市的功能定位。不同城市在历史发展中的功能定位大为不同。例如，有的城市是典型的资源型城市，如东营市、大庆市、克拉玛依市；有的城市则是典型的重工业城市，如南京市（化学工业）、马鞍山市（钢铁工业）。而有的城市则主要以第三产业为主：例如海口市，在1997年时，其市区的第三产业占当年GDP的比重达到了72.02%；而作为资源型城市的东营市和大庆市，其市区第三产业产值占GDP的比重仅为8.56%和10.38%。① 类似的区分还有很多种。但这种功能上的不同导致了城管执法体制设置上的不同。前述安徽省在选择试点城市时就考虑到了4个不同城市的功能定位。

不仅是城市之间有功能定位的区分，一个城市的不同城区之间也有功能区分，如所谓老城区、新城区、中心城区、工业园区、开发区之分等。甚至，一个城区的不同街道也有划分。一般而言，中心城区由于人口稠密、历史遗留问题较多，所以城管执法的难度较大；而新城区或工业园区因规划建设较晚，因而执法相对容易。城市政府可能会根据不同城区所承担的功能不同，而实行有区别的城管执法模式。例如，F市是一个有着千年历史的古城，但该市还有一个在改革开放之后发展起来的工业城区。F市在老城区和工业区的城管执法体制安排上有着明显的区别。② 再如，B市某区就将其所辖的不同街道划分为景观区域、达标区域和疏导区域三类。③

其次看城市的发展水平。地区间的发展不平衡是中国的基本国情之一。④ 这种不平衡不仅体现在经济发展水平上，还体现在社会、人文发展指标上。⑤ 造成这种不平衡的原因，既有资源禀赋的不同，也有发展政策倾向的不同等。⑥ 城市之间的发展水平差距虽然没有涵盖城乡的全国性差距那么惊人，但也是非常明显的。以1997年地级市⑦市区（不包括市辖

---

① 国家统计局城市经济社会调查总队：《中国城市统计年鉴—1998》，中国统计出版社1999年版，第141—162页。
② 访谈对象 MC - 201007 - 03、MC - 201007 - 04 访谈记录。
③ 访谈对象 MC - 201006 - 06 访谈记录。
④ 胡鞍钢、王绍光、康晓光：《中国地区差距报告》，辽宁人民出版社1995年版。
⑤ 同上书，第二、三章。
⑥ 同上书，第四章。也可参见王绍光、胡鞍钢《中国：不平衡发展的政治经济学》，中国计划出版社1999年版，第五、六章。
⑦ 限于数据不全，所以仅为部分地级市。

县)的人均 GDP 为例:最高的城市为深圳市,其市区人均 GDP 达到 103234.60 元;而最低的为贵州省遵义市,仅为 2141.55 元;① 前者是后者的 48.21 倍。不同的经济发展水平使得不同城市在同一时间会面临着不同的城管执法问题。例如,在东部沿海城市已出现数年的城郊接合部违章建筑问题,2009 年才开始出现在位于西部的某省会城市。②

城市发展不平衡还体现在城区面积和人口规模(特别是流动人口)的不同上。市区面积越大、人口越多,则城管执法的任务量就越大。中国的人口分布在城市之间也是非常不均匀的。例如在 1997 年时,中国有统计资料的城市中人口最多的上海市,其市区人口数量达 1018.59 万人;而最少的嘉峪关市,人口仅为 13.09 万人。③ 市区建成区面积最大的是北京市的 488 平方公里,而面积最小的是云南省东川市,仅为 4 平方公里。④ 市区人口密度最大的是佛山市,达 5997 人/平方公里,而最小的黑河市,仅为 12 人/平方公里。⑤

最后看行政立法权限的不同。在行政层级上,中国的城市行政层级分为:直辖市、计划单列市、副省级城市、地级市、县级市。直辖市有北京、上海、天津、重庆 4 个。而计划单列市则出现于 20 世纪 80 年代,指的是在国家计划中实行单列的一些大城市;它们享有省一级的经济管理权限,但不是省一级行政级别。1983 年,中共中央、国务院批准了四川省委、省人民政府《关于在重庆市进行经济体制综合改革试点意见的报告》(中发〔1983〕7 号),使重庆市成为第一个经济体制综合改革试点城市。自 1984 年起,国家对重庆市实行计划单列体制。随后,广州、深圳、沈阳、南京、武汉、哈尔滨、西安、长春、大连、青岛、厦门、宁波、成都等城市也先后实行了计划单列。1993 年,国务院决定撤销对省会城市的计划单列,计划单列市只剩 6 个。1994 年 2 月,中央编制委员会又发出《中编委关于重庆、广州、武汉、哈尔滨、沈阳、成都、南京、西安、长春、济南、杭州、大连、青岛、深圳、厦门、宁波共 16 市行政级别定为副省级的通知》(中编〔1994〕1 号)文,正式将上述 16 城市的行政级别设定

---

① 国家统计局城市经济社会调查总队:《中国城市统计年鉴—1998》,中国统计出版社 1999 年版,第 391—393、415—417 页。
② 访谈对象 MC - 201006 - 27 访谈记录。
③ 国家统计局城市经济社会调查总队:《中国城市统计年鉴—1998》,中国统计出版社 1999 年版,第 39—46 页。
④ 同上书,第 397—399 页。
⑤ 同上书,第 403—405 页。

为副省级城市。1997年，重庆升格为直辖市。所以，中国现在的副省级城市数量变为15个。

此外，有的县级市还部分地享受地级市权限。例如，根据1999年7月中共广东省委、广东省人民政府批转《关于确定顺德市为率先基本实现现代化试点市的意见》的通知（粤发〔1999〕9号），顺德市在维持县级建制不变的前提下，除党委、纪检、监察、法院、检察院等系统和国家垂直管理部门由佛山市代管外，在其他所有的经济、社会、文化等方面行使地级市的管理权限，并直接对省负责。此外，在多数县级市隶属于各自地级市的情况下，也有不少县级市直属省政府管辖。例如海南省从建省初期开始就实行省管县体制；而浙江省也较早开始实行财政的省直管县体制。

在立法权限方面，不同城市之间的最大区别在于是否拥有地方立法权。这就要提到所谓"较大的市"的概念。与前面行政划分不同的是，"较大的市"是一个法律上的概念。根据《地方各级人民代表大会和地方各级人民政府组织法》和《立法法》的相关规定，省、自治区的人民政府所在地的市和经国务院批准的较大的市的人民代表大会及其常务委员会在不同宪法、法律、行政法规和本省、自治区的地方性法规相抵触的前提下，可以制定地方性法规；省、自治区的人民政府所在地的市和经国务院批准的较大的市的人民政府，可以根据法律、行政法规和本省、自治区的地方性法规，制定规章。特别的，根据《立法法》第64条，除了只能制定法律的事项外，在国家尚未制定法律或者行政法规的领域，省、自治区、直辖市和较大的市根据本地方的具体情况和实际需要，可以先制定地方性法规。① 其中这些"经国务院批准的较大的市"是指从1984年开始，国务院先后批准的唐山、大同、包头、大连、鞍山、抚顺、吉林、齐齐哈尔、青岛、无锡、淮南、洛阳、重庆、宁波、淄博、邯郸、本溪、徐州、

---

① 2015年3月15日第十二届全国人民代表大会第三次会议通过的新的《中华人民共和国立法法》第七十二条第二款规定："设区的市的人民代表大会及其常务委员会根据本市的具体情况和实际需要，在不同宪法、法律、行政法规和本省、自治区的地方性法规相抵触的前提下，可以对城乡建设与管理、环境保护、历史文化保护等方面的事项制定地方性法规……"特别地，广东省东莞市和中山市、甘肃省嘉峪关市、海南省三沙市，比照适用该法有关赋予设区的市地方立法权的规定。参见新华网多媒体数据库信息（http：//202.84.17.88/cn/security/detail.do? sw = &docId = 239753661&libId = 2&docType = 1&cid = 269&ct = ）。

苏州①19个城市（重庆市后来升格为直辖市）。能够成为"较大的市"，不仅可以提高城市的知名度，更重要的是拥有地方立法权，可以自行订立地方性法规，而不是仅以政府规范性文件（"红头文件"）作为城管执法依据。而那些没有地方立法权的城市，尤其是县级市，则更多只能依靠城市政府出台的规范性文件作为城管的依据，或等待所属省份出台统一的政府规章或地方性法规；这也直接导致了城管执法过程中出现了很多的法律争议。

（二）难以确定的制度效果

以上主要讨论的是新制度建设过程所面对的复杂环境，它可视为影响新制度建设的结构性（structural）因素。接下来我们要分析一下可能影响到新制度建设的能动者（agency）因素。

相对集中行政处罚权制度在中国的行政体制中是一个全新的理念。在它诞生之前，由于计划经济时代对"条条"的强调，在立法过程中往往把相应的行政执法权划归到政府的某一个行政部门，从而导致了执法机构林立的局面；同样的问题也出现在行政管理、行政许可等领域。例如，在1989年12月实施的《环境保护法》第7条规定："县级以上地方人民政府环境保护行政主管部门，对本辖区的环境保护工作实施统一监督管理。"1990年4月施行《城市规划法》第37条规定："城市规划行政主管部门有权对城市规划区内的建设工程是否符合规划要求进行检查。"就连1991年实施的《城市公厕管理办法》（建设部令第9号）第23条也规定了"凡违反本办法第十条、第十一条、第十三条、第十四条、第十五条、第十六条规定的单位和个人，城市人民政府环境卫生行政主管部门可以根据情节，给予警告、责令限期改正或者罚款"。甚至在2003年颁行的《无照经营查处取缔办法》（国务院令第370号）的第5条依旧规定"各级工商行政管理部门应当依法履行职责，及时查处其管辖范围内的无照经营行为"。部门立法强化了部门权力和利益，有些部门更是"把执法权当成为本机关谋取利益的手段"。从而在城管领域形成了"有利的事情争着管、无利的事情都不管"的局面。② 正是因为这些既存的制度安排已经与相关部门的

---

① 参见《国务院关于批准唐山等市为"较大的市"的通知》（国发〔1984〕第178号），以及《国务院关于批准淄博市为"较大的市"的通知》（国函〔1992〕89号）等。
② 《关于印发曹康泰同志在全国相对集中行政处罚试点工作座谈会上的讲话的通知》（国法〔2000〕63号），载《相对集中行政处罚权工作读本》，中国法制出版社2003年版，第44页。

利益挂钩，要改变这一制度安排必然会招致利益受损部门的反对。

相对集中行政处罚权制度则是试图以行政（而非立法）为突破口，在不改变整个法律框架的前提下，探索解决上述问题的方式。借用曹康泰的观点来说，"相对集中行政处罚权是一项新的法律制度，推行这项制度没有现成的经验可供借鉴，只能在工作的实践中及时总结，探索规律，积累经验，形成新的理论"[①]。即使到了2010年，在国务院法制办看来，此项制度建设还有很多问题并未完全解决，例如：如何将"实施相对集中行政处罚权的领域，是多头执法、权责交叉、重复执法、执法扰民等问题比较突出，严重影响执法效率和政府形象的领域"这个原则具体化？相对集中行政处罚权集中的范围究竟如何确定？城市管理领域究竟指什么？哪些是省、自治区、直辖市人民政府可以决定调整的城市管理领域的其他行政处罚权？哪些城市管理领域以外的其他行政管理领域需要相对集中行政处罚权？行政处罚权集中后如何处理好与原部门及其上级的关系？如何应对城管部门无上级主管部门所带来的问题？集中行使行政处罚权的机构能否行使相关的检察权和强制权？[②] 这些问题都需要参与制度建设的行动者在实践中去面对和处理。可见，建立这样一项制度是很难一蹴而就的。

最后，城市管理领域的行政处罚权本身的一些特点，也给此项制度的建设带来了很多困难和不确定性。城管部门相对集中的行政处罚权大多是处理一些城市管理领域中较为棘手的问题。近年来，该领域的负面新闻报道较多，其中一个重要原因就是城管部门所承担的执法权限大多有几分"踢寡妇门、挖绝户坟"的味道。[③] 一位从事城管工作十几年的"老城管"概括认为城管执法就是"调和一部分人对生活环境的需求与另一部分人对生存需求之间的矛盾"[④]。以争议较多的查处无证摊贩的执法为例。城管执法人员执法时往往会被夹在两种相互冲突的要求之间：一方面，他们执法的相对人多是下岗职工、农民工、近郊失地农民等低收入群体和弱势群体；[⑤] 另

---

① 曹康泰为《相对集中行政处罚权工作读本》撰写的"序言"，载《相对集中行政处罚权工作读本》，中国法制出版社2003年版，序言。
② 青锋：《行政处罚权的相对集中：现实的范围及追问》，第五届全国城市管理执法论坛暨城市管理行政执法工作现场会，长沙市，2010年5月，第5—7页。
③ 马怀德主编：《共和国六十年法学论争实录·行政法卷》，厦门大学出版社2009年版，第61页。
④ 访谈对象 MC-201006-06 访谈记录。
⑤ 访谈对象 MC-201006-06 访谈记录；也可参见内蒙古自治区满洲里市城市管理行政执法局《深化行政体制改革 完善相对集中行政处罚权制度 推动城管深入健康发展》，第五届全国城市管理执法论坛暨城市管理行政执法工作现场会，长沙市，2010年5月，第59页。

一方面,要求他们执法的除了上级领导人外,还有普通市民,尤其是那些对个人生活和工作环境要求越来越高的居民。① 有城管执法人员抱怨说"投诉摊贩的是群众,支持摊贩的也是群众,你让我们城管怎么办?"②

这里或许有读者会以为,城管对无证摊贩的查处目的是收缴税费。其实这是一种误解。因为一方面城管并未有收缴税(增值税、营业税、所得税等)和费(城市建设维护税、教育费附加、地方教育附加等)的权限;另一方面,政府自2009年以来出台的诸多针对中小微型企业和个体户的财税减免政策对那些月营业额不多的摊贩而言,上述税费大多都是可以减免的。③ 实际上,城管执法部门与摊贩的矛盾冲突主要来自摊贩经营许可证(通俗的说法是牌照)的有无。很多城管执法部门的人员也都认为小贩的存在有其合理性,甚至有城管执法部门的领导就曾公开对媒体说:"城管比任何人都希望摊贩合法化。"④ 但作为执法者的城管队员,却不得不执行已有的法律法规来查处无证商贩。可见,如果我们的城市经营者和立法者的城市管理理念不改变,城管执法队员与摊贩之间的冲突仍将持续。

(三) 中央与地方的共同选择

诚然,近年来中国的政治系统变得越来越开放,多元化的政治主体参与到政策或制度制定的情况越发常见。⑤ 但是,行政精英依旧在制度创新和建设领域发挥着主要作用,即使这一作用的发挥是出于追求政绩的考量。⑥

---

① 访谈对象 MC-201007-02、MC-201008-01 访谈记录。
② 访谈对象 MC-201007-08 访谈记录。
③ 相关政策文件很多,例如:《国务院关于进一步促进中小企业发展的若干意见》(国发〔2009〕36号)、《国务院关于进一步支持小型微型企业健康发展的意见》(国发〔2012〕14号)、《关于修改〈中华人民共和国增值税暂行条例实施细则〉和〈中华人民共和国营业税暂行条例实施细则〉的决定》(财政部2011年第65号令)、《财政部国家税务总局关于暂免征收部分小微企业增值税和营业税的通知》(财税〔2013〕52号)、《财政部国家税务总局关于进一步支持小微企业增值税和营业税政策的通知》(财税〔2014〕71号)、《国家税务总局关于小微企业免征增值税和营业税有关问题的公告》(国家税务总局公告2014年第57号)、《财政部国家税务总局关于继续执行小微企业增值税和营业税政策的通知》(财税〔2015〕96号文)。
④ 赵阳:《城管问题是个社会问题》,《人民日报》2011年10月25日第19版。
⑤ 王绍光:《中国公共政策议程设置的模式》,《中国社会科学》2006年第5期;以及Andrew Mertha, "'Fragmented Authoritarianism 2.0': Political Pluralization in the Chinese Policy Process," The China Quarterly, Vol. 200, December 2009, pp. 995–1012.
⑥ 陈雪莲、杨雪冬:《地方政府创新的驱动模式——地方政府干部的视角考察》,《公共管理学报》2009年第2期。

本书第三章、第四章曾讨论过，为了改变城市管理领域"群龙治水"的局面，有的城市在中央政府正式试点之前就开始了新制度的探索。这样的探索，更多是出于解决实际问题的需要。但这些探索如果能得到中央的许可，对城市政府或地方政府而言将更为有利，因为来自中央的许可可以降低地方政府制度创新的政治风险。因此，在国务院并不强制地方政府开展试点的情况下，地方政府往往也会主动申请开展试点（当然，这里也有第四章中分析的那些动机）。制度试验中的地方政府或城市政府拥有了制度创新的权限，但也要担负其中的责任和风险。在新制度的试验过程中如果出现问题，即使得到了中央的容忍，[1] 但也有可能引发当地官员和民众对试验主导者的不信任。这或许是地方的制度建设者们不得不承担的风险。

从中央政府的角度来看。在城管执法这样一个极容易引发矛盾的领域，中央不仅难以判断个别制度条款的实施会带来哪些后果，也难以判断哪一种执法或管理方式更为合适。此外，在中国快速但不平衡的城市化进程中，可能随时会带来新的城市管理问题。而且，同样的问题出现在不同城市的时间点也不尽相同。面对如此不确定的制度建设过程，允许不同的地方先行试验，自然也就成了中央政府的合理选择。制度试验机制将可能出现的风险由中央也"下放"到了地方。中央政府同时也避免了在全局采用某个特定制度（"将鸡蛋放在一个篮子里"）的风险。只要中央政府能够以某种方式尽可能地获得地方试验效果的真实信息，[2] 那么剩下的任务就是判断哪一种制度安排更具有推广价值了。这种判断的难度和风险自然要比亲自设计制度并实施之要小得多。

虽然在试验过程中，中央政府会向地方发出所谓"大胆试"或者"允许看"的信号；但是，在这一"试"和"看"的过程中，中央政府一方面不是操办一切的家长，也不是袖手旁观者。因此，在制度试验的过程中，并不存在地方制度竞争的"自由市场"。当然，中央应该何时放权、何时控制，这很难有一个统一的判断标准，有的只是具体和动态的平衡。[3]

---

[1] 〔美〕龙安志（Laurence J. Brahm）：《朱镕基传——朱镕基与现代中国的转型》，丁力译，香港中和出版有限公司2013年版，第94—100页。

[2] 当然如何能够获取真实信息也是一个重要的问题，只是这可能需要一个新的研究来回答了。

[3] 田雷：《"差序格局"、反定型化与未完全理论化合意——中国宪政模式的一种叙述纲要》，《中外法学》2012年第5期。

三 试验机制的优势之二：吸纳更多的参与主体

以上我们讨论的是制度试验在应对制度变迁过程中的不确定性方面的优势。本节将讨论制度试验过程中所展现出来的另外一个优势，即吸纳了更多行动者，尤其是地方行动者的参与。

克里夫德·格尔茨（Clifford Geertz）较早地注意到了地方性知识（local knowledge）① 在制度建设过程中的作用。他认为，法律不仅仅是一组规范性理念的框架，也是一组决策的过程（a set of decision procedure）。② 而这些决策和模式是基于地方性知识的。作为正式制度的法律如此，作为一般的制度则更是。③ 而詹姆斯·斯科特也认为，任何大型社会过程或事件，都比我们所能设计的图式（schemata）更为复杂。④ 因此，他主张中央管理的社会规划要想取得成功，必须要了解地方习惯和实践知识。他将这种为了应对不断变迁的自然和人类环境而形成的一系列广泛的实践技能和聪明才智称为米提斯（Metis）。⑤ 为了能够建立有效的新制度，制度建设者们的直接经验和制度受众的反馈就非常重要。这需要制度建设者们能够与可能影响到制度的诸多因素更近距离的接触。但是，对于一个庞大如中国的国家而言，这种近距离不可能在中央层级实现。因此，首先由地方来尝试建立制度就成了一个合理的选择。

（一）"化整为零"的先行先试

建立相对集中行政处罚权制度的最初阶段，中央政府并没有一个清晰的制度蓝本；有的只是一个粗略的设想，即《国务院关于贯彻实施〈中华

---

① Geertz 将其界定为"一系列有组织的、被清晰意识到的思想"（a relatively organised body of considered thought），这些思想是基于对经验的直接表达（immediate deliverances of experience）。参见 Clifford Geertz, *Local Knowledge: Further Essays in Interpretive Anthropology*, New York: Basic Books, 1983, p. 75.
② Clifford Geertz, *Local Knowledge: Further Essays in Interpretive Anthropology*, New York: Basic Books, 1983, p. 15.
③ 其实，这正是理性选择制度主义的主要观点。它们认为，制度的形成是基于行动者之间策略性互动选择的结果。只是在这里，各个行动者之间不一定是平等的。
④ James C. Scott, *Seeing Like a State: How Certain Schemes to Improve the Human Condition Have Failed*, New Haven [Conn.]: Yale University Press, 1998, p. 309.
⑤ Ibid., p. 313.

人民共和国行政处罚法〉的通知》（国发〔1996〕13号）中的那句表述。但是，相对集中行政处罚权制度，当然不是这一句话就能概括的。这其中需要回答很多问题，例如：相对集中哪些权限？如何集中？如何行使？如何与原有的部门协调？谁来协调？协调不成功怎么办？当城市经济发展水平发生变化时如何调整？相关的问题还有很多，也很实际。这就需要新制度的建立者在此期间要不断地做出一系列的选择。在制度试验的起始阶段，地方政府（主要是城市政府）未经（或经由）中央授权即根据自身的实际采取"先行先试"的策略；于是，回答上述问题就主要成了城市政府和当地民众的任务。

相对集中行政处罚权制度涉及若干部门（如公安、工商、建设、环保、市容环卫、园林绿化等）的行政处罚权。一般来说，即使是一个城市政府的某个分管副市长都难以做好这些部门的协调工作，更不要说由某个部门（如法制办）来负责协调了。例如，黑龙江省各试点城市的试点方案在上报省政府以前，都由市政府常务会议或者市长办公会集体决定，并形成会议纪要和报市委同意。为了慎重起见，各试点城市政府一般还就调整行政处罚权的方案事先征求市人大常委会、市政协的意见。[①] 再比如广东、江苏等省的试点城市在筹备试点期间，市政府一般都成立了由法制、编制办、财政等部门的负责人参加的试点工作领导小组。该小组的任务就是协调各部门的意见，草拟试点工作方案，起草有关试点的实施办法。此外，当试点工作要调整公安、建设、环保、工商等直属机构的处罚权时，可能还需要省级政府部门出面。[②]

从获得试点资格到成立城管执法机构[③]也需要一定的时间。速度快的如芜湖市，在国务院法制办2002年6月批复同意后，芜湖市于8月31日便下发了《关于印发芜湖市市容管理局（芜湖市精神文明建设指导委员会办公室、芜湖市城市管理行政执法局）职能配置、内设机构和人员编制规定的通知》（芜机改〔2002〕69号）。[④] 而青岛市则在报批试点的同时，

[①] 《关于印发曹康泰同志在省、自治区、直辖市政府法制办主任会议上的讲话的通知》（国法〔2002〕72号），载《相对集中行政处罚权工作读本》，中国法制出版社2003年版，第67页。
[②] 同上书，第68—69页。
[③] 正如第四章我们所讨论的，多数城市在试点之初都以机构的建立为主要目标。
[④] 芜湖市市容管理局编：《跨越——纪念改革开放三十周年芜湖市城市管理工作专辑》，2008年8月，第44—45页。

就开始着手组建城管执法机构。① 但是，也有速度慢的。例如广州，国务院法制局在1997年12月就批准了广州市的试点资格，但直到1999年9月底，广州市城市管理综合执法支队（广州市城市管理综合执法局）才挂牌成立。② 究其原因，主要是要由市政府来协调新机构编制数量的确定、原有执法机构撤并、原有执法人员的去留等问题。即使是经过较长时间的协调后，许多新成立的机构在隶属关系上并没有达到国务院法制办的最初要求——各城市成立的城管执法部门必须是直属于市政府的一个行政部门，而不能作为某个政府部门的内设机构或下设机构。如北京宣武区成立的城市管理监察大队隶属于市容市政管理委员会；广州市城市管理综合执法支队则在成立初期实际上隶属于市建委；③ 而湖北省黄石市的城管执法部门则被设为市政府的二级事业单位。④

与机构成立同时要考虑到问题是，如何确立相对集中行政处罚权的范围。这就需要考虑如何与被集中处罚权的行政部门达成一致。这一过程进展并不顺利。前文提到的Y省D市在获得试点后的数年时间里无法启动新制度建设，主要原因就是相关部门无法协调统一。⑤ 在试点初期，多数城市政府一般以决定、公告、通告等形式的规范性文件来确定相对集中的范围。即使是这样的规范性文件，也并非短期即可出台的。例如，广州市从1997年12月获批到1998年11月由广东省人民政府发布《关于设立广州市城市管理综合执法队伍的公告》，耗时近一年。而真正具有操作性的文件——《广州市城市管理综合执法细则》（穗府〔1999〕52号）——又是到1999年7月才得以制定。芜湖市的这一过程也用了近一年的时间。⑥

以地方的先行先试为起点的制度试验，先期推动的往往是分散的、小规模的组织或制度建设。随着机构运作的展开和试行制度的实施，制度的建设者和制度的受众都在不断互动；期间，新成立的组织架构和试行中的制度所存在的问题和不足暴露出来后被加以认定；进而，制度建设者会对

---

① 青岛市人民政府：《青岛市城市管理综合执法试点情况》，载《相对集中行政处罚权工作读本》，中国法制出版社2003年版，第350页。
② 广州市人民政府法制局：《广州市开展城市管理综合执法试点工作情况》，载《相对集中行政处罚权工作读本》，中国法制出版社2003年版，第325页。
③ 同上书，第326页。
④ 湖北省黄石市城市管理（执法）局：《加强城管工作的实践与思考》，第五届全国城市管理执法论坛暨城市管理行政执法工作现场会，长沙市，2010年5月，第114页。
⑤ 访谈对象MC-201008-07访谈记录。
⑥ 芜湖市市容管理局编：《跨越——纪念改革开放三十周年芜湖市城市管理工作专辑》，2008年8月，第27页。

组织架构和制度安排进行一定的调整。这样的过程往往会经历数次的反复，才能在地方形成相对稳定的体制安排。

(二) 制度建设者和制度受众的地方性互动

虽然行政精英在制度和组织的建立过程中一直居于主导地位，尤其在制度试验的前期，但在实际的城管执法过程中，却充满了制度建设者和制度受众的互动。互动过程中，执法者不仅要运用已有制度，还可能在制度受众的影响下修正制度或创设新制度。

首先以城管执法的方式为例来讨论一下执法者与执法对象的互动。在很多人的印象里，城管执法人员的形象并不正面。近年来不断出现的"暴力抗法"事件也使城管执法人员内部开始反思执法方式的使用。例如，江苏省昆山市曾较早地对违规人员实行"一次口头教育、两次书面整改、三次实施处罚"的做法。① 目前，这种执法方式已变成了正式制度的一部分。《浙江省城市管理相对集中行政处罚权条例》的第14条就规定，"执法部门在执法活动中，应当注重教育和纠正违法行为。依法可以从轻或者减轻行政处罚的，予以从轻或者减轻行政处罚；违法行为轻微并及时纠正，没有造成危害后果的，不予行政处罚"。而在《西安市城市管理综合行政执法条例》和《广州市城市管理综合执法条例》等地方性法规中，都提出了以"执法和教育"相结合的执法原则。这样的执法方式的采用也开始扭转了城管部门在市民，甚至执法对象心目中的地位。南京和贵阳两市在2010年年底到2011年年初开展的群众评议机关活动的结果就是这方面较好的佐证。南京市城管（执法）局作为与市民接触较多的22个市政府部门之一，在2010年的群众评议中排名第17位；而当有记者拿这个排名采访南京街头的小摊贩时，他们竟然连称"城管评低了"②。贵阳市城管局在2011年年初的公开述职评议中获得了全票满意的评价，位列5个窗口单位的第一名。③

查处无证经营的商贩可谓是城管执法中最容易引发争议的执法领域。但是，无证商贩涌现的背后，有着复杂的经济社会原因；对他们的查处是

---

① 江苏省人民政府法制办公室：《积极推行相对集中行政处罚权制度 努力提高城市管理执法水平》，载《相对集中行政处罚权工作读本》，中国法制出版社2003年版，第397页。
② 朱伊迪、吴俊：《说真话曝家丑，得低分也值得肯定》，《扬子晚报》2011年2月2日第A10版。
③ 沈丽琼：《贵阳市"两公开一评议"最后一场 城管局全票满意》（http://gzdsb.gog.com.cn/system/2011/01/15/010995539.shtml）。

城管执法机构和人员非常棘手的事项。当下形成的局面是：一方面，商贩大多掌握了与城管执法人员"斗争"的技巧；另一方面，多地的城管执法人员也因屡屡出现的舆论压力而不敢轻易使用强硬的执法手段。[①] 实际上，早在试点阶段，就有城市在解决这一矛盾方面作出了探索。例如，黑龙江省佳木斯市在20世纪90年代末就采取了"疏堵结合"的执法策略。针对该市下岗职工较多、占道经营较为普遍的情况，市政府在取缔47处占道市场、规范24处市场的同时，新建了11个临时巷道市场，辟建了3个下岗职工再就业市场，并为下岗职工提供优惠政策。这一做法既减轻了执法者的压力，也减少了被执法对象的对立情绪；从而得到了国务院法制办的表扬。[②] 而X省的A市也在试点阶段就采取了类似的措施：在取缔主要道路的马路市场的同时，在个别支干道和居民点统一设置市场，把流动摊贩引导到指定地点限时经营，同时辅以统一保洁。[③] 现在，这种原本以解决问题为目标的政策也已经成为正式的制度。在2008年9月颁布的《浙江省城市管理相对集中行政处罚权条例》第23条中就规定：

> 市、县人民政府在制定城市规划时，应当确定相应的经营场所和泊车点，供农副产品、日用小商品等经营者从事经营和居民泊车使用。城市规划确定的经营场所和泊车点不能满足需要的，应当因地制宜，根据方便公众生活和不影响道路交通的原则，依照法定程序划定一定的时段和区域，作为临时性经营场所和泊车点。执法部门应当及时向本级人民政府提出合理建议。

而国务院2017年8月23日公布的《无证无照经营查处办法》中，更是将如下两大类经营活动直接界定为不属于无证无照经营：

> （一）在县级以上地方人民政府指定的场所和时间，销售农副产品、日常生活用品，或者个人利用自己的技能从事依法无须取得许可的便民劳务活动；

[①] 这里，作为城管执法人员而言，本身并没有人身强制权和财产强制权；他们执法手段的法律依据为《行政处罚法》中规定的"证据先行登记保存"条款。但执法过程中的实际情况要比这种文本的规定复杂得多，这一点将在本章稍后再次讨论。

[②] 佳木斯市人民政府：《用政府行为推动综合执法对实施》，载《相对集中行政处罚权工作读本》，中国法制出版社2003年版，第366页。

[③] 访谈对象MC - 201007 - 08、MC - 201007 - 18访谈记录。

(二)依照法律、行政法规、国务院决定的规定，从事无须取得许可或者办理注册登记的经营活动。

另外，该《无证无照经营查处办法》还划分开了部门执法查处的权限。对无照经营的，由工商行政管理部门依照规定进行查处。对无证经营的，由法律、法规或国务院决定规定的相关部门进行查处；执法主体不明确的，由省、自治区、直辖市人民政府确定的部门查处。而对既无证也无照从事经营活动，依照无证经营的规定予以查处。这些规定，一方面通过排除的方式，将之前执法实践中矛盾冲突较多的摊贩经营活动界定为"不属于无证无照经营"活动（当然需要在人民政府制定的场所和时间），从而保护了摊贩的权益；另一方面通过区分无照经营和无证经营两种活动，从而划分了工商行政管理部门和城管执法部门的执法权限，赋予城管执法部门明确的执法依据。正如前文已经提到的，这一版本的《无证无照经营查处办法》的出台，也经历了多方面、若干阶段的讨论和征求意见，但这些规定在实际执法过程中可能还会面临不少问题，还需要在实践中继续调整和完善。

也有城市开始在城管执法与司法系统的衔接上进行探索。例如宁波市海曙区从 2002 年开始探索结合城管、警察、法庭的综合执法机制。该区在 2002 年建立了公安城管保障警队，2003 年 4 月又建立了法院城管联络室；从而形成了分散查案、专职办案、集中审案的运作机制。查案、办案、审案的分离，减少了城管中对抗执法和案件执行难的问题。[①] 更进一步的，2009 年，西安市莲花区在全国率先建立了行政城管巡回法庭。该法庭配备专门的审判人员，集中受理市城管局和莲湖区城管局的非诉讼案件的执行工作。西安市的其他区法院的行政庭也集中受理城管非诉讼案件。城管与司法系统的衔接机制，同样也写入了《西安市城市管理综合行政执法条例》和《浙江省城市管理相对集中行政处罚权条例》。

最后看新技术在城管执法中的运用。首先是数字化城市管理技术在全国多个城市的推广。截至 2010 年 6 月，全国已有 128 个城市开通了数字化城市管理平台。这些平台大多设置了热线电话，接收市民的投诉。[②] 很多城市的城管执法机构以此平台为基础，开始实行网格化执法，例如北京、

[①]《徐贵长在全区城管系统工作会议上的报告》（2004 年 2 月 13 日）(http：//www.nbhscg.gov.cn/zwgk/CurrencyInfo.asp？id=11656&DeptStreetID=40&SortNum=C03010)。

[②]《仇保兴副部长在全国数字化城市管理工作总结交流会上的讲话》(http：//www.mohurd.gov.cn/lswj/ldjh/qiubx.htm)。

天津、南京等。天津市更是将执法过程中需要的法律法规进行编码化管理，形成《案由编码手册》和《违则罚则编码手册》，实现了事由、案由和违则罚则的对应。数字化执法方式的运用，还在执法过程的规范、执法人员的考评等方面产生着影响。① 还有一些城市的执法机构通过开通网络论坛、微博，以及微信等方式，增加与普通市民的互动渠道。有的执法人员甚至将个人的联络方式主动告知他所分管"网格"的市民；市民则可以通过这些方式直接向执法人员进行投诉和反映问题。② 相信这一系列新的互动渠道的拓展，会在不久的将来催生一些新的制度安排。

（三）中央层级对地方实践经验的吸纳

由前面两章的讨论我们可以看出，在制度试验过程中，贯穿着中央政府与地方政府的互动。地方政府创新制度形式；中央政府允许不同地方政府在一段时间内采取不同的制度设计，并在几个关键点上掌握着控制权。中央政府在更高层级的制度安排中不断地接纳着地方政府的制度创新成果。③ 处在控制一方的中央所具备的优势是拥有制度选择权。不同地方的不同制度设计，在实施一定时间之后，其制度效果会逐渐显露。这就形成了对同一问题的不同解决方案（制度）之间的竞争。中央政府只要在它认为适当的时候，选择一个较好的解决方案（或综合几种方案而形成一个新的方案），然后就可能形成新的制度安排。

一个较早出现的案例是中央对相对集中行政处罚权的范围的界定。前文提到 2000 年国务院法制办提出的"6 + 1 模式"就是吸取了前两年地方政府的试验经验。当然，迄今为止，中央政府并没有决定将上述哪一种模式作为全国统一的模式加以推广。在 2008 年年底，更是通过规范性文件的形式将该职责交给了城市政府自行设立。但这种权限的下放，其实也可以视作是一种新制度的选择。只是在这之后，城管执法体制内部的人员和普通民众要接受一种"非大一统"的制度安排，④ 可能也需要一个过程。

---

① 天津市城市管理综合执法局：《运用信息网络技术 提高依法行政能力》，第五届全国城市管理执法论坛暨城市管理行政执法工作现场会，长沙市，2010 年 5 月，第 42—43 页。
② 访谈对象 MC - 201007 - 08 访谈记录。
③ Sebastian Heilmann and Elizabeth Perry, "Embracing Uncertainty: Guerrilla Policy Style and Adaptive Governance in China. " in Sebastian Heilmann and Elizabeth Perry, Eds, *Mao's Invisible Hand*, edited by Cambridge, MA: Harvard University Asia Center, 2011, pp. 7 - 8.
④ 特别是那些认为城管执法机构是"杂牌军"的观点。如果深究这一观点的来源，还是更多受计划经济时代过分强调执法机构的"条条"权威带来的影响——一个执法部门不是中央直属的，或制度和组织统一的，就不够权威。

对这一制度安排的怀疑和不适应，是原先计划经济体制思维的一种延续；当然，它也恰恰体现了城管执法体制方面的特殊性。但我们不应因这一结果的出现，而否认了在中国其他领域进行的制度试验最后能够形成一个统一的制度安排的情况。

虽然在体制设置上没有全国统一，但在这二十几年的制度试验过程中，中央还是通过吸收地方制度创新的经验，调整和修订了一些原有的制度安排。例如，1999年全国人大法律委员会在修订《大气污染防治法》时，就考虑到：

> 有些常委委员和地方、部门提出，大气污染防治涉及面广，应当发挥各级人民政府有关主管部门在大气污染防治管理工作方面的作用。因此，法律委员会建议在第四条中增加规定："各级人民政府其他有关主管部门在各自职责范围内对大气污染防治实施监督管理。"①

在2000年4月公布的《大气污染防治法》中，第4条就正式修改为：

> 县级以上人民政府环境保护行政主管部门对大气污染防治实施统一监督管理。各级公安、交通、铁道、渔业管理部门根据各自的职责，对机动车船污染大气实施监督管理。县级以上人民政府其他有关主管部门在各自职责范围内对大气污染防治实施监督管理。

同样的情况也出现在2007年制定的《城乡规划法》中，其第9条规定为"任何单位和个人都有权向城乡规划主管部门或者其他有关部门举报或者控告违反城乡规划的行为。城乡规划主管部门或者其他有关部门对举报或者控告，应当及时受理并组织核查、处理"。这些法律法规的修订，都是在吸收了地方试验成果的基础上，试图在中央层面解决原有法律中的过分强调"条条"的问题。在2011年6月30日通过的《中华人民共和国行政强制法》第十七条中，也明确出现了"依据《中华人民共和国行政处罚法》的规定行使相对集中行政处罚权的行政机关，可以实施法律、法规规定的与行政处罚权有关的行政强制措施"。

---

① 参见《全国人大法律委员会关于〈中华人民共和国大气污染防治法（修订草案）〉修改情况的汇报》（1999年12月17日）。

除了法律法规的修订，第五章我们谈到的其他领域对相对集中行政处罚权制度建设经验的吸收和借鉴，尤其是农业综合执法、文化综合执法以及大部制改革等，都可以视为中央层级对一项制度试验成果的吸纳。

借用克里夫德·格尔茨在界定诠释学时所用的话语，[①] 我们可以说：当我们对未来的制度设计及其实施效果还不甚了解到时候，尝试对它进行部分的建构，从而逐步形成一套系统的制度和组织安排。这或许是制度试验在地方层级运用的要义。而从另一个角度，我们也可以认为，将制度建设的"重心"由高高在上的中央下放到与普通民众和社会现实更为接近的地方甚至基层，这不仅减少了信息传递的距离和扭曲度，而且也增加了制度建设者与制度受众之间的互动。这可能正是为什么在韩博天等人看来，在政策试验过程中对于底层的政策输入（input）的接纳，成为中国现有政体的韧性（resilience）和适应性（adaptability）的基础。[②] 替换一下，我们应该也可以说，在制度试验过程中，对社会变迁的应对和制度受众要求的接纳，成为现有体制韧性和适应性的基础之一。

四 制度试验的问题之一：新旧制度冲突中的城管

以上，我们讨论了制度试验具备的两个优势。那么这一制度建设模式是否会带来一些问题呢？正如我们本章开始所总结的，试验式的制度建设模式有两个方面的特点：一是虽然明确公开的声称要建立新的制度，但却没有全国性的、系统的制度文本，地方性的制度实践往往先于中央层级的制度安排而出现；二是制度试验过程中，乃至制度试验结束后，新生制度的次级制度安排可能在同一个国家的不同地方存在差异。从城管执法体制的形成过程可以发现，制度试验的上述特点会带来两个方面的问题，一是新生成的制度（特别是还处在地方实践中的制度）会与已有的制度，尤其是中央层级的制度产生冲突；二是新的制度安排会给那些处于试验中的组织和个人产生影响。这两个方面的问题，前一个涉及的是新体制形成过程中的制度层面，后一个则主要表现在新生组织及其成员身上。第一章我们

---

① Clifford Geertz, *Local Knowledge: Further Essays in Interpretive Anthropology*, New York: Basic Books, 1983, p. 224.

② Sebastian Heilmann and Elizabeth Perry, "Embracing Uncertainty: Guerrilla Policy Style and Adaptive Governance in China." in Sebastian Heilmann and Elizabeth Perry, Eds, *Mao's Invisible Hand*, edited by Cambridge, MA: Harvard University Asia Center, 2011, p. 8.

在讨论制度和组织的概念时曾指出，二者之间存在着紧密的联系；同样的，上述两个方面的问题也是相互关联的。当然，在其他模式的制度建设过程中也可能会出现类似的问题；但这两个问题在试验过程中表现得更加突出。以下将分别讨论这两个的问题。

（一）试点阶段的法律争议

制度试验过程中，地方政府即便通过中央政府（或其部门）的授权而开展试点，但这种授权并不能完全解决制度更替的合法性问题。新旧制度交替过程中，还存在着与新建立的制度不同的其他既有的全国性制度安排，以及与授权试点的系统或部门不同的其他中央级系统或部门。地方政府如果仅依靠一方面的授权来建立可能影响多个方面的制度，势必会与非授权制度或部门产生冲突。这就是本部分所谓法律争议的来源。

就相对集中行政处罚权制度试验来看，授权试点的中央部门是国务院法制局（办），授权的直接文本为国务院法制局（办）给各个城市政府的复函。当然，也可以将《行政处罚法》作为这一授权的法律依据。[1]但该制度试验的目的却是要将原本来自几部法律法规和属于几个中央部门的行政执法权集中到一个部门中，于是，相关的法律争议也就在所难免了。前文已经列举了《城市规划法》和《环境保护法》等法律规定中与该制度试验可能产生的冲突。实际上，这样的法律法规还有《道路交通管理条例》（1988年起实施，2004年失效）等其他有处罚权被集中的法律法规。

在试点阶段，其他政府部门往往援引这些已有的法律条文，来作为拒绝执行新的制度安排的理由。[2]此外，有部分城市的法制部门也以相对集中行政处罚权制度缺乏法律依据为由，拒不开展此项工作。[3]前文也已提到，有学者曾就国务院法制局批准一些城市进行城市管理综合执法试点的合法性提出了质疑。当时也有人提出，鉴于《行政处罚法》的原则规定还不够，必须由国家另行制定城管综合执法的法律、法规后，才能在城市管

---

[1] 该法的第十六条："国务院或者经国务院授权的省、自治区、直辖市人民政府可以决定一个行政机关行使有关行政机关的行政处罚权，但限制人身自由的行政处罚权只能由公安机关行使。"
[2] 当然，也有其他部门利益的考虑，正如前文已经分析过的。
[3] 访谈对象 MC - 201008 - 07 访谈记录。

理领域开展相对集中行政处罚权工作。① 但是，如果全国性的城管综合执法的法律法规可以轻易制定出来的话，那么也就不用开展这一领域的制度试验了。

针对上述争议，时任国务院法制办公室副主任的曹康泰在 2000 年的深圳会议上专门做了回应。他提出：从体制上看，根据《宪法》和《地方各级人民代表大会和地方各级人民政府组织法》的规定，地方政府对于行政执法机构的设置本来是有权作出调整的。《宪法》第 107 条规定，"县级以上地方各级人民政府依照法律规定的权限，管理本行政区域内的经济、教育、科学、文化、卫生、体育事业、城乡建设事业和财政、民政、公安、民族事务、司法行政、监察、计划生育等行政工作，发布决定和命令、任免、培训、考核和奖惩心中工作人员"。《地方各级人民代表大会和地方各级人民政府组织法》第 64 条规定："地方各级人民政府根据工作需要和精干的原则，设立必要的工作部门""省、自治区、直辖市的人民政府的厅、局、委员会等工作部门的设立、增加、减少或者合并，由本级人民政府报请国务院批准，并报本级人民代表大会常务委员会备案""自治州、县、自治县、市、市辖区的人民政府的局、科等工作部门的设立、增加、减少或者合并，由本级人民政府报请上一级人民政府批准，并报本级人民代表大会常务委员会备案"。根据这些规定，地方政府报经上一级政府批准后，有权设立和调整其工作部门，并确定其承担的职责。②

曹康泰的这一提法，试图从更高阶位的法律文本（《宪法》）中寻找制度试验的合法性。但他也承认：暂时难以对有关单行法律、法规作全面修订。《行政处罚法》的立法意图，即是希望能由国务院或者国务院授权省、自治区、直辖市政府统一调整和重新配置行政处罚权；从而改变由于一些单行法律、法规规定不合理造成的行政执法机构过多、过滥的问题。③ 此后，国务院法制办的人员又曾援引《立法法》中关于法律规范的适用规则

---

① 参见《关于印发曹康泰同志在全国相对集中行政处罚权试点工作座谈会上的讲话的通知》（国法〔2000〕63 号），载《相对集中行政处罚权工作读本》，中国法制出版社 2003 年版，第 59 页。这一质疑实际上否定了制度试验本身。因为此一制度试验的目的就是试图制定一个全国性的综合执法的法律或法规。虽然 2008 年之后这一目的可能性发生了变化。当然，正如前文提到的，后来的情况是已有学者提交了《中华人民共和国城市管理法草案（专家建议稿）》，并获得相关部门的回应。

② 《关于印发曹康泰同志在全国相对集中行政处罚权试点工作座谈会上的讲话的通知》（国法〔2000〕63 号），载《相对集中行政处罚权工作读本》，中国法制出版社 2003 年版，第 44—45 页。

③ 同上书，第 45 页。

来继续论证相对集中行政处罚权制度的合法性。①但直到2002年，依旧有行政部门认为没有必要实行相对集中行政处罚权制度；有的虽然原则上赞成，但涉及本部门的职权调整时便以各种理由反对；有的则直接不配合，甚至设置障碍。②

迄今，《城乡规划法》《大气污染防治法》等单行法规得以修订；浙江、青岛等部分省市地方法规或规章也逐步出台；住房和城乡建设部的《城市管理执法办法》业已颁布；国务院《无证无照经营查处办法》也已经出台；城市的政府部门和民众对相对集中行政处罚权制度接受程度也在逐步提升；城管执法体制面临的法律冲突问题似乎正在逐步减少。但是，在城管执法范围内的一些法律法规和条例规章等制度本身，却依旧存在着诸多不完善地方，这也导致了制度试验过程中其他的冲突。

（二）次级制度执行过程中的争议

也有部分争议问题是次级制度在地方执行过程中暴露出来的。首先看法律法规中自由裁量权过大的问题。以"擅自在城市公共道路上堆放物品"这一违规现象为例。在1996年颁布实施的《城市道路管理条例》（国务院第198号令）的第42条规定，可以对该行为处20000元以下罚款（不区分个人或单位）；但这一规定自由裁量空间是如此之大，以至于执法人员很难以此为处罚依据。③实际执法过程中，执法人员往往援引其他具有更为明确处罚额度的条例。但是，其他不同条例的规定也存在相互矛盾的地方。例如，B市城管执法人员在处理上述情况时就发现，若依据B市所在X省颁行的《X省城市市容和环境卫生管理条例》，则规定对该违规行为的处罚额度为100—1000元（不区分单位或个人）；而若依据《B市市容管理条例》，则违规的单位要处以200—1000元的罚款，违规的个人则要处以50—200元的罚款。针对同一违规行为，三个条例却有着三种不同的处罚规定。类似的自由裁量权过大、"同罪"不同罚的法条为数不少。不仅如此，这些处罚依据往往还存在着缺乏操作性的特点。这也容易造成有的执法人员随意按照自己熟悉的条款进行处罚；有的甚至是凭感情、凭心情

---

① 方军：《开展相对集中行政处罚权试点工作的调研报告》，载《相对集中行政处罚权工作读本》，中国法制出版社2003年版，第248页。
② 《关于印发曹康泰同志在省、自治区、直辖市政府法制办主任会议上的讲话的通知》（国法〔2002〕72号），载《相对集中行政处罚权工作读本》，中国法制出版社2003年版，第74页。
③ 访谈对象MC－201006－27访谈记录。

来处罚。① 这些现象，可以在某种程度上解释为什么西安市以《行政处罚自由裁量权执行标准》推行"标准化执法"能引起如此多关注。②

其次是执法依据过于分散。由于城管大多是"借法执法"，其执法范围存在于多部法律法规中。前文提到的深圳市在推行街道综合执法期间，涉及的法律法规达 88 项 583 条。其他城市虽然没有深圳市集中的执法权范围那么广，但包含的法律法规数量也相当可观。再以 B 市为例，根据该市城市管理局编纂的《法律法规汇编》（1999—2004 年版本和 2005—2008 年版本，两者同时有效，互为补充），其中涉及城市规划、绿化、工商、市政、人防、爱卫、市容等领域的条例、规定、通知等共计 97 个，具体条款达数百条。

所以，很多城管执法人员声称，他们非常羡慕交通警察：

> 他们只要根据一部《道路交通安全法》进行执法。该法对于轻微的违规行为只规定一个处罚标准；而对于那些严重的违规行为，则规定了一个较小的自由裁量空间。这样，执法操作起来就容易多了。而我们在执法过程中，不仅没办法考虑法律的正确性（上位法和下位法的效力问题等），更多要考虑的是法律法规的可操作性。还有的处罚需要其他单位来定损，然后我们要根据他们的定损报告进行处罚。单就在违规行为的定性上，我们就要耗费很大的精力。我们不希望有那么大的自由裁量权。③

最后一个问题是关于执法强制权。行政强制权在中国是一个非常敏感议题，这也导致《行政强制法》迟迟不能出台。④ 按照《行政处罚法》第 16 条规定，"限制人身自由的行政处罚权只能由公安机关行使"。城管部门在执法过程中，普遍缺乏正当的执法保障手段，特别是在试点阶段和

---

① 陕西省西安市城市管理综合行政执法局：《扎实推行标准化执法 努力提升城管工作质量》，第五届全国城市管理执法论坛暨城市管理行政执法工作现场会，长沙市，2010 年 5 月，第 64 页。
② 同上书，第 63 页。
③ 访谈对象 MC - 201006 - 27 访谈记录。
④ 何海波：《法治的脚步声——中国行政法大事记（1978—2004）》，中国政法大学出版社 2005 年版，第 224 页。《中华人民共和国行政强制法》已于 2011 年 6 月 30 日经第十一届全国人大常委会第二十一次会议讨论通过，并于 2012 年 1 月 1 日起实施。该法的第十七条明确规定了"依据《中华人民共和国行政处罚法》的规定行使相对集中行政处罚权的行政机关，可以实施法律、法规规定的与行政处罚权有关的行政强制措施"。

推广初期。例如，虽然有城市规定，城管执法人员对机动车驾驶员在人行道停放车辆有权处罚；但实际上这样的执法通常难以执行，因为城管执法人员无扣押驾驶证的权力、无拖车权、无查抄违规人员身份证的权力。[①] 虽然近年来运输淤泥渣土的车辆屡屡成为城市道路交通事故的肇事者，但城管执法人员对这些车辆违规行为的查处，也往往因为无权对车辆实施约束措施而导致无法执行。[②]

既然城管执法缺乏强制权，那么近年来引发城管执法人员与商贩冲突的原因又是为什么呢？这其实与《行政处罚法》第 37 条的规定有关："行政机关在收集证据时……在证据可能灭失或者以后难以取得的情况下，经行政机关负责人批准，可以先行登记保存。"城管执法人员在对无证摊贩执法时，往往依据此规定采取"证据先行登记保存"措施。但普通民众或记者却常常以"扣押"等词语代替这一法律术语的表达。正如我们前面所讨论到的，需要登记保存的证据往往正是那些摊贩们赖以生存的物品，所以在登记保存过程中很容易发生摊贩与执法人员的冲突。当然，我们不能说所有城管执法人员的执法方式和程序都是没有问题的，但是"证据先行登记保存"这一规定的使用，的确是产生众多冲突的一大原因。

近年来，有不少城市试图通过成立公安城管分局（分队）的形式实现城管执法部门与公安机关的配合，以增强执法的权威性。但这需要城市领导人具备一定的影响力，才能促成公安力量的派驻。[③] 另外，自 2010 年以来，公安部也有意取消各地公安机关派驻城管部门的分支机构，这也令城管执法部门与公安部门相互配合的前景打上了一个问号。

2015 年 12 月出台的《中共中央 国务院关于深入推进城市执法体制改革 改进城市管理工作的指导意见》一方面提出了城市管理部门可以实施其具体执法范围内法律法规规定的行政处罚权有关的行政强制措施，而另外需要集中行使的具体行政处罚权及相应的行政强制权，由市、县政府报所在省、自治区政府审批，直辖市政府可以自行确定；另一方面，该意见也提出了要加强城管执法与司法部门衔接的目标：

  建立城市管理部门与公安机关、检察机关、审判机关信息共享、

---

① 广州市人民政府法制局：《广州市开展城市管理综合执法试点工作情况》，载《相对集中行政处罚权工作读本》，中国法制出版社 2003 年版，第 335 页。
② 青岛市人民政府：《青岛市城市管理综合执法试点情况》，载《相对集中行政处罚权工作读本》，中国法制出版社 2003 年版，第 355 页。
③ 访谈对象 MC - 201007 - 18 访谈记录。

案情通报、案件移送等制度，实现行政处罚与刑事处罚无缝对接。公安机关要依法打击妨碍城市管理执法和暴力抗法行为，对涉嫌犯罪的，应当依照法定程序处理。检察机关、审判机关要加强法律指导，及时受理、审理涉及城市管理执法的案件。检察机关有权对城市管理部门在行政执法中发现涉嫌犯罪案件线索的移送情况进行监督，城市管理部门对于发现的涉嫌犯罪案件线索移送不畅的，可以向检察机关反映。加大城市管理执法行政处罚决定的行政和司法强制执行力度。

同时，该意见也对城管执法中的强制权使用做出了限制：

> 严禁随意采取强制执法措施。坚持处罚与教育相结合的原则，根据违法行为的性质和危害后果，灵活运用不同执法方式，对情节较轻或危害后果能够及时消除的，应当多做说服沟通工作，加强教育、告诫、引导。综合运用行政指导、行政奖励、行政扶助、行政调解等非强制行政手段，引导当事人自觉遵守法律法规，及时化解矛盾纷争，促进社会和谐稳定。

假如这些目标能够逐步落实的话，那么城管执法的规范性将得到进一步的提高。

但是，即便住房和城乡建设部颁布了《城市管理执法办法》，这一部门规章仍将面临一些质疑；而城管执法范围的再一次模糊化更是体现了这其中所面临的诸多困境。由于诸多执法职能涉及多个部门，城管执法队伍的执法任务量和压力依旧巨大；况且，作为国务院组成部门的住房和城乡建设部并非一个比其他相关部委更高一级的机构，其在协调其他部门相关执法权限的具体实施时所具备的权威性也并不充分，即便能够在《城市管理执法办法》中明确执法范围，这一类型的部门规章对其他部门的约束性也显得不足。因此，解决城管执法过程中多部门无法协作的问题，单单寄希望于住房和城乡建设部和这一部门规章，恐怕是不够现实的。即便国务院出台的单单针对无证无照经营摊贩的查处办法，也会涉及工商行政管理部门和城管执法部门的协调问题，这在具体实践中可能依旧会面临诸多操作性问题。

(三)"带着镣铐跳舞"的城管

从以上分析可以看出,在过去的20多年里,中国城管执法体制的建立过程如同"戴着镣铐跳舞"一般。概括而言,城管执法体制在两个方面与之前的行政体制安排有着明显的不同:一是执法权限的集中维度是横向的,而不是经常发生的纵向维度集权放权的调整;二是在城管执法组织架构上长期面临着的"中央无部委、省里无厅局"的局面,使得城管部门成为城市政府中非常特别的一个部门;由于"上面没人替你说话",城管执法部门往往面临着与其他部门大为不同的组织生态环境。

另外,当我们反思城管执法体制的建立过程时,我们也要承认,并不是地方政府所有的探索都能建立起符合当地需要的制度(即使是临时性的)。这一反思,似乎又让我们回到了前面讨论的:城管执法其实是在调和一部分人对生活环境的需求和另一部分人对生存的需求之间的矛盾。这一矛盾所产生的问题,很多并非仅依靠城管执法机构就能解决的。举例来说,B市有市民向市长信箱投诉小区内的违章建筑问题;城管执法人员调查后发现,该违章建筑的违规者家庭生活十分困难。但举报者却在举报信中说,"生活困难,可以通过别的途径解决,不能因此违搭违建。否则你们是怎么管理城市的?"这种情况下的城管执法面临的难题是:上级领导和投诉人督促查办,不查不行;但如果不顾违规者面临的现实困难,强行拆除违章建筑,则可能会产生更严重的问题。[①]如何能让一个城市做到兼顾一部分人的"面子"和另外一部分人的"肚子",可能是摆在城市领导人(而不仅是城管执法部门)面前的一个更大的议题。

五 制度试验的问题之二:"孤独"的城管执法机构和人员

以上分析的是制度试验所面临的新旧制度的冲突。本节将从三个方面,讨论作为制度试验产物的城管执法机构和执法人员在制度试验过程中面临的问题。

---

① 访谈对象 MC - 201007 - 08 访谈记录。

（一）来自政府内部的不配合

首先来看城管执法机构与政府其他部门之间的关系。在国办发〔2000〕63号文中提出："试点城市集中行政处罚权的机关应当作为政府的一个行政机关，不得作为政府一个部门的内设机构或者下设机构。"前文我们已经讨论了在试验过程中尤其是在处罚权交接过程中其他部门的不配合。这里我们要再讨论一下部门之间信息共享的问题。国发〔2002〕17号文要求"实现集中行使行政处罚权的行政机关与有关部门之间行政管理信息的互通与共享"。但时至今日，城管部门与其他部门之间的信息互通却并不畅通。[①] 例如，在查处违章建筑过程中，需要用到被查建筑的规划图纸，但要城管执法人员从规划部门获得该图纸却并不容易。再如，B市某区执法人员在查处一起擅自开挖城市街道路面的违规行为时，发现违规者是B市市政公用局下属的施工队，施工目的也是为修复公交车停车站的问题电路。但市政公用局在施工前并未向施工队签发施工许可，"因为他们觉得没这必要"[②]。当城管执法人员按照《城市道路管理条例》对施工人员进行处罚时，市政局和违规者双方都对此表示不满。其实，如果市政公用局在施工前按照程序签发施工许可，施工队在接受城管执法人员调查时出示许可，那这一案件也就根本不存在了。[③]

再看城管执法保障方面，这主要体现在与公安机关的相互配合上。早在试点初期，深圳市罗湖区就提出要建立公安和综合执法之间的联系，保障综合执法人员的人身安全。[④] 在国发〔2002〕17号文中也明确了"对以暴力、威胁方法阻碍集中行使行政处罚权的执法人员依法执行职务的行为，公安机关要及时依法作出处理，直至依法追究刑事责任，不得作为民事纠纷进行处理"。实际运作中，也有部分城市成立了公安城管分局或公安驻城管分队；但还有很多城市并未设立相应的机构。即使是那些设立公安分支机构的城市，被派驻的公安人员在与城管执法的配合上也并不积极。[⑤] 那些没有设立公安分支机构的城市，城管执法人员的执法就更没有

[①] 参见邓云峰《当前我国城市管理体制的现状、问题及对策》，第五届全国城市管理执法论坛暨城市管理行政执法工作现场会，长沙市，2010年5月，第89—90页。类似的例子还有很多。

[②] 访谈对象MC－201006－34访谈记录。

[③] 访谈对象MC－201006－34、MC－201006－27访谈记录。

[④] 罗湖区行政执法检查局：《探索行政综合 执法促进政府机构改革》，载《相对集中行政处罚权工作读本》，中国法制出版社2003年版，第347页。

[⑤] 访谈对象MC－201006－02、MC－201006－12访谈记录。

保障了。有的城市，城管执法人员在执法过程中与被执法对象发生冲突后，当地公安机关还是会按照民事纠纷调解程序来处理。城管执法人员即使被打伤，只要不是恶性事件，当地公安机关一般也不立案进行调查。[①]

再看城管下派街道遇到的问题。下派街道是城管执法人员权责下沉的一种做法，例如北京市崇文区的综合执法模式、[②] 深圳市实施的街道综合执法等。但这会产生被派驻的城管执法队伍与街道办事处之间的关系处理问题。如果被派驻的队伍在行政关系上直属于区城管执法局（大队），那么街道可能不会事事予以配合。反之，如果被派驻队伍与城管执法局（或大队）并非直属关系，而跟街道关系更紧密，则可能会出现街道办事处要求城管执法队伍承担一些并非其职能范围内的事项；例如有的街道要搬迁办公场所，都要求派驻的城管执法队伍出动车辆和人员参与其中。[③]

如果这里的"政府"是广义的话，那还需要再提一下司法系统对城管执法的态度。例如在2002年，辽宁省法制办就提出该省的部分地方法院对城管机关的合法性不认可；辽宁省法制办曾就试点及执法主体的问题与省高院进行过协调，但个别基层法院对执法机构的主体资格和执法依据仍旧提出异议。当时，辽宁省法制办建议国务院法制办与最高法院进行协调沟通，以达成共识。[④] 但时至今日，这样的情况依旧存在。例如，在某些城市，当行政相对人拒不执行城管执法人员的处罚时，城管执法人员无法向法院申请强制执行，"因为法院并不受理这样的案件"[⑤]。当然，正如前文提到的，近年来出现了宁波市和西安市探索城管非诉讼类案件申请法院强制执行的机制，但这一机制要在全国范围内实现恐怕还需要较长的时间。

（二）来自社会的不认可

除其他部门或机构的不配合外，城管还面临着来自社会的不认可。首先看行政相对人的态度。"公安管坏人，工商管富人，城管管穷人"这句

---

① 访谈对象 MC-201007-10、MC-201007-11 访谈记录。
② 王建华：《北京市崇文区城市管理模式介绍》，第五届全国城市管理执法论坛暨城市管理行政执法工作现场会，长沙市，2010年5月，第28—35页。作者时任北京市崇文区城管大队大队长。
③ 访谈对象 MC-201006-27、MC-201006-28 访谈记录。
④ 辽宁省人民政府法制办公室：《认真开展相对集中行政处罚权试点工作 积极探索行政执法体制改革》，载《相对集中行政处罚权工作读本》，中国法制出版社2003年版，第391—392页。
⑤ 访谈对象 MC-201006-12 访谈记录。

话基本上表达了三个机构在执法时所面临对象的不同。公安机关在执法过程中拥有合法使用暴力和限制人身自由的权力；工商行政管理机关在执法过程中也具有查封扣押财物、吊销营业执照等权力；而城管执法人员仅有"证据先行登记保存"的权限。这仅有权限的使用，也因为容易引发与相对人的冲突而变得非常敏感。另外，因为城管执法机构在"中央无部委、省里无厅局"，而各地城管执法人员也没有统一的制服，① 以至于他们更多地被冠以"地方部队""杂牌军"等称谓。虽然部分省市试图在各自辖区范围内统一城管执法人员的着装，② 但在这样一个信息时代，省际间制服的区别还是很容易被识别出来。

这里还需说明一点的是，我们也要对不同类别的城管执法的行政相对人加以区分。虽然相对人中多数是下岗工人、近郊失地农民，甚至是大学生，但也有一些相对人可能是当地的地痞无赖。③ 例如有这样一个案例：2009年12月10日，在南京工程学院江宁校区门口，江宁区科学园综合管理办公室的城管执法人员与在学校附近占道经营的摊贩发生冲突。数十名摊贩手持铁棒、铁铲围殴城管执法队员。事件中，共有十几名城管执法队员被打，其中8人受伤，3人伤情严重。但城管执法人员在整个过程中始终没有动手。更令人吃惊的是，一名过路的大学生因为说了一句支持城管执法人员的话，结果也遭到了摊贩们的殴打。④ 这起案例中的摊贩，我们可能很难把他们归为弱势群体中。

再看普通市民的态度。这些年来，可能很少有城市的城管执法部门能在民众中拥有良好的声誉。例如，在B市前些年的"群众评议机关作风"中，城管部门曾经连续数年位列倒数第一。⑤ 但这只是问题的一方面。另

---

① 根据《国务院办公厅关于整顿统一着装的通知》（国办发〔1986〕29号），经批准可以统一着装的部门及人员中不包括城管执法部门及人员。即使是在《财政部监察部国务院纠风办关于做好整顿统一着装工作的实施意见》（财行〔2004〕15号）中也明确排除了城管执法机构及人员统一着装的资格。近来在这一问题上实现了突破性进展，在2017年1月11日的国务院常务会议上，已经通过了《城管执法统一制式服装和标志标识管理办法》，以便在全国统一和规范管理城管执法制式服装、标志标识。这一办法如果得以落实，也算是在一定程度上摘掉了城管执法"杂牌军"的帽子。在稍后的住建部新闻通气会上，则将这一举措的时间表明确为2017年年底，参见明雪菲《我国首次统一城管制服 推进规范执法、文明执法》（http://finance.people.com.cn/n1/2017/0217/c1004-29089032.html）。
② 访谈对象MC-201007-06、MC-201007-08访谈记录。
③ 访谈对象MC-201006-31访谈记录。
④ 焦哲：《城管遭围殴8人受伤 过路学生说句公道话也遭暴打》，《扬子晚报》2009年12月12日第A13版。
⑤ 访谈对象MC-201007-06访谈记录。当然，近几年来，这一情况已经得到很大的改观。

一方面，在很多时候，普通市民的心态其实是自相矛盾的，不论是作为整体还是作为个体的市民。比如，并不是所有的城市居民都是反对城管执法的，更不是所有的居民都反对城管所有的执法行为的。这集中体现在前述的"脸皮"与"肚皮"的矛盾上。而即使是作为个体的市民有时也会有着自相矛盾的心态。例如在 X 省 F 市，有一位市民在路边摊点购买完青菜之后，接着便拨打了城管投诉电话，要求城管执法人员马上查处他刚才买菜的那个摊点。而当城管执法人员赶到现场时，该市民依旧站在那里，声称要亲眼看着城管执法人员取缔这个摊点。同时，他的手里还拿着刚刚买的青菜。① 再以一位城市居民的行为为例：

  一次她送小孩上学途中，在马路边买菜时，恰巧碰到我们城管队员把这些乱摆的菜摊撵进市场，妻子的同事就很不满意，遇到我就念叨："人家在路边卖点东西碍着了谁？你们真是多管闲事！"可没几天，还是这位女士去接小孩，见乱摆的摊点堵塞了交通，又抱怨说："唉，路都堵住了也没人管，城管队员干什么去了！"②

  长期以来的负面报道也使普通市民对城管执法人员产生了一些误解。例如，笔者在 B 市做田野调查时，恰巧碰到一位被查处的摊主到城管执法中队所在地寻衅滋事。期间，该摊主用拳打了他身边的一位协管员，该协管员只是躲避，并未还手。这时，又过来 4 名协管员合力将这位摊主抱住。当时，有不少周边居民围观；但整个过程中，5 位协管员并未动手打那位摊主。2 小时后，当我对其中两位围观市民进行访谈时，他们却一致认为是"几个城管"打了那位摊主。③ 这里我并非意图说明所有城市的城管执法人员在执法过程中没有问题，只是希望把事实的另外一面也呈现出来以供读者作出判断。

  就连部分企事业单位都对城管执法机构存在一些认识上的误区。例如，按照 1997 年 11 月颁布的《罚款决定与罚款收缴分离实施办法》（国务院第 235 令），执法机关要实施罚款决定与罚款收缴分离。财政部等也联合下发《财政部、中国人民银行财政部、中国人民银行关于印发〈罚款代收代缴管理办法〉的通知》（财预〔1998〕201 号）。但有的城管执法机

---

① 访谈对象 MC - 201006 - 31 访谈记录。
② 魏彬：《城市管理需要更多理解——一位城管队员的呼唤》，《中国市容报》2000 年 8 月 2 日第 2 版。
③ 访谈对象 MC - 201006 - 32、MC - 201006 - 33 访谈记录。

构在联系银行设立缴款账户时，却遭到银行的拒绝。①

最后来看新闻媒体的态度。近年来，城管执法成了"时时刻刻处在聚光灯下"的行为。② 新闻媒体多年来对城管执法的大量报道，确实起到了监督城管部门和执法人员的作用。③ 但同样不能否认的是，部分媒体的新闻报道也存在着一定的偏颇。有负责城管"条口"的新闻记者就曾坦言，现在新闻媒体记者大都面临着相当大的"生存压力"，所以他们更热衷于把新闻报道写得能够"吸引眼球"些。④ 因此，就有部分新闻记者在报道时过多关注于城管处罚或"证据先行登记保存"的瞬间，而忽视了执法的整个过程。⑤ 为了扭转在新闻媒体和公众面前的众多负面形象，也有城管执法部门开始主动跟新闻媒体沟通，有的甚至主动邀请新闻记者全程参与执法过程。⑥ 但要达到扭转形象的目的，除了城管执法机构自身在执法过程中要严格规范外，市民的逐步接受也需要一个过程。前文提到的南京和贵阳市民对城管局评价的好转可看作是对这一努力的肯定。

（三）来自城管执法体制内部的焦虑

让我们回到城管执法机构和人员本身。其实，城管执法机构内部也存在着一种群体性的焦虑。这一焦虑主要来自四个方面。第一是工作压力大。近年来，众多城市的城管执法机构均采用了"全天候、全方位、全覆盖"⑦ 的执法模式。这对执法人员的数量和工作时间都提出了很高的要求。有城管执法队员就称自己的工作模式是"5+2"和"白加黑"，即没有双休日和经常性加夜班。⑧ 当然这与城管执法的工作性质有关，毕竟违反城市管理条例的行为在任何一天的任何一个时段都有可能发生。另外，执法人员数量不足也是导致他们工作压力大的一个原因。早在2000年深圳会

---

① 访谈对象 MC – 201007 – 08 访谈记录。
② 杜丁、傅沙沙：《北京市城管局局长履新百日 誓言重塑城管形象》，《新京报》2010年11月8日第A10版。
③ 这一点众多接受访谈的城管执法人员都表示同意。有的城管执法人员坦言，必须要把每次执法行为当作是旁边就有记者在拍摄采访那般。来自访谈对象 MC – 201007 – 08 访谈记录。
④ 访谈对象 MC – 201006 – 16 访谈记录。
⑤ 魏彬：《城市管理需要更多理解——一位城管队员的呼唤》，《中国市容报》2000年8月2日第2版。
⑥ 访谈对象 MC – 201006 – 11 访谈记录。
⑦ 参见天津市河西区城市管理综合执法局《打造和谐城管 建设宜居城市》，第五届全国城市管理执法论坛暨城市管理行政执法工作现场会，长沙市，2010年5月，第45页。
⑧ 访谈对象 MC – 201007 – 01 访谈记录。

议时，广州就提出了这一问题。[①] 现在，不少城市的城管执法人员编制数量仍然是在试点阶段确立的，且并未随着近年来快速的城市化进程而增加。图6-1对比了6个城市的城管执法人员数量情况（其中香港特区的人员数量仅为食物环境与卫生署小贩管理特遣队人数）。从该图可以看出，除北京和广州两市外，其他城市在执法人员数量上与香港的差距还是很大的。而如果考虑到内地城市城管执法人员更为宽泛的执法范围，那这一差距就更显著了。

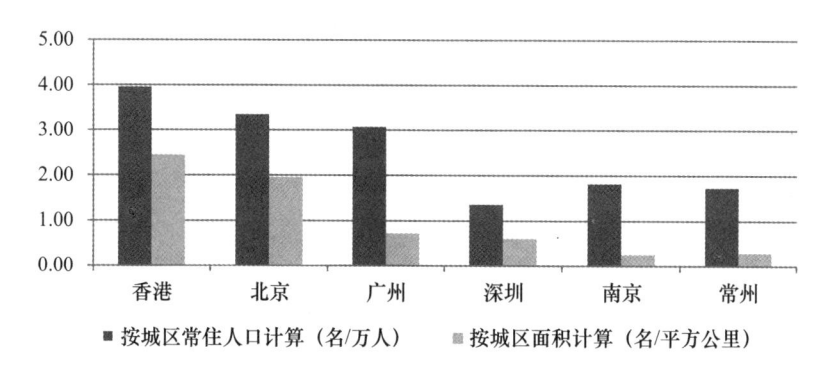

图6-1 六城市执法人员数量对照图

注：香港的人口资料为截至2000年年底的居住人口数量；北京市为截至2000年近郊8个区的常住人口和面积；其他城市皆为截至2009年年末市区户籍人口数量及市区面积；内地5城市人口数量并不包括数量不小但难以精确统计的流动人口数量。

资料来源：香港的执法人员数据和土地人口数据来自香港立法会CB（2）2107/99-00（02）号文件及《香港年报2000》。北京执法人员数为2000年8个城近郊区数据，来自北京市人民政府法制办公室《北京市实施城市管理综合执法体制改革的探索与实践》，载《相对集中行政处罚权工作读本》，中国法制出版社2003年版，第307页；土地面积和人口数量来自《北京年鉴·2001》，第32、68页，其中人口数量为户籍人口与暂住人口数的总和。广州、深圳、南京执法人员数量来自张型锋《城管系统编制缺口近半》，《深圳晚报》2010年10月7日第A04版；常州执法人员数量来自江苏省常州市城市管理（行政执法）局《以规范化建设为抓手 全力推进城管队伍建设》，第五届全国城市管理执法论坛暨城市管理性执法工作现场会，长沙市，2010年5月，第144页；上述4个城市城区土地面积和常住人口数据截至2009年年末，分别来自《广州统计年鉴·2010》《深圳统计年鉴·2010》《南京统计年鉴·2010》，以及《常州统计年鉴·2010》。另外，参考了访谈对象MC-201007-032、MC201012-001访谈记录所得到的数据。

当然，不同城市一般都配备有一定数量的协管员，只是比例有所不

[①] 广州市人民政府法制局：《广州市开展城市管理综合执法试点工作情况》，载《相对集中行政处罚权工作读本》，中国法制出版社2003年版，第336—367页。

同；有的城市是按照执法人员与协管员1∶1配置的，有的城市的这一比例则是1∶2或1∶3。① 但是，协管员本身并不具备执法资格，只有辅助管理的职能。所以，在讨论执法力量时，是不能将其纳入该比较中的。遗憾的是，在实际工作中，出现了部分城市故意以协管员作为执法人员的问题，②这也使得协管员的使用问题成了媒体关注的焦点。深入的调查可以发现，协管员的配置一般在街道办事处的数量会较多；他们大多为当地的下岗职工或困难户。这些协管员多是街道为执行《中共中央 国务院关于进一步做好下岗失业人员再就业工作的通知》（中发〔2002〕12号）的要求而设置的就业岗位。③ 当然，近两年来，一些城市开始面向社会公开招聘城市管理协管员，而且对应聘者的年龄和学历等方面提出了明确的要求。例如2014年9月，四川省广元市城市管理局行政执法局面向全市公开招聘城市管理协管员，要求应聘者年龄须在18—33周岁，高中及以上文化程度。④

2017年1月颁布的《城市管理执法办法》的最终稿却删除了之前征求意见稿中"协管人员数量不得超过在编执法人员，并应逐渐减少"的条文，以及表述协管员职责的条目，仅仅提出了"城市管理执法主管部门应当严格协管人员的招录程序、资格条件，规范执法辅助行为，建立退出机制"，以及"协管人员从事执法辅助事务产生的法律后果，由本级城市管理执法主管部门承担"⑤。由此可见，在短期内，协管人员至少还是辅助开展城市管理执法的重要力量。未来，如果要限制协管员聘用的数量和比例，那么面对繁重的城管执法任务，适当增加正式执法人员的编制数量就成了一个需要考虑的问题。

---

① 访谈对象 MC – 201006 – 13、MC – 201007 – 06、MC – 201007 – 09、MC – 201007 – 18、MC – 201008 – 07 访谈记录。
② 访谈对象 MC – 201007 – 08 访谈记录。
③ 该通知明确要求"各级政府要把有劳动能力和就业愿望的男性50周岁以上，女性40周岁以上，就业困难的下岗失业人员作为再就业援助的主要对象（以下简称大龄就业困难对象），提供即时岗位援助等多种帮助。由政府投资开发的公益性岗位要优先安排本地大龄就业困难对象"。这一措施的出台，是为了应对当时不断出现的下岗职工的抗争所带来的社会不稳定；除了中央的政策外，地方政府，特别是部分城市政府也有类似的政策出台。参见 John Hassard, Jonathan Morris, Jackie Sheehan, and Xiao Yuxin, "Downsizing the Danwei: Chinese State-Enterprise Reform and the Surplus Labour Question." *The International Journal of Human Resource Management*, Vol. 17, No. 8, 2006, pp. 1441 – 1455。
④ 参见广元市城市管理行政执法局网站招聘公告（http://www.scgycg.gov.cn/Article/ShowArticle.asp?ArticleID=1316）。
⑤ 参见住房和城乡建设部网站关于《城市管理执法办法》的网页（http://www.mohurd.gov.cn/fgjs/jsbgz/201703/t20170330_231330.html）。

第六章 制度试验的特征、优势与产生的问题

在 2015 年 12 月出台的《中共中央 国务院关于深入推进城市执法体制改革 改进城市管理工作的指导意见》中，对协管员的聘任和使用做出了明确要求：

> 各地可以根据实际工作需要，采取招用或劳务派遣等形式配置城市管理执法协管人员。建立健全协管人员招聘、管理、奖惩、退出等制度。协管人员数量不得超过在编人员，并应当随城市管理执法体制改革逐步减少。协管人员只能配合执法人员从事宣传教育、巡查、信息收集、违法行为劝阻等辅助性事务，不得从事具体行政执法工作。

除了人员编制数量与工作任务的失衡之外，还有人员专业素质方面存在的短板。正如前文已经提到的，在相对集中行政处罚权改革之前，城管监察部门往往会成为军转干部安置的重要接收单位。时至今日，在 2015 年 11 月的《关于深入推进城市执法体制改革改进城市管理工作的指导意见》中，依旧有"加大接收安置军转干部的力度"这样的内容。而作为执法机构的城管执法部门，执法人员中法律专业人才的匮乏也是影响其执法质量的重要因素。

焦虑的第二个来源是组织职能定位不清晰导致的自我认知模糊。前文已经提到，在执法范围方面，不同城市存在着不同的模式，有"6+1""7+1""8+1"等。其中的"1"指的是"履行省、市人民政府规定的其他职责"这一兜底条款。而实践中，当城市领导人发现某项新的执法职能暂不能确定应由哪个部门来负责时，一般会先行划给城管执法部门，理由就是这个兜底条款"1"。所以有城管执法人员抱怨说，"城管是个筐，什么都往里装……在我们这里是'1'>'7'"[1]。而当试行一段时间若发现问题，则又会进行调整。这当然也体现了前文提到的制度试验过程中的反复性。但如此一来，城管部门的职能范围会经常性增加或减少。这种调整不仅造成了外界对城管部门职能定位的模糊，也造成了城管部门内部人员对其自身定位的模糊。

一个好的趋势是，在 2015 年 12 月出台的《中共中央 国务院关于深入推进城市执法体制改革 改进城市管理工作的指导意见》中，将城管综合执法的具体范围明确为"住房和城乡建设领域法律法规规章规定的全部行政处罚权；环境保护管理方面社会生活噪声污染、建筑施工噪声污染、建筑

---

[1] 访谈对象 MC - 201007 - 01 访谈记录。

施工扬尘污染、餐饮服务业油烟污染、露天烧烤污染、城市焚烧沥青塑料垃圾等烟尘和恶臭污染、露天焚烧秸秆落叶等烟尘污染、燃放烟花爆竹污染等的行政处罚权；工商管理方面户外公共场所无照经营、违规设置户外广告的行政处罚权；交通管理方面侵占城市道路、违法停放车辆等的行政处罚权；水务管理方面向城市河道倾倒废弃物和垃圾及违规取土、城市河道违法建筑物拆除等的行政处罚权；食品药品监管方面户外公共场所食品销售和餐饮摊点无证经营，以及违法回收贩卖药品等的行政处罚权"。更晚近颁布的《无证无照经营查处办法》也在一定程度上区分了工商行政管理和城管执法两个部门的执法权限。这些新制度的陆续出台，一方面可以减少职能定位不清带来的焦虑感；另一方面也可以被视为在长期开展了各类制度试验之后在全国范围内取得的共识。当然，上述执法范围涉及了多个"条条"和领域，具体实施起来，该由哪个部门或者某一具有足够权威性的法律或法规来进行界定，都尚不明确。更为根本的是，上述执法范围的确定，其科学性依据如何进行阐释，本身也容易引起部分人的质疑。

第三个方面来自财政经费保障不力。虽然在国办发〔2000〕63号文中明确了"集中行使行政处罚权的行政机关的执法人员必须是公务员……所需经费列入本机关的预算，由本级政府财政全额拨款"；但除部分城市的城管执法人员被列为公务员编制外，很多城市一般是按照"参照公务员管理"或事业编制来配置执法人员的。甚至还有城市，如B市，到2010年时连执法人员的事业编制都不能解决。该市城管执法人员每年由区政府按65000元/人拨付经费。但这一经费与一般行政机关的人头费概念不同，前者除包含人员的工资、奖金、福利，还包括了单位的办公经费、车辆维修费、医疗保险等等。执法人员实际的年人均收入稍多于40000元。此外，个人的养老、医疗保障问题多年来都没有一个明确的解决方案。[1] 而对比同市同区的另外一个一般的行政部门的人均年收入（包含年终奖金、但扣除住房公积金和个人所得税）则超过73000元，[2] 这还不包括财政另外全额拨付的若干办公经费和稳定的养老医疗保障等。[3] 如此明显的待遇差别使得不少城管执法人员选择用"绝望"来形容他们现在的士气。[4]

不过，在2015年12月出台的《中共中央 国务院关于深入推进城市执

---

[1] 访谈对象 MC-201006-15 访谈记录，此处的数据为2010年时的数据。
[2] 由于年终奖金具体数字不详，所以只能进行估计。
[3] 访谈对象 MC-201010-01 访谈记录。
[4] 访谈对象 MC-201006-12、MC-201006-27、MC-201006-28 访谈记录。

法体制改革 改进城市管理工作的指导意见》中，提出了"各地要因地制宜加大财政支持力度，统筹使用有关资金，增加对城市管理执法人员、装备、技术等方面的资金投入，保障执法工作需要"的要求，希望这一意见能够改变城管执法部门长期以来经费保障不力的尴尬局面。

第四方面来自职业升迁渠道狭窄。这也是让城管执法人员产生"绝望"情绪的另外一个问题。由于某些城市的执法人员不能进入公务员管理序列，这导致他们无法与其他行政部门的人员之间进行职位的交流和提升，只能走内部升迁的路径。例如，B市某区城管执法大队多年来除大队长一人外，其他人员没有任何往外单位流动晋升的机会。[1] 在对执法人员实行参照公务员管理的F市，到2010年时，才出现一位城管中队长参加街道科级干部竞聘上岗并获得成功的案例；而这已被普通执法人员视为一个很大的激励了。[2]

与职业升迁相关的是在荣誉称号的评选方面的欠缺。一位从公安系统转调到城管执法部门的访谈对象曾谈道：

> 在各级政府和新闻媒体对各部门的先进人物进行大张旗鼓的宣传表彰的时候，广大群众往往对……"全国优秀警察"……"全省办案能手"的事迹耳熟能详，却没怎么听说某某城管人员如何先进、如何优秀。……全国各地对城管先进人物的宣传报道很少，有也仅限于地市级以下层次。[3]

不能获得高层级的荣誉称号，不仅对城管执法人员的职业升迁造成了一定的负面影响，而且也使得他们在职业荣誉感上无法获得满足。

2015年11月9日召开的中央全面深化改革领导小组第十八次会议审议通过了《关于深入推进城市执法体制改革改进城市管理工作的指导意见》，其中提出了"要加快推进执法重心和执法力量向市县下移，推进城市管理领域大部门制改革，实现机构综合设置，统筹解决好机构性质、执法人员身份编制等问题"[4]。而在2015年12月出台的《中共中央 国务院关于深入推进城市执法体制改革 改进城市管理工作的指导意见》中，则进

---

[1] 访谈对象 MC-201006-13 访谈记录。
[2] 访谈对象 MC-201007-03、MC-201007-04 访谈记录。
[3] 访谈对象 MC-201012-07 访谈记录。
[4] 佚名：《习近平：全面贯彻党的十八届五中全会精神 依靠改革为科学发展提供持续动力》(http://news.xinhuanet.com/politics/2015-11/09/c_1117085752.htm)。

一步明确提出了"建立符合职业特点的职务晋升和交流制度,切实解决基层执法队伍基数大、职数少的问题,确保部门之间相对平衡、职业发展机会平等"的目标。这些理念和目标基本上迎合了现有城管执法体制中相关执法人员职业发展的现实需求。之后的 2016 年 9 月,浙江省在全国较早地制定了本省的《关于深入推进城市执法体制改革 改进城市管理工作的实施意见》。该意见是对中央提出的目标的衔接,其中的内容既强调了部门间职责分工、信息共享和工作协调的问题,也提出了要统筹解决执法队伍的人员编制、结构及待遇问题,还试图从执法保障上衔接行政执法与司法系统。① 当然,这些意见如何能较好地得到落实到位,也是值得持续跟进关注的。

上述四个方面的问题,加上前面分析的不被社会理解所带来的压力,使得城管执法机构内部人员出现了所谓的"群体性焦虑"。有的城管执法人员甚至会经常反问"为什么受伤的总是我?"有的队员在大学毕业并从事城管执法工作两年后,都不愿意向家人坦白自己的工作性质。甚至还有人认为,现在的城管执法人员需要专业的心理疏导,来排解因为不同人群的不同期望而带来的人格分裂。由此可见,从局内人的角度来看城管执法从业人员,可能与新闻媒体中刻画的形象有着多方面的不同。

---

① 具体文件内容参见浙江省住房和城乡建设厅网站网页(http://www.zjjs.gov.cn/n115/n117/c354010/content.html)。

第七章 结论

制度在国家的经济和社会发展过程中所起的作用已经得到了众多社会科学界学者们的重视。但并非所有国家都能如愿以偿地建立起合理的制度并能够有效地执行它们。即使是在某一个特定的国家，在不同的领域中，制度建设的成败也是差别巨大的。那么，为什么有的国家或者某个国家的某些制度领域里，可以建立起有效的制度，而在另外一些国家或制度领域内却不然呢？这就涉及制度建设的方式，也就是具体机制问题了。

本书所展示的是在中国长期以来时常得以运用的一种制度建设的机制——制度试验的具体运作。试验式治理模式并非只出现在中国，在稍早些的年代里，它曾经在苏联得以提倡，只是随着苏联官僚科层制的完善，这一模式的重要性逐渐被忽视。美国虽然在此后的不同时期也有过类似的实践，但是真正让这一机制引发了学术界深入思考的，却是它近年来在欧盟范围内的广泛实践。只是，一部分西方学者简单地认为，欧盟应该被视为这一治理模式的全球先锋，而几乎完全忽视了早已将之熟练运用的中国。

诚然，同样是试验主义治理模式，它在中国和欧盟的实践并不完全相同。虽然两地的实践都是对不确定性的应对和对地方性知识的重视，但是由于在政治架构方面存在的差异，因此中欧两地制度试验模式还是有着明显的不同。其中最为明显的是中国有着一个既有的中央权威，并且这一权威在制度试验过程中起到了掌控者的角色。

此外，在制度试验的讨论过程中还提醒我们应该重视新制度建立过程中人类学习行为的重要性。因为在道格拉斯·C.诺思等人看来，人们的学习活动才是理解和解释制度变迁的起点。虽然社会学制度主义很早就关注到了以同构为目的的学习行为，但是这一流派的分析仅将学习的对象聚焦到组织之外的模式和经验，而忽视了组织及其成员还有可能会向自身的实践学习。正如孔飞力（Philip A. Kuhn）所指出的，在现代国家构建问题上，比之来自外部世界的影响，根植于本土环境及相应的知识资源的"内部动力"要带有更为根本的性质——归根结底，外部世界的影响也是要通过这种内部动力起作用的。[①]

道格拉斯·C.诺思等人虽然也较早提出了组织及个体向自身实践学习的模式，但是，他们的这一模式并未注意到学习过程中可能存在的无目的性和无组织化。并且，他们自己也承认，其所呈现的只是一个初步的分析框架；还有很多问题需要更为深入的研究。

本书通过对中国城管执法体制的形成过程的分析，细致呈现了制度试验模式在中国的具体运作过程。期间，行动者在试验中的学习活动，不论在学习源方面，还是在学习形式方面，都有非常明显的特色。本章笔者将总结全书，概括出本书的几点结论；然后，笔者将从比较的角度来探讨制度试验模式在当下中国的地位和存续性；接下来，笔者还将通过概括中国城管执法体制的发展历程，来讨论本书所具备的现实意义；最后，笔者将讨论本书所存在的不足及可供进一步研究的方向。

一　本书的基本结论

本书在区分制度与政策的基础上，首先提出了制度试验的定义，并区分了试验、试点、实践等几个容易混淆的概念。简言之，试验是一个更为总括性的概念，而试点和实践（不论是未经中央授权的地方性实践，还是中央统一组织之下的实践活动）则只是整个试验过程中的不同部分。接着，笔者将制度试验的整个过程划分为6个阶段：一是试点前的探索阶段，二是正式试点阶段，三是初步评估及扩大试点范围，四是结束试点及总结经验，五是经验推广阶段，六是制度的形成阶段。在此基础上，本书还提出了制度试验循环过程。一个完整的制度试验的循环，起始自地方性的探索实践，终结于全国性的制度安排的制定。而随着新制度的执行，一轮新的制度试验可能又开始酝酿了。

本节以下将通过回应本书第二章提出的两条假设，来得出本书的四个基本结论：

第一，制度试验是一个只有预定方向而没有详细蓝图的制度建设过程；全国性、系统的制度安排是制度试验的目标而非起点。在制度试验的

[①] 〔美〕孔飞力：《中国现代国家的起源》，陈兼、陈之宏译，生活·读书·新知三联书店2013年版，第7页。

第一个阶段里，为了应对城市治理中出现的问题，地方政府（主要是城市政府）先行探索了新制度建设的不同方向；这些探索虽然有的被中止了，但它们都为中央政府确立制度试验的大致方向提供了可资借鉴的经验。之后，正式制度试验的启动和制度建设方向的选择权由中央政府掌控。试验进入试点阶段时，中央并未出台详细的制度安排，而是允许地方政府在既定方向上作各自的创新，并对其加以检验。如此，不同的城市可以实施类似的制度；或者相似的城市可以实施不同的制度。这体现了制度试验过程中的变量控制。试验过程中，中央与地方可能会对同一个问题有着不同的认识和考虑；但他们可以通过会议或其他方式进行沟通。试点阶段，除了组织机构的设置外，小规模、特殊性的制度规范在不同地方得以实践；这都为下一步大规模、普遍性的制度建设做准备。

第二，在试验过程中乃至试验结束后，行动者并不追求在同一个国家的不同地区里建立新制度的同步性和匀质性，而是允许新制度的次级制度安排在不同地方存在差异。当制度试验在一定范围内开展一段时间后，中央政府开始总结各地区试点的经验（包括新成立的组织架构和制度安排，以及它们的运作模式），并选择一些地区及其做法将它们树立为"典型"或"模范"，以供其他地区，特别是那些未开展试点的地区学习。此一阶段，中央并不仅仅推广一个典型或一个模范，而是同时推广多个；由其他地区自己选择需要学习的对象。此外，那些制度试验开展并不顺利的单位，其失败的教训同样也会被总结提出，以供下一个阶段参考。在第五阶段，试点地区的经验（包括那些不被树立为典型和模范的单位的经验），都可能成为其他地区学习和借鉴的对象。这一阶段里，前面取得的试验经验经由多种渠道和机制在全国范围内扩散开来。典型扩散方式包括会议、信息公开、参观考察、开门立法等。在第六个阶段，在制度试验的前五个阶段，各地区在中央既定的制度建设方向上，已经形成了许多次层级的组织设置和制度安排的模式。此时，中央政府可以抽取其中一种；或在综合上述制度试验成果的基础上，再参考国外制度设计的经验，从而形成一个全国性的制度安排。

总的来说，制度试验过程中，各地方首先探索性地实践不同的安排或方案，在经过中央正式授权后，各试点单位则逐步公布和实行不同或类似的次层级的制度形式。试点期间，乃至试点结束后的经验扩散阶段，不同的地方性制度、地域性规定和要素组合方式同时并存，并形成互相竞争的态势；从而可能出现多种有效的典型或模范。之后，高层级的行动者会从这些实践中发现和选择最有效的或者能得到认可的做法，并逐步将其提炼为抽象的原则,从而形成全国性的制度安排。而这一全国性的制度安排中,则容纳了多个方面的要素,除了由制度试验所总结出来的实践经验外,也不排斥借鉴国外地区的实践经验和制度安排。①

第三,行动者的学习活动在制度试验中呈现出学习源的多元化的特点,其过程也表现出明显的目的性和组织化。在制度试验的前三个阶段,仅就学习源来看,它们既包括无正式授权下的地方自主实践,也有中央组织下的通过试验进行学习;试验过程中也并没有封锁向组织之外的经验学习的渠道。在学习的方式上,出现了以会议、调研、征求意见、文件等形式的学习。

到了制度试验的后三个阶段,同样也有着频繁的学习活动,且学习的主体变得更为广泛,除了前面提到的中央和地方政府之外,还包括其他能影响制度建设进程的学习主体,如社会团体、学者、记者,以及普通市民等。学习的来源同样是兼顾自身实践和外部经验。而学习的形式也多种多样,既包括传统的会议、典型示范、信息公开,也有最近兴起的开门立法等。但所有的学习活动,其过程和节奏还是受中央政府的掌控,而学习的目的也大都围绕着制度建设既定的方向,从而体现出明显的目的性和组织化。行动者在制度试验过程中的学习活动,既影响了制度试验的大体方向,也影响了制度建设最终的内容和组织架构的形式。

这一类型的学习活动,与已有学者的研究在两个方面有所不同。一方面是学习源的多元化,制度试验中的学习不仅会保持开放地向组织之外的制度模式和经验学习,也更注重向组织内部的实践活动和历史传统学习;另一方面是学习形式的系统化,制度试验中的学习,除正式试点开始前的地方性实践阶段外,其他阶段都是在中央政府的组织控制之下、朝着一个明确的制度建设目标而进行的学习。另外,试验中的学习并非一蹴而就,而是体现出从具体的学习活动到抽象的制度安排的多次反复。

第四,制度试验能较好地应对制度建设中的不确定性,并能吸引更多主体参与到制度建设过程中,从而降低了制度建设的风险;但新生制度可能与已有制度发生冲突,而新生的组织也可能面临着比已有组织更为复杂的组织生态。

关于制度试验具备的优势。一方面,转型国家的制度建设过程,往往会面临着众多的不确定性;而制度试验可以较好地应对这些不确定性。地

---

① 这里参考了法学界学者的观点,参见季卫东《法律秩序的建构》,中国政法大学出版社1999年版,第168—169页。

方政府可以通过取得试验资格而尽快获得解决当前实际问题的机会；中央政府则可以将新制度设计的风险，降低为选择已有制度方案的风险；另一方面，在一个不完全开放的政治系统里，制度试验可以允许更多的创新主体参与到制度建设过程中。在地方层级，制度试验可以较好地利用地方性的知识和实践；中央又可以适时地将地方实践的成果吸纳到全国性的制度安排中。正是由于制度试验具备上述两个优势，使得它成为中央与地方在制度变迁过程中的共同选择。因此，我们可以发现，当代中国有很多领域的新旧制度的更替都是以这种模式进行的。

关于它可能带来的问题，又与制度试验的前面两个特征密切相关。第一个问题是新旧制度的冲突，这是由于中央政府在试验之初并未制定出普遍适用的、详细的新制度，却又提出了以新代旧的目标；这在部门之间和地方层面直接激起了新旧制度的摩擦。这样的冲突不只发生在试点阶段，也可能会发生在次级制度在地方执行的过程中。第二个问题是新生组织的"孤独"。担负实践新制度任务的新生组织，将在整个制度试验过程中面临着缺乏全国性的制度安排"撑腰"的局面；另外，各地区制度安排和组织架构模式的不统一，也让新生制度面临着更为复杂的组织生态。新生组织的这种"孤独"感，既来自公共权力组织的其他部分的不配合，也来自社会方面的不认可，还来自体制内部的群体性焦虑。

二 如何认识试验机制在当下中国的地位

其实，除了形成时间早晚和是否存在一个处于调停地位的中央权威外，中欧两地试验主义模式的第三个不同则是，中国试验式治理的沿用面临着很大的压力。相比较而言，欧盟的试验主义虽然被有人批评为有违代议制民主和法治的精神，但至少在官方层面，并未受到多少刻意限制。而且从近年来的发展势头看，试验主义治理模式很可能成为处理全球性治理问题（例如环境保护等）的标准解决机制。[1]

制度试验模式在当下中国面临困境的主要原因有以下几点。首先，随着人们追求制度化和常态化的意愿的加强，制度试验本身所带来的不确定性问题就逐渐暴露了出来。韩博天就曾指出：

---

[1] Grainne de Burca, Robert O. Keohane and Charles Sabel, "Global Experimentalist Governance," *British Journal of Political Science*, Vol. 44, No. 3, 2014, pp. 477–486.

一旦人们的期待和兴趣转向维护现状，或者热衷于财富的再分配时，试验就会受制于需求和供应双方，比如利益集团和公民开始寻求具有普遍性和不可逆转的规则，从事国内和跨国经济的主体要求同等的法律保护，决策者开始把试验看成政治风险，渐进立法主义可能因而避免试验。最终的结果是政治和立法对政策试验的束缚越来越强硬。虽然试验对适应新制度有很多显而易见的优点，但是在多数国家中，这种约束机制还是妨碍了在大范围内进行试验。政党—国家体制下的中国也难以避免这种情况，尽管在过去三十年里中国显示了以试验为基础的经济治理方式的潜力，但近些年中国也开始缩小试验的范围，就是很好的证明。[1]

其次，制度试验缺乏相应的法律保护和政治保护。这主要表现在：不仅地方的先行先试的勇气不如之前，而且某些即使被部分高层领导人认定为成功的实践经验也没有起到示范和扩散效应。在郑永年看来，由于缺乏宪法等制度保障，地方政府的改革和创新实践的不确定性和风险都比较大。而由于缺乏政治保护，一些地方改革顾虑重重，既是因为缺少来自上层的充分授权，也是因为没有上层权力的政治支持，从而很难把地方改革经验上升到国家层面。[2]

此外，地方政府的官员出于"吸引眼球"的动机，在委任制的外部激励下，倾向于通过试验和创新的方式产生更多的制度供给，从而导致了制度供给的过剩和偏差。[3] 而在具体的试点实践中，对试验失败者的补偿问题常常引发争执和法律冲突。[4] 另外，正如前文已有学者通过对近年来生活垃圾"计量收费"政策试行过程的研究所指出的，政策试验过程的科层化也可能会消解试验本身可能的作用。[5]

---

[1] Sebastian Heilmann, "Policy Experimentation in China's Economic Rise", *Studies in Comparative International Development*, Vol. 43, No. 1, 2008b, p. 24.

[2] 郑永年：《中国的"行为联邦制"：中央—地方关系的变革与动力》，邱道隆译，东方出版社2013年版，中文版序，第9—10页。在中国的城管执法体制建立过程中，时任国务院副总理的李岚清在其中就起到了推动和保护的作用，来自访谈对象MC‐201006‐08访谈记录。

[3] 谢志岿：《外部约束、主观有限理性与地方行政改革的制度供给》，《经济社会体制比较》2011年第2期。

[4] 韩博天：《通过试验制定政策：中国独具特色的经验》，《当代中国史研究》2010年第3期。

[5] 陈那波、蔡荣：《"试点"何以失败？——A市生活垃圾"计量收费"政策试行过程研究》《社会学研究》2017年第2期。

中国制度试验所面临的"生存"危机似乎可以从官方的相关话语在近年来的变化中看出端倪。这其中最典型的就是对"法治方式和法治思维"的大力提倡，也即所谓在"党中央有了政治决策后，要做到先立法、后推行，即便是先行先试、制度创新，也要先有法，要不就要有法律授权，不允许再存在法制轨道之外的所谓的试点"①。这似乎也正印证了前引学者们的判断。另外，近年来，谋求制度顶层设计的提法也屡屡出现，② 虽然这种提法同时也试图谋求"推动顶层设计和基层探索良性互动、有机结合"，但正如前文在对理性选择制度主义相关主张所评述的那样，不采取由下而上的策略，反其道而行之地追求制度的顶层设计往往难以奏效，特别是对中国这样的地域广阔、地区间差异巨大的国家而言。③

可喜的是，高层似乎已经意识到这一趋势所带来的基层干部改革创新动力不足的问题。在 2015 年 10 月 13 日召开的中共中央全面深化改革领导小组的第十七次会议上提出："要针对基层工作特点和难点，推动职能下沉、人员力量下沉，建立与基层改革实际需要相匹配的权责体系。要完善考核评价和激励机制，既鼓励创新、表扬先进，也允许试错、宽容失败，营造想改革、谋改革、善改革的浓郁氛围。"④ 2016 年 10 月底通过的《关于新形势下党内政治生活的若干准则》更是明确提出了"建立容错纠错机制，宽容干部在工作中特别是改革创新中的失误。坚持惩前毖后、治病救人，正确对待犯错误的干部，帮助其认识和改正错误。不得混淆干部所犯错误性质或夸大错误程度对干部做出不适当的处理，不得利用干部所犯错误泄私愤、打击报复"⑤。在 2016 年的《国务院政府工作报告》中也提出了："健全激励机制和容错纠错机制，给改革创新者撑腰鼓劲，让广大干部愿干事、敢干事、能干成事。"在 2017 年 5 月召开的中共中央全面深化

---

① 王殿学、闫坤、王安琪：《我国确立立法优先改革：法律未改，不得试点》（http://epaper.oeeee.com/A/html/2014-02/25/content_2025362.htm）。

② 佚名：《习近平主持召开中央全面深化改革领导小组第七次会议 李克强等出席》（http://www.gov.cn/xinwen/2014-12/02/content_2785771.htm）。

③ 当然，也有学者根据这一变化，总结概括出了一种新型的政策试验模式——"请示授权"，即地方政府在设计好创新方案之后，并不直接付诸实践，而是先请示高层级政府，在获得高层级政府正式确认并授权成为"试点"以后，进而展开创新实践。参见郁建兴、黄飚《当代中国地方政府创新的新进展——兼论纵向政府间关系的重构》，《政治学研究》2017 年第 5 期。

④ 佚名：《习近平谈基层改革：改革方案要落地生根 把改革落准落细落实》（http://cpc.people.com.cn/xuexi/n/2015/1014/c385474-27696927.html）。

⑤ 参见新华网相关网页（http://news.xinhuanet.com/politics/2016-11/02/c_1119838382_4.htm）。

改革领导小组的第三十五次会议上，习近平进一步提出了"要尊重基层实践，多听基层和一线声音，多取得第一手材料，正确看待新事物新做法，只要是符合实际需要，符合发展规律，就要给予支持，鼓励试、大胆改。要保护好地方和部门的积极性，最大限度调动各方面推进改革的积极性、主动性、创造性"[1]。在2017年7月召开的中共中央全面深化改革领导小组的第三十七次会议上更是提出了"加大改革创新在干部考核和提拔任用中的权重，建立健全改革容错纠错机制，形成允许改革有失误、但不允许不改革的鲜明导向"[2]。这一激励性导向更是明确将改革（制度或政策创新）与干部考核晋升联系起来，如能出台相关配套措施，相信应该更有利于调动地方层面的官员开展制度（政策）创新的积极性。而全国人民代表大会则以"授权决定"的立法方式助推制度试验，对与现行法律规定不一致、修改法律尚不成熟、需要先行先试的改革举措，全国人大常委会按照法定程序做出授权决定，为局部地区或者特定领域先行先试提供法律依据和支持。当然，这些来自中央层面释放的信号，如何通过具体制度保障的方式，消除地方政府工作人员的顾虑，是接下来中央政府的领导人需要继续推进的。

正如有学者指出的，试验主义治理可以看作更广泛意义上的反思现代性趋势的一部分。这种反思性的许多方面都体现在试验主义治理中，包括实践的复杂性、互相依赖性、社会加速性、灵活性，以及日益强化的监督和修正，这些特性可与更固化的、中央集权型的和形式化的传统治理相对照。[3] 在一个越来越联系紧密的全球化时代，系统性风险的应对几乎是所有共同体都要面对的巨大挑战。试验式治理模式（机制）在中国和欧洲的实践殊途同归，意味着它似乎成为人类的一种共同的选择。在全球治理中所出现的试验主义[4]也正表明了这一点。

欧盟内部已经形成的一套试验主义治理机制，这些机制在国际层面也同样扮演着越来越重要的角色。欧洲的试验主义治理工具在国际层面可能

---

[1] 佚名:《习近平：认真谋划深入抓好各项改革试点　积极推广成功经验带动面上改革》(http://news.xinhuanet.com/politics/2017-05/23/c_1121023049.htm)。

[2] 佚名:《习近平主持召开中央全面深化改革领导小组第三十七次会议》(http://www.gov.cn/xinwen/2017-07/19/content_5211833.htm)。

[3] Malcolm Campbell-Verduyn and Tony Porter, "Experimentalist in European Union and Global Financial Governance: Interactions, Contrasts, and Implications," *Journal of European Public Policy*, Vol. 21, No. 3, 2014, p. 411.

[4] Grainne de Burca, Robert O. Keohane and Charles Sabel, "Global Experimentalist Governance," *British Journal of Political Science*, Vol. 44, No. 3, 2014, pp. 477–486.

会变得更加科层化和具有强制性。由于欧盟与其他较小的国家的权力不对等,同行审议和联合规制的网络(federated regulatory networks)经常体现出以欧盟为核心、其他国家为外围的单方向互动关系。

反观中国,这一相对有效的治理机制却在实践中遇到越来越多的制约,甚至面临着生存危机。实际上,长期以来,"反定型化"原本是我们的政体所具备的一个灵活性的优势。[①] 地方政府可以自由探索对满足当地需要而言最有效的途径。要从根本上解决"良性违宪"所带来的困惑,必须转变有关中央与地方关系的思维。[②] 苏联地区随着科层制的逐步完善而放弃了试验机制的使用,由此所带来的灾难性后果是值得我们警惕的。如今,我们应该思考的是,如何在追求法治化的目标下,继续保持灵活性的优势,而非一味地限制和否定那些有效机制的运用。令人欣慰的是,从最近最高层领导人的表态中,我们似乎可以看到对试验机制作为一种重要工作"方法"或"做法"的认同可能会重新建立起来。[③]

三 本书的现实意义:客观认识当下的中国城管执法体制

首先,研究制度试验和其中的学习活动的现实意义。我们不能忽视制度试验机制在中国这样一个国情复杂的转型大国的现实意义,从本书的分析来看,它不仅是中央政府常用的一种工作方法,而且也是地方政府在探索新制度、新政策时经常使用的方式。在过去的30多年里,中国一系列制度和政策的应对机制是有效的,[④] 我们需要对这些机制加以总结和提炼,这既有利于反思我们自身的实践,也有利于拓展比较政治学理论研究的视

[①] 田雷:《"差序格局"、反定型化与未完全理论化合意——中国宪政模式的一种叙述纲要》,《中外法学》2012年第5期。
[②] 张千帆:《宪法变通与地方试验》,《法学研究》2007年第1期。
[③] 例如,习近平同志在中共中央全面深化改革领导小组的第三十五次会议上提到"试点是重要改革任务,更是重要改革方法。试点目的是探索改革的实现路径和实现形式,为面上改革提供可复制可推广的经验做法"。参见佚名《习近平:认真谋划深入抓好各项改革试点 积极推广成功经验带动面上改革》(http://news.xinhuanet.com/politics/2017-05/23/c_1121023049.htm)。
[④] Sebastian Heilmann and Elizabeth Perry, "Embracing Uncertainty: Guerrilla Policy Style and Adaptive Governance in China." in Sebastian Heilmann and Elizabeth Perry, Eds, *Mao's Invisible Hand*, Cambridge, MA: Harvard University Asia Center, 2011, p. 4.

野。中国的制度建设之路，需要依靠中国人民自己的实践，而不仅仅是依赖几位熟悉法律理论或外国法律的学者、专家的设计和规划，或全国人大常委会的立法规划。我们应该在自己的社会生活中，运用我们的理性，寻求现实可行的解决各种纠纷和冲突的办法，并在此基础上、在人们的互动（即相互调整和适应）中逐步形成一套与发展变化的社会生活相适应的规则体系。①

其次，关于城管执法体制。本书选取的当代中国的城管执法体制是一个在近年来引起广泛关注和争论的议题。它所引发的一系列负面新闻，使其成为中国社会转型和政治发展过程中一个备受争议的焦点。很遗憾的是，迄今为止，它在比较政治学领域尚未受到应有的重视。本书就是希望从比较政治学的相关理论来分析和讨论该体制的发展历史、形成过程以及其取得的成绩和存在的诸多问题。笔者也希望通过本书的分析和讨论，能使学者们以一个更为客观的态度来看待当代中国的城管执法体制，而不是仅仅局限于政府的宣传话语和媒体的新闻报道。

本书首先回顾了中国历史上与城管执法体制有关的制度安排和机构设置。总的来说，古代中国已较早出现了零散的城管制度和机构（官职）；但其实际运作都融政治保卫、治安防范与行政管理、行政执法为一体，只是在不同朝代存在程度上的差别罢了。即便到清代，城市管理的分工也并不明确，因而难以分离出专司城市管理及执法的机构，也不能形成独立的规范城市管理行为的法律与规章。这都与当时的城市发展水平和社会分工复杂程度有关。清代后期，自鸦片战争之后，随着西方城管执法模式借由租界地区而引入，中国的城管执法走向了专业化的道路——警察成为负责城管执法的主要机构（并在一定时期内承担着行政管理的职权）。民国时期的城管执法体制，基本上沿袭了清末以来的制度安排，警察机构依旧承担着主要的执法职能。遗憾的是，专业化的城管执法也在人力、财力、执法监督效果等方面存在着不足，从而无法提高中国城市的管理水平。

1949年后的中国并未沿袭清末和民国时期的模式，而是形成了一种仅以少量的专业执法人员，辅以单位体制所具备的社会化功能的模式。但是，随着单位制度的消解，加上城市化进程的加快，城市管理面临的挑战已非上述模式所能应对。此后，虽然中央、地方以及城市政府都试图通过制度和组织的调整来应对这些挑战；但这些调整并未突破改革开放前"条条林立"的体制框架，分散执法、执法部门化问题十分突出；执法过程中

---

① 参见苏力《法治及其本土资源》，中国政法大学出版社1996年版，第19页。

主体资格不明、"乱罚款""以罚代管"等问题依旧严重。20世纪90年代之后，国家有意识地开始推动行政过程法制化，这一取向也使得上述体制安排到了不得不改变的地步。

自20世纪80年代开始，地方政府，特别是城市政府，就开始了探索应对城市化带来的一系列新问题的解决方案。而城市管理行政执法问题更是其中的重要一环。地方政府的探索性实践，具有代表性的有两条路径：一个是以福州和厦门等地探索的在城建系统内实行的城建（市容）监察综合执法模式；另一个是上海和北京等地探索的以巡警为依托的综合执法模式。后一种模式在《警察法》颁布实施之后逐步淡出。前一种模式则成为后来在城市管理领域实行相对集中行政处罚权试点工作的起点。但是，这两种路径的探索（当然也不排除还有其他的探索实践），都为之后的相对集中行政处罚权制度试验提供了可资借鉴的经验。

1996年颁布的《行政处罚法》和之后国务院发布的《国务院关于贯彻实施〈中华人民共和国行政处罚法〉的通知》（国发〔1996〕13号）文，吹响了城管执法体制制度试验的号角。1997年，北京市宣武区及广西壮族自治区南宁市先后获得国务院法制局的批准，从而分别成为中国第一个开展相对集中行政处罚权试点工作的城区和城市。此后，又有更多的城市（或城区，或县级市）被批准为试点单位。到2000年7月，国务院法制办共批准北京市的8个区、天津市的4个区，以及广东、黑龙江、吉林、辽宁、河北、山东、湖南、广西等省、自治区的14个城市开展了相对集中行政处罚权的试点工作。到了2002年8月，全国已有北京、天津、重庆3个直辖市和23个省、自治区的77个城市获批进行相对集中行政处罚权的试点。

制度试验初期，对于应该"相对集中"哪些方面的行政权、如何集中、集中到哪个部门等问题，中央和地方都没有一个清晰的规定。各试点城市的主要精力则大都放在了成立机构和配置人员上。试点阶段，各地的执法机构的名称不尽相同。例如，北京市宣武区成立的是城市管理监察大队，隶属于市政管理委员会；广州市成立的是城市管理综合执法支队；深圳市罗湖区成立的是行政执法检查局；佳木斯设立的是城市建设检查局；大连市和营口市成立的是城市管理综合执法局；廊坊市和承德市设立的是城市管理局；青岛市则是在原有的城管办基础上加挂城市管理监察总队的牌子。

但是，也有部分城市尝试在制度上进行实践。有的城市先是以《开展城市管理综合执法试点工作的办法（通知）》的形式，规定有关集中行使行政处罚权的行政机关的职责权限、执法程序、执法责任制和评议考核等方面的规章制度。虽然这些制度现在看来有些零散和琐碎（尤其是那些内部性规范文件），但它们实际上在为制定更高层次的制度进行实践和试验。

2000年7月国务院法制办公室召集各试点城市，在深圳召开了"全国相对集中行政处罚权试点工作座谈会"。这次会议的议题是总结、交流相对集中行政处罚权试点工作的经验，研究试点过程中存在的主要问题，提出继续做好相对集中行政处罚权工作的意见和建议，特别是研究如何将相对集中行政处罚权工作中取得的主要经验运用于市、县机构改革。2000年9月，国务院办公厅下发了《国务院办公厅关于继续做好相对集中行政处罚权试点工作的通知》（国办发〔2000〕63号），通知提出要"积极稳妥地扩大试点范围"。另外，该通知还第一次就相对集中行政处罚权的"集中"范围作了建议性的规定。

2002年8月，国务院法制办在大连召开了"省、自治区、直辖市政府法制办主任会议"。会后，国务院于同年8月发布《国务院关于进一步推进相对集中行政处罚权工作的决定》（国发〔2002〕17号），该决定从中央政府的角度肯定了试点阶段的成效，也标志着制度试验第一阶段的结束。另外，该决定还正式将批准城市开展相对集中行政处罚权的权力由中央下放给省级人民政府。由此，城管执法体制的试验工作由试点阶段转向总结推广阶段。2003年10月21日，中国共产党第十六届中央委员会第三次全体会议通过的《中共中央关于完善社会主义市场经济体制若干问题的决定》中提出了要"改革行政执法体制，相对集中行政处罚权，推进综合执法试点"。这可视为中国共产党的最高决策层对相对集中行政处罚权制度试验的一种肯定。

2002年之后，有的省级政府为了更好地在全省范围内推进相对集中行政处罚权工作，试图以省政府规章的形式明确新成立的执法机构的人员编制、经费来源、权限划分等。其中具有代表性的是安徽省。该省于2006年6月出台了《安徽省城市管理相对集中行政处罚权办法》（安徽省人民政府令第192号）。它也成为中国第一部规范相对集中行政处罚权工作的省级政府规章。与此同时，一些具有地方立法权限的城市政府，则开始了相对集中行政处罚权的地方立法工作。2004年12月，厦门市人大常委会通过了《厦门市经济特区城市管理相对集中行使行政处罚权规定》。这是中国第一部关于相对集中行政处罚权的地方性法规。此后，珠海和青岛两市的人大常委会也分别于2005年和2006年通过了《珠海市相对集中行政处罚权条例》和《青岛市城市管理相对集中行政处罚权条例》；2008年6

月，西安市人大常委会通过了《西安市城市管理综合执法条例》；2008年8月，广州市人大常委会通过了《广州市城市管理综合执法条例》。

除了具有立法权的城市政府制定了地方性条例外，也有省级政府在这方面形成了正式的制度安排。2008年9月，浙江省人大常委会通过了《浙江省城市管理相对集中行政处罚权条例》。这是中国第一部由省级人大制定的地方性法规，它可视为相对集中行政处罚权制度建设进入一个新阶段的标志。2010年上半年，有部分学者向全国人大提交了《中华人民共和国城市管理相对集中行政处罚权条例（专家建议稿）》，这是该领域全国第一份专家建议稿。但遗憾的是，行政处罚领域并未进入当届全国人大的5年立法规划。另外，由于全国人大的立法权限是制定和修改有关法律，而不是行政法规和地方法规（"条例"）；所以这一建议稿更有可能会由人大转请国务院法制办处理。而在之后出台的《城市管理执法办法》虽然在一定程度上实现了全国统一的制度文本，但其在法律位阶和完备程度上都还存在较大的不足。

时至今日，城管执法体制的制度试验还不能说最终完成，在2015年12月出台的《中共中央 国务院关于深入推进城市执法体制改革 改进城市管理工作的指导意见》中依旧提到了要在组织领导方面鼓励各省市自治区开展试点。但是这一试验的经验却已经影响到了其他领域的制度建设。多个领域内新的制度安排在它的带动下已经催生或正在形成。这其中，就行政执法领域，具有代表性的有农业执法领域开展综合执法，文化领域推行综合执法（集中执法）。近年来在市场监督管理领域开展的统一执法改革，也可视为相对集中行政处罚权制度在这一领域的尝试。除了在"条条"上的集中执法之外，已有不少地区开始探索"块块"的综合执法模式。例如，山东省就率先在泰山和刘公岛两个风景名胜区实施相对集中行政处罚权。再如，南京市在火车站地区，以及上海市在轨道交通系统开展的区域综合执法等。行政执法领域之外，在行政许可、行政审批等更大范围内也开展了相对集中工作。大部制是其他行政管理领域的"相对集中"的另一个典型。在地方大部制改革过程中，部分省份也实现了城市管理（而非执法）权限的相对集中。还有城市开始考虑根据《行政许可法》的相关规定在行政许可权上尝试相对集中。

虽然城管执法体制在建设过程中得到了中央最高层的肯定，同时也成为其他领域借鉴的模式。但是，在实际运作中，它却不得不面对很多制度性的难题。这些难题一是来自缺少全国性法律的支撑，在侧重条条立法的时期颁布的，且尚未被修改的相关法律法规，都有可能会成为城管执法在法律上需要面对的障碍。二是在地方缺乏足够的认可度,"杂牌军"和"地方部队"等称呼就是这种现状的生动描述。而国务院在 2008 年出台的《住房和城乡建设部主要职责内设机构和人员编制规定》,却明确将城市管理的具体职责下放给了城市人民政府。这在一定时期内否定了在城管执法领域建立国家部委的可能性,从而使得城管部门"中央无部委、省里无厅局"的状况持续了相当长的时间。在中国这样一个"条条"依旧发挥重要作用的行政体制下,"上面无人撑腰"的城管执法不断地面临着"带着镣铐舞蹈"的尴尬局面。

令人欣慰的是,这一情况自 2014 年起开始出现变化。根据广州市城市管理委员会的相关负责人提供的消息,在 2014 年的全国两会之际,有相关代表团提案进行城管执法体制的改革,而这一提案已经获得中央编制办公室的回应。2014 年 7 月,中央编制办公室正式发文给住房和城乡建设部,由其统一管理全国的城管执法工作。该负责人还提出,未来可能会从中央层面统一城管执法部门的人员和机构。[①] 之后的 2015 年 3 月初,江苏省住房和城乡建设厅设立城市管理局,主要承担城市市容、环境卫生、城管执法和城市环境综合整治等工作职能。这是顺应中国共产党第十八届四中全会通过的《中共中央关于全面推进依法治国若干重大问题的决定》所提出的"理顺城管执法体制,加强城市管理综合执法机构建设,提高执法和服务水平"的要求而设立的。[②] 而 2015 年 12 月出台的《中共中央 国务院关于深入推进城市执法体制改革 改进城市管理工作的指导意见》更是明确提出了由国务院住房和城乡建设主管部门作为城管执法主管部门的要求。2016 年 8 月 19 日,住房和城乡建设部起草了《城市管理执法办法（征求意见稿）》,并向社会公开征求意见。[③] 而 2016 年 10 月 10 日,根据中央编办《关于住房和城乡建设部设立城市管理监督局有关问题的批复》（中央编办复字〔2016〕146 号）,住建部设立城市管理监督局,作为其内设机构,负责拟定城管执法的政策法规,指导全国城管执法工作,开展城

---

① 万宇:《住建部将统管全国城管执法》（http://epaper.xxsb.com/showNews/2014 - 11 - 21/193328.html）。

② 杨诚刚、王平:《江苏省住房和城乡建设厅城市管理局成立》（http://www.jscin.gov.cn/web/showinfo/showinfo.aspx?infoid = 994514df - b5ea - 4564 - ba1c - 027742af62a7&siteid = 1&categoryNum = 001001）。

③ 佚名:《住房和城乡建设部关于〈城市管理执法办法（征求意见稿）〉公开征求意见的通知》（http://www.chinalaw.gov.cn/article/cazjgg/201608/20160800481557.shtml）。

管执法行为监督,组织查处住房和城乡建设领域重大案件等职责。[①] 2017年1月,《城市管理执法办法》得以正式颁布,并于5月1日正式实施。这些进展似乎都在表明,未来在城管执法体制安排上,可能会结束这种"中央无部委、省里无厅局"的局面。

当然,如果我们将中国的城管执法体制放在一个国际比较的视野内,我们会发现,国际上许多国家和地区也大都实行的是行政处罚权的相对集中。只是,负责集中之后的行政处罚权执行的组织各异,有如美国的城市警察,也有如德国的执行局和新加坡环境局的小贩中心管理部,还有中国香港地区的小贩管理特遣队,以及中国台湾地区的保安警察大队等。相对于其他国家和地区的城管执法模式,中国的城管执法体制所欠缺的,不仅是一个完整的法律和司法保障体系,也还包括充足的人力资源、财力等。当中,西安和宁波等地已经开展的城管部门与法院系统相结合的执法模式,为探索城管执法保障体系迈出了重要的一步。

行文至此,笔者依旧不能否认的是,评价当下中国城管执法体制的有效性需要相当的谨慎,甚至具有一定的风险。这不仅因为这一话题本身所具有的争议,更是因为单个领域的组织和制度的有效性又与其他诸多方面的相关话题紧密相连,难以作出简单有效的切分。城管执法成为城市治理过程中诸多矛盾和风险聚集的场域,从而形成了导致城管执法过程中矛盾冲突发生的结构性原因,包括执法过程中面对的多方利益诉求平衡的难题,执法矛盾向城管集中,政府行政决策风险向城管转移等。[②] 现实舆论场中,相关执法成效的受益者往往是整个话语空间中"沉默的大多数"[③],部分来自学术界的客观理性分析也因传播范围狭窄,从而使得其受众大多局限于整个社会中的小众群体。但由于涉及如何通过城管执法体制建设的有效性来讨论制度试验机制的有效性,因此,笔者也须对此进行论证。实际上,正如前文诸多章节反复讨论到的,城市管理执法所涉及领域颇多,只是因为执法过程中与摊贩间时常发生的矛盾和冲突,以及在拆除违章建筑过程中引发的一些争议等,使得社会各界往往容易将注意力集中于此。这使人们很容易忽视了集中执法之后,城管执法部门在其他执法领域取得的成绩,例如城市秩序的维护、城市规划和建设的更新、卫生环境的改善

[①] 参见住房和城乡建设部网站网页(http://www.mohurd.gov.cn/wjfb/201610/t20161014_229172.html)。
[②] 刘磊:《执法吸纳政治:对城管执法的一个解释框架》,《政治学研究》2015年第6期。
[③] 陈柏峰:《城管执法冲突的社会情境——以〈城管来了〉为文本展开》,《法学家》2013年第6期。

等。而如果从历史比较分析的角度来看，城市化是当下中国城管执法体制面临的一系列问题的大背景，其他国家或地区的城市也曾经或者正在经历着类似的进程。[①] 即便是如美国、新加坡、中国香港、中国台湾等城市发展水平更高的地区，在城市管理执法领域也存在着一些亟待解决的问题。

倘若我们做一个反事实的假设，如果撤销中国的城管执法部门，并废除相关的各项制度规定，那会带来何种后果呢？一种可能就是退回到本书第三章所讨论的"群龙治水"的状态。而如果更为激进的设想——取消政府在整个城管执法领域的干预权限——成为现实，那么一个城市的环境卫生、道路交通、园林绿化、市政公用设施维护等是否会继续井然有序？即便只是取消城管执法部门在摊贩管理方面的执法资格，那么又将会对一座城市的正常运行造成哪些方面的影响呢？

因为存在众多与城管相关的争议，我们有理由要求城管执法机构和人员要提高执法的规范性和人性化。但必须要指出的是，城管执法体制所面临的问题，涉及快速的城市化进程、城市发展理念、既有法律制度、社会保障体制等多个深层次的方面。我们不能寄希望于由城管执法体制一个领域来改变整个现状。城管执法体制的建设过程，也是中国行政执法逐步向法制化过渡的一个缩影。虽然现在还远未达到完善的地步，但其中取得的进步也不应被简单地抹杀。

关于城管执法体制的未来走向也有着诸多的设想。但从以上分析来看，将来是否一定要出台一部全国性的法律或法规，这个还有待讨论。因为，一方面，如果我们能通过修改其他相关法律，解决部门法"条条"林立的问题，那么制定全国统一的城管法的紧迫性并不强；另一方面，中央既然已经明确将城市管理体制的设置权下放给城市政府，则地方（省或有立法权的城市）出台相应的地方性法规就应该被视为城管执法体制在地方建设完备的标志之一。即便是2015年12月出台的《中共中央 国务院关于深入推进城市执法体制改革 改进城市管理工作的指导意见》也并未设立制定全国性城市管理行政执法统一法律的目标。当然，城管执法的保障措施，尤其是公安部门和司法体系的衔接等也应该是将来制度建设的重要方面。而在机构设置上，将来的城管部门不论是成为警察的一个分支，还是维持现有模式，这与制度的完善相较起来并不重要。还有另外两个问题倒是需要我们进一步关注和讨论。一是在众多执法权集中到一个执法部门之

[①] Amy Hanser, "Street Politics: Street Vendors and Urban Governance in China", *The China Quarterly*, Vol. 226, June 2016, p. 368.

后，如何较好地监督该执法部门。当然，如果司法部门能更多介入到城管行政执法环节，它们应该能起到较强的监督作用。二是城市领导人经营城市的理念可能也需要转变。我们要反思的是，到底是需要建设什么样的城市，以及如何权衡城市的"脸皮"和城市居民的"肚皮"孰轻孰重的问题。

与其将矛头大量聚焦于城管执法体制本身，不如在更高层次上反思我们的城市建设和治理的理念。仅凭借城管执法部门如何能完美地平衡好一座城市内诸多不同诉求的群体的各方利益呢？减少矛盾的解决之道之一是对相关资源进行分配和再分配，这显然已经超出了城管执法部门的权限范围。例如，如果在严格执法的同时，能够提供足够多的机会给予那些执法对象，例如新加坡的小贩生产力提升资助计划等，相信也会减少很多由于执法冲突带来的批评。不过，类似计划的提出和实施，也并非城管执法部门一己之力可以实现的，这还需城市政府中的其他部门合力为之。新近出台的《无证无照经营查处办法》也可以视为在社会舆论和政府治理之间寻求一种新的平衡尝试，集中划片允许摊贩经营的模式显然可以从新加坡或中国香港的类似实践中找到参照。但如同其他国家和地区的现行做法一样，这都不是以简单地取消该体制作为可行之路的。

综上，城管执法体制是一个存在众多争议的制度领域，但我们不能因为这些争议而轻易地否定了相对集中行政处罚权制度的合理性。该体制的建立，在精简机构、改变多头执法问题、明确行政执法主体资格、规范行政处罚程序，乃至在提高城市管理水平方面都表现出了它的有效性。官方在有意或无意搁置了此领域的许多争议的同时，将相对集中行政处罚权制度在其他诸多领域进行了推广，这至少证明了政府内部对此项制度建设实践有效性的认可。

四 本书存在的不足与进一步研究的方向

关于本书存在的不足。本书是基于相对集中行政处罚权制度的提出、成熟和推广，具体说来是以城管执法体制的形成过程和被其他领域进行借鉴这一单个案例①进行的"解剖麻雀"式的定性研究，它既不同于综合多个案例

---

① 虽然其中涉及多个城市不同模式的更小层级的试验案例，但是以相对集中行政处罚权（城管执法体制）的形成过程作为一个整体，还是只能视为制度试验的一个案例。

的简单归纳式研究，①也未能做到与其他领域的某个制度建设案例进行充分的比较研究。更为严格意义上来说，本书是一项针对中国某一领域的单个案例的过程追踪式研究，而未做到严格的跨国间比较。因此，如果能将与其他制度领域的某个案例或者与其他国家或地区的相关案例进行充分细致的比较研究，那么或许会有一些新的发现，并且所得出的结论可能会更加严谨。

实际上，自本书作为博士论文研究完成之后，讨论政策创新、政策扩散等议题中的试验或试点机制的研究成果日益丰富，除前文第二章中业已评述的很多研究之外，朱旭峰等人则通过比较分析四个中国的政策案例，以中央政府的纵向强制干预程度和地方同级政府间的横向政治竞争程度作为区分维度，从而发展出四种中国地方政府政策创新扩散的模式：启迪模型、争先模型、指令模型和认可模型。②还有学者将中国的地方政府创新划分为自主探索（自主—吸纳）、设计试验（规划—试点）和请示授权三种类型，并将第三种视为实现"顶层设计"与"地方探索"良性互动的一种可能路径。③也有学者通过对广东省碳排放交易计划试点的案例分析后提出，近年来，中国出现了诸多以自上而下的方式制定的试点方案，它们往往与地方市场或公司利益不符。因此，地方推动试点过程的政策创新需要弥合中央与地方的利益差距。④

关于进一步研究的方向。首先，制度试验并非中国制度建设的唯一路径⑤，笔者也并非试图以制度试验来分析中国所有领域的制度变迁过

---

① 例如周望：《中国"政策试点"研究》，天津人民出版社 2013 年版，以及 Ann Florini, Hairong Lai and Yeling Tan, *China Experiments: From Local Innovations to National Reform*, Washington, D. C.: Brookings Institution Press, 2012。
② Xufeng Zhu, "Inter-regional diffusion of policy innovation in China: A comparative case study", *Asian Journal of Political Science*, Vol. 25, No. 3, 2017, pp. 266 – 286.
③ 郁建兴、黄飚：《当代中国地方政府创新的新进展——兼论纵向政府间关系的重构》，《政治学研究》2017 年第 5 期；张克：《全面深化改革顶层设计与基层探索互动机制》，《中国党政干部论坛》2018 年第 9 期。
④ Bo Chen, et al. "Local climate governance and policy innovation in China: a case study of a piloting emission trading scheme in Guangdong province," *Asian Journal of Political Science*, Vol. 25, No. 3, 2017, pp. 307 – 327.
⑤ 有学者就归纳了四种不同类型的试验式治理机制，其中有一种类型是中央政府已经有了一个较为明确的政策方案，然后通过选择具有代表性的地方进行试点，来检验这一方案的效果。参见 Xufeng Zhu and Hui Zhao, "Experimentalist Governance with Interactive Central-Local Relations: Making New Pension Policies in China," *Policy Studies Journal*, forthcoming. 这种类型的机制是非常典型的"试错"（testing errors）或"试对"（testing correctness）方式，与本书归纳出的上级没有一个明确的政策方案的试验机制有着较为明显的区别。相关的理论整合有待进一步研究的推进。

程。但是，如果能将本案例与那些不以制度试验的形式建立起来的案例进行比较分析，或许可以更好地讨论制度试验的特点及其优劣。其次，中国正处于快速转型期，很多领域的制度正在经历着变迁；如果能进行多领域的比较研究，还可能总结出哪些领域的制度建设更有可能或更适合于以试验的方式进行，哪些领域更适合以其他方式进行。这些讨论不论是对比较政治学理论而言，还是对制度建设的实践而言，都将有重要的意义。

附 件

附件1：访谈对象列表

所有访谈对象可以划分为五类：1）政府法制办工作人员，2）城市管理执法部门工作人员，3）其他政府部门工作人员，4）普通城市居民及城管执法对象，5）港台地区及其他国家人员。以下是所有访谈对象编号及其身份列表（以初次访谈时间先后排序）：

访谈对象编号	访谈对象身份	访谈对象编号	访谈对象身份
MC-200906-01	其他政府部门人员	MC-201005-01	城管部门人员
TW-201006-01	学者	HK-201006-01	普通城市居民
MC-201006-01	法制办人员	MC-201006-02	其他政府部门人员
MC-201006-03	城管执法对象	MC-201006-04	普通城市居民
MC-201006-05	城管部门人员	MC-201006-06	其他政府部门人员
MC-201006-07	其他政府部门人员	MC-201006-08	学者
MC-201006-09	城管执法对象	MC-201006-10	城管执法对象
MC-201006-11	城管部门人员	MC-201006-12	城管部门人员
MC-201006-13	城管部门人员	MC-201006-14	城管部门人员
MC-201006-15	城管部门人员	MC-201006-16	记者
MC-201006-17	记者	MC-201006-18	记者
MC-201006-19	学者	MC-201006-20	城管部门人员
MC-201006-21	城管部门人员	MC-201006-22	城管部门人员
MC-201006-23	普通城市居民	MC-201006-24	记者
MC-201006-25	记者	MC-201006-26	城管部门人员

续表

访谈对象编号	访谈对象身份	访谈对象编号	访谈对象身份
MC-201006-27	城管部门人员	MC-201006-28	城管部门人员
MC-201006-29	城管执法对象	MC-201006-30	普通城市居民
MC-201006-31	普通城市居民	MC-201006-32	普通城市居民
MC-201006-33	普通城市居民	MC-201006-34	城管执法对象
MC-201007-01	城管部门人员	MC-201007-02	普通城市居民
MC-201007-03	城管部门人员	MC-201007-04	城管部门人员
MC-201007-05	城管部门人员	MC-201007-06	法制办人员
MC-201007-07	法制办人员	MC-201007-08	城管部门人员
MC-201007-09	城管部门人员	MC-201007-10	城管部门人员
MC-201007-11	其他政府部门人员	MC-201007-12	其他政府部门人员
MC-201007-13	其他政府部门人员	MC-201007-14	其他政府部门人员
MC-201007-15	其他政府部门人员	MC-201007-16	城管部门人员
MC-201007-17	城管执法对象	MC-201007-18	城管部门人员
MC-201007-19	城管执法对象	MC-201007-20	城管执法对象
MC-201007-21	城管执法对象	MC-201007-22	城管部门人员
MC-201007-23	法制办人员	MC-201007-24	法制办人员
MC-201007-25	学者	MC-201008-01	法制办人员
MC-201008-02	普通城市居民	MC-201008-03	其他政府部门人员
MC-201008-04	法制办人员	MC-201008-05	法制办人员
MC-201008-06	城管部门人员	MC-201008-07	法制办人员
MC-201008-08	城管部门人员	MC-201008-09	普通城市居民
MC-201008-10	城管执法对象	MC-201008-11	城管部门人员
MC-201010-01	其他政府部门人员	HK-201011-01	普通城市居民
MC-201011-01	其他政府部门人员	MC-201011-02	城管执法对象
MC-201012-01	学者	MC-201012-02	城管部门人员
MC-201012-03	城管部门人员	MC-201012-04	城管部门人员
MC-201012-05	城管部门人员	MC-201012-06	城管部门人员
MC-201012-07	城管部门人员	MC-201012-08	城管部门人员
MC-201101-01	其他政府部门人员	MC-201102-01	学者
TW-201312-01	学者		
合计		89人	

附件2：非学术性文献列表

一　全国性文献

法律法规类

《第九届全国人民代表大会第一次会议关于国务院机构改革方案的决定》
《中华人民共和国城市规划法》
《中华人民共和国城乡规划法》
《中华人民共和国地方各级人民代表大会和地方各级人民政府组织法》
《中华人民共和国固体废弃物污染防治法》
《中华人民共和国国家赔偿法》
《中华人民共和国环境保护法》
《中华人民共和国立法法》
《中华人民共和国农业法》
《中华人民共和国人民警察法》
《中华人民共和国宪法》
《中华人民共和国行政处罚法》
《中华人民共和国行政复议法》
《中华人民共和国行政复议条例》
《中华人民共和国行政许可法》

中共中央、国务院及其部门类

《财政部 国家税务总局关于继续执行小微企业增值税和营业税政策的通知》（财税〔2015〕96号文）
《财政部 国家税务总局关于进一步支持小微企业增值税和营业税政策的通知》（财税〔2014〕71号）
《财政部 国家税务总局关于暂免征收部分小微企业增值税和营业税的通知》（财税〔2013〕52号）
《财政部监察部国务院纠风办关于做好整顿统一着装工作的实施意见》（财行〔2004〕15号）
《财政部、中国人民银行财政部、中国人民银行关于印发〈罚款代收代缴管理办法〉的通知》（财预〔1998〕201号）

《城建监察规定》（建设部第 20 号令）
《城市道路管理条例》（国务院第 198 号令）
《城市管理执法办法》（住房和城乡建设部令第 34 号）
《城市市容和环境卫生管理条例》（国务院令第 101 号）
《罚款决定与罚款收缴分离实施办法》（国务院第 235 令）
《公安部关于印发牟新生副部长在全国公安厅局长会议上的讲话的通知》（公通字〔1995〕8 号）
《关于健全城建管理（市容）监察工作的通知》（89）建城字第 34 号
《关于新形势下党内政治生活的若干准则》（2016 年 10 月 27 日中国共产党第十八届中央委员会第六次全体会议通过）
《关于修改〈中华人民共和国增值税暂行条例实施细则〉和〈中华人民共和国营业税暂行条例实施细则〉的决定》（财政部 2011 年第 65 号令）
《关于印发曹康泰同志在全国相对集中行政处罚权试点工作座谈会开幕式上的讲话的通知》（国法〔2000〕63 号）
《关于印发曹康泰同志在省、自治区、直辖市政府法制办主任会议上的讲话的通知》（国法〔2002〕72 号）
《关于印发〈关于进一步开展农业行政综合执法试点工作意见〉的通知》（农政发〔1999〕1 号）
《关于在北京市宣武区开展城市管理综合执法试点工作的复函》（国法函〔1997〕12 号）
《关于在广西壮族自治区南宁市开展城市管理综合执法试点工作的复函》（国法函〔1997〕187 号）
《关于在江苏省苏州市开展相对集中行政处罚权试点工作的复函》（国法函〔2001〕28 号）
《关于在江苏省苏州市所辖的常熟市开展相对集中行政处罚权试点工作的复函》（国法函〔2002〕202 号）
《国家税务总局关于小微企业免征增值税和营业税有关问题的公告》（国家税务总局公告 2014 年第 57 号）《国家卫生城市标准》
《国家卫生城市考核鉴定和监督管理办法（试行）》
《国家卫生城市考核命名和监督管理办法》
《国务院办公厅关于继续做好相对集中行政处罚权试点工作的通知》（国办发〔2000〕63 号）
《国务院办公厅关于印发住房和城乡建设部主要职责内设机构和人员编制的通知》（国办发〔2008〕74 号）

《国务院办公厅关于整顿统一着装的通知》（国办发〔1986〕29号）
《国务院办公厅转发中央编办关于清理整顿行政执法队伍实行综合行政执法试点工作的意见》（国办发〔2002〕56号）
《国务院法制办公室法律法规草案公开征求意见暂行办法》
国务院法制办公室《关于通过"中国政府法制信息网"汇集刊登部门规章草案有关事项的通知》
《国务院法制办公室秘书行政司关于部门规章草案在"中国政府法制信息网"公开征求意见有关事项的通知》
《国务院关于贯彻实施〈中华人民共和国行政处罚法〉的通知》（国发〔1996〕13号）
《国务院关于加强爱国卫生工作的决定》（国发〔1989〕22号）
《国务院关于进一步促进中小企业发展的若干意见》（国发〔2009〕36号）
《国务院关于进一步推进相对集中行政处罚权工作的决定》（国发〔2002〕17号）
《国务院关于进一步支持小型微型企业健康发展的意见》（国发〔2012〕14号）
《国务院关于批准唐山等市为"较大的市"的通知》（国发〔1984〕第178号）
《国务院关于批准淄博市为"较大的市"的通知》（国函〔1992〕89号）
《国务院关于全面推进依法行政的决定》（国发〔1999〕23号）
《国务院关于修改〈行政法规制定程序条例〉的决定（征求意见稿）》
《农业部关于全面加强农业执法扎实推进综合执法的意见》（农政发〔2008〕2号）
《全国城市管理执法队伍"强基础、转作风、树形象"专项行动方案》（建督〔2016〕244号）
《人民警察条例》
《深化党和国家机构改革方案》（2018年3月21日印发）
《无照经营查处取缔办法》（国务院令第370号）（2003年1月6日公布）
《无证无照经营查处办法（修订草案）》
《无证无照经营查处办法（修订送审稿）》
《无证无照经营查处办法（征求意见稿）》
《无证无照经营查处办法》（国务院令第684号）（2017年8月23日公布）
《重大行政决策程序暂行条例（征求意见稿）》
《中编委关于重庆、广州、武汉、哈尔滨、沈阳、成都、南京、西安、长

春、济南、杭州、大连、青岛、深圳、厦门、宁波共 16 市行政级别定为副省级的通知》（中编〔1994〕1 号文件）

《中共中央办公厅、国务院办公厅转发〈中央宣传部、中央编办、财政部、文化部、国家广电总局、新闻出版总署、国务院法制办关于在文化体制改革综合性试点地区建立文化市场综合执法机构的意见〉的通知》（中办〔2004〕24 号）

《中共中央关于全面推进依法治国若干重大问题的决定》（2014 年中国共产党第十八届四中全会决议）

《中共中央关于完善社会主义市场经济体制若干问题的决定》（2003 年中国共产党第十六届三中全会决议）

《中共中央关于深化党和国家机构改革的决定》（2018 年 2 月 28 日中国共产党第十九届中央委员会第三次全体会议通过）

《中共中央 国务院关于进一步做好下岗失业人员再就业工作的通知》（中发〔2002〕12 号）

《中共中央 国务院关于深入推进城市执法体制改革 改进城市管理工作的指导意见》（2015 年 12 月 24 日）

《中共中央、国务院批准四川省委、省人民政府〈关于在重庆市进行经济体制综合改革试点意见的报告〉的通知》（中发〔1983〕7 号）

二 地方性文献

安徽省

《安徽省城市管理领域相对集中行政处罚权办法》（安徽省人民政府令第 192 号）

北京市

《北京市人民警察巡察执法暂行规定》（北京市人民政府令 1993 年第 20 号）

《关于开展城市管理综合执法试点工作的函》（京政办〔1997〕2 号）

广东省

《关于授权我省自行审批决定相对集中行政处罚权试点的请示》（粤府〔2002〕7 号）

《中共广东省委、广东省人民政府批转〈关于确定顺德市为率先基本实现现代化试点市的意见〉的通知》（粤发〔1999〕9 号）

广西壮族自治区
《关于要求将南宁市作为广西开展城市管理综合执法试点工作城市的请示》（桂政办报〔1997〕66号）

黑龙江省
《黑龙江城市市容和环境卫生管理条例》
《黑龙江省相对集中行政处罚权规定》（黑龙江省人民政府第4号令）
《黑龙江省建设厅关于〈黑龙江省城市管理相对集中行政处罚权暂行规定〉（协调意见稿）的复函》（黑建函〔2002〕143号）

江苏省
《关于在我省昆山市开展相对集中行政处罚权试点工作的请示》

上海市
《关于建立上海市市容环卫局、城管局新闻发言人制度的通知》
《上海市城市管理相对集中行政处罚权暂行办法》（上海市人民政府令第17号）
《上海市人民警察巡察暂行规定》（上海市人民政府第26号令）
《上海市人民警察巡警条例》
上海市人民政府关于《开展人民警察综合执法试点工作方案》
《上海市人民政府关于修改〈上海市文化领域相对集中行政处罚权办法〉的决定》
《上海市文化领域相对集中行政处罚权办法》（上海市人民政府令第42号）
《上海市文化领域行政执法权综合行使暂行规定》（上海市人民政府令第79号）

浙江省
《浙江省城市管理相对集中行政处罚权条例》
《浙江省人民政府关于深化行政执法体制改革全面推进综合行政执法的意见》
《中共浙江省委 浙江省人民政府关于深入推进城市执法体制改革 改进城市管理工作的实施意见》

三 城市政府文献

《A 市人民警察巡警暂行规定》
《关于对高校学生摆摊设点管理工作的意见》（宁容字〔2009〕114 号）
《关于推进强镇扩权改革的意见》（温州发〔2009〕57 号）
《关于印发芜湖市市容管理局（芜湖市精神文明建设指导委员会办公室、芜湖市城市管理行政执法局）职能配置、内设机构和人员编制规定的通知》（芜机改〔2002〕69 号）
《广州市城市管理综合执法细则》（穗府〔1999〕52 号）
《广州市城市管理综合执法条例》
《南京市火车站地区综合管理办法》（南京市人民政府令第 250 号）
《南京市火车站地区和中央门地区综合管理办法》（南京市人民政府令第 267 号）
宁波市《关于在本市海曙区试行巡警综合执法的决定》
《青岛市城市管理相对集中行政处罚权条例》
《沈、长、哈三市爱国卫生运动竞赛协议》
《深圳市人民政府关于全面推进街道综合执法工作的决定》（深府〔2006〕268 号）
《深圳市城市管理〈行政处罚目录〉》
《西安市城市管理综合行政执法条例》
《厦门市经济特区城市管理相对集中行使行政处罚权规定》
《咸阳市农业局关于全市推行农业行政综合执法工作的意见》（2010 年）
《珠海市相对集中行政处罚权条例》

四 中国香港、中国台湾、需匿名城市及其他国家的相关文献

A 市城市管理行政执法局编：《A 市城市管理行政执法志》（内部资料）
B 市城市管理局编：《城管常用法规汇编》（1999—2004 年版本和 2005—2008 年版本）
《道路交通管理处罚条例》（中国台湾）
《第五届全国城市管理执法论坛暨城市管理行政执法工作现场会论文集》
《第五届全国城市管理执法论坛暨城市管理性执法工作现场会会议指南》
《废弃物清理法》（中国台湾台北市）
《全国人大法律委员会关于〈中华人民共和国大气污染防治法（修订草案）〉修改情况的汇报》（1999 年 12 月 17 日）

《台北市政府环境保护局执行违反废弃物清理法案件查证劝导作业程序》
《台北市资源垃圾强制分类回收管理办法》
《香港法例》
《香港立法会文件》 ［编号：CB（2）' 2107/99 – 00（02）］ ［http：// sc. legco. gov. hk/sc/www. legco. gov. hk/lcsearch/showdoc. htm？ mylink =/ search/marker？ s = 7&o = 2&t = 1&a = 15&r = 1&k = 1，&g = 0&PROPERTY = 2；&MERGEFIELD = – &CODECONVERT = – &SORTFIELDS = – &SIM_ START = 1&SIM_ NUM = 10&REL_ START = 1&REL_ NUM = 10&LINK = – &REDIRECTTO = – &PATHLINK = – &p = % C1% A2% B7% A8% BB% E1% 26（2000% C4% EA5% D4% C230% C8% D5）% 26（% BB% B7% BE% B3% CA% C2% CE% F1）% 26（% BB% B7% BE% B3% CE% C0% C9% FA）&c = 21，511&i = http% 3A% 2F% 2Fwww. legco. gov. hk% 2Fyr99 – 00% 2Fchinese% 2Fpanels% 2Fea% 2Fhygiene% 2Fagendal% 2Fhyag3005. htm&j = 8980&v = &n = &link = http% 3A% 2F% 2Fwww. legco. gov. hk% 2Fyr99 – 00% 2Fchinese% 2Fpanels% 2Fea% 2Fhygiene% 2Fagendal% 2Fhyag3005. htm］

《香港年报·2000》（http：//www. yearbook. gov. hk/2000/b5/22/c22 – 00. htm）

《香港特区政府建筑物条例》

《香港特区政府现行中文条例和附属法律·第570A章：〈定额罚款（公众地方洁净罪行）规例〉》

新加坡《环境公共卫生条例》（*Environmental Public Health Act*）

参考文献

中文部分

《列宁选集》（第三卷），人民出版社1995年版。

毛泽东：《工作方法六十条（草案）》，载中共中央文献研究室编《毛泽东文集·第七卷》，人民出版社1999年版，第344—364页。

毛泽东：《人的正确思想从哪里来》，载中共中央文献研究室编《毛泽东文集·第八卷》，人民出版社1999年版，第320—322页。

安向红：《酸甜苦辣话撤"市"》，《中国市容报》1997年7月4日第2版。

白寿彝总主编：《中国通史·第三卷·上古时代（上册）》，上海人民出版社1994年版。

白寿彝、廖德清、施丁主编：《中国通史·第四卷·中古时代·秦汉时期（下册）》，上海人民出版社1995年版。

白宪州：《郑州组建城管监察队有限安排下岗工》，《中国市容报》1998年7月24日第2版。

北京市地方志编纂委员会编：《北京年鉴·1991》，北京年鉴社1991年版。

北京市地方志编纂委员会编：《北京年鉴·1996》，北京年鉴社1996年版。

北京市地方志编纂委员会编：《北京年鉴·2001》，北京年鉴社2001年版。

北京市地方志编纂委员会编：《北京志·市政卷·环境卫生志》，北京出版社2002年版。

北京市西城区环境卫生管理局：《北京市西城区环卫史志·第一集》（内部资料），1987年。

本书编写组编写：《建国以来公安工作大事要览》，群众出版社2002年版。

蔡昉：《中国人口流动问题》，河南人民出版社2000年版。

曹寒松：《广州：即将开展城市管理综合执法试点工作》，《中国市容报》

1999年5月30日第1版。

常州市统计局等编:《常州统计年鉴·2010》,中国统计出版社2010年版。

陈柏峰:《城管执法冲突的社会情境——以〈城管来了〉为文本展开》,《法学家》2013年第6期。

陈慧:《全省城市管理相对集中行政处罚权工作座谈会在中山市召开》,《中山日报》2007年6月17日第A1版。

陈那波、蔡荣:《"试点"何以失败?——A市生活垃圾"计量收费"政策试行过程研究》,《社会学研究》2017年第2期。

陈雪莲、杨雪冬:《地方政府创新的驱动模式——地方政府干部的视角考察》,《公共管理学报》2009年第2期。

陈亦权:《城管在唐朝》,《国学》2009年第5期。

陈正福:《浅谈城市管理体制》,《中国市容报》1999年9月3日第4版。

辞海编辑委员会:《辞海》(1999年版缩印本),上海辞书出版社2000年版。

存英、庆辉:《徐州城管:难题与挑战》,《中国市容报》1999年7月18日第B版。

大东城市管理局编:《大东城管志》,沈阳出版社2008年版。

大力:《上海青年支边录(之八)生存篇:摆地摊,街头巷尾各自谋生》,《青年周末》2010年第245期。

《邓小平文选·第三卷》,人民出版社1993年版。

丁柏铨:《新一轮报刊治理与党报发展》,《现代传播》2004年第2期。

杜丁、傅沙沙:《北京市城管局局长履新百日 誓言重塑城管形象》,《新京报》2010年11月8日第A10版。

杜鹏飞、钱易:《中国古代的城市给水》,《中国科技史料》1998年第19卷第1期。

樊鹏:《转型社会的国家强制:改革开放时期中国警察研究》,博士学位论文,香港中文大学,2008年。

方潇:《"弃灰法"定位的再思考》,《法商研究》2008年第5期。

费成康:《中国租界史》,上海社会科学院出版社1991年版。

冯兴元:《地方政府竞争》,译林出版社2009年版。

傅崇兰、白晨曦、曹文明等:《中国城市发展史》,社会科学文献出版社2009年版。

符曜伟:《中国城市住宅建设与住房制度改革》,载《中国城市经济社会年鉴》编辑部编《中国城市经济社会年鉴·1990》,中国城市出版社1990

年版。

福州市地方志编纂委员会编：《福州市志·第2册》，方志出版社1998年版。

《关于在南康市开展相对集中行政处罚权工作的请示》（康府文〔2008〕1号）（http：//www.nkjx.gov.cn/index.php/Read/1128.html）。

广州市人民政府法制办公室：《关于公开征求公众意见的公告》，（http：//www.gzlo.gov.cn/xzlf/iteminfo.jsp?itemid=1285465497038852386）。

广州市统计局等编：《广州统计年鉴·2010》，中国统计出版社2010年版。

国家统计局城市经济社会调查总队：《中国城市统计年鉴—1998》，中国统计出版社1999年版。

韩博天：《通过试验制定政策：中国独具特色的经验》，《当代中国史研究》2010年第17卷第3期。

韩国明、王鹤：《我国公共政策执行的示范方式失效分析——基于示范村建设个案的研究》，《中国行政管理》2012年第4期。

韩延龙：《中国近代警察制度》，中国人民公安大学出版社1993年版。

何海波：《法治的脚步声——中国行政法大事记（1978—2004）》，中国政法大学出版社2005年版。

何中幅：《哈市城市管理实行综合执法》，《中国市容报》2000年8月30日第1版。

何中幅、李彩娟：《东北部分城市市容研讨会认为：综合执法在大城市行不了》，《中国市容报》1999年1月31日第1版。

何忠洲：《城管的"娘家"是非多——全国城管局长联席会议被指非法的背后》，《南方周末》2009年9月3日第A5版。

〔德〕Heilmann, Sebastian（韩博天）：《中国异乎常规的政策制定过程：不确定情况下反复试验》，《开放时代》2009年第7期。

胡鞍钢、王绍光、康晓光：《中国地区差距报告》，辽宁人民出版社1995年版。

黄冬娅：《转变中的工商所：1949年后国家基础权力的演变及其逻辑》，博士学位论文，香港中文大学，2007年。

黄明钢、崔嵩：《街道综合执法"减负"》（http：//www.szum.gov.cn/html/ZWGK/QT/GZDT/2010414/61201031493724331.aspx）。

季卫东：《法律秩序的建构》，中国政法大学出版社1999年版。

江凌、张水海：《相对集中行政处罚权：发展历程、实施情况与基本经验——城管执法体制改革12年回顾》，《行政法学研究》2008年第4期。

焦哲：《城管遭围殴8人　受伤过路学生说句公道话也遭暴打》，《扬子晚报》2009年12月12日第A13版。

课题研发组：《城管操作实务》，国家行政学院出版社2006年版。

〔美〕孔飞力：《中国现代国家的起源》，陈兼、陈之宏译，生活·读书·新知三联书店2013年版。

孔宪明：《中国警官走进美利坚》第2版，上海人民出版社2011年版。

赖静萍：《英模塑造的运作机制与效果分析》，《当代中国研究》2007年第4期。

李灿平、罗遥：《吃"皇粮"不再吃"杂粮""杂牌军"收编为"正规军"：岳阳城监支队以全新面貌出现》，《中国市容报》1999年5月19日第2版。

李洁：《农村改革过程中的试点突破与话语重塑》，《社会学研究》2016年第3期。

李松涛：《城管：资格上来，水平也得上来》，《中国青年报》2011年11月16日第5版。

李展宁：《柳州市柳南区城建监察队伍加大优化组合力度：铁饭碗不铁，优者上岗》，《中国市容报》2000年2月11日第2版。

李振：《渐进式制度变迁理论：比较政治学新制度主义的新进展》，《国外理论动态》2014年第5期。

李振：《作为锦标赛动员官员的评比表彰模式——以"创建卫生城市"运动为例的研究》，《上海交通大学学报》（哲学社会科学版）2014年第5期。

刘耿：《国际形象"封城榜"》，《瞭望东方周刊》2010年第22期。

刘海岩等编：《八国联军占领实录：天津临时政府会议纪要（上）》，天津社会科学院出版社2004年版。

刘海岩等编：《八国联军占领实录：天津临时政府会议纪要（下）》，天津社会科学院出版社2004年版。

刘金平：《"开门立法"成常态值得关注》（http://www.chinacourt.org/public/detail.php?id=298083）。

刘磊：《执法吸纳政治：对城管执法的一个解释框架》，《政治学研究》2015年第6期。

刘磊、王会：《谋利空间的形成：对城管违建执法困境的分析》，《华中科技大学学报》（社会科学版）2015年第4期。

刘宋斌：《中国共产党对大城市的接管：1945—1952》，北京图书馆出版社

1997 年版。

刘伟：《政策试点：发生机制与内在逻辑———基于我国公共部门绩效管理政策的案例研究》，《中国行政管理》2015 年第 5 期。

刘昕、刘颖、董克用：《破解"城管困境"的战略性人力资源管理视角——基于对北京城市管理综合执法队伍的调查研究》，《公共管理学报》2010 年第 2 期。

刘兴元：《谈行政管理与行政执法中急需研究和解决的问题（上）》，《中国市容报》1998 年 7 月 22 日第 4 版。

〔美〕龙安志（Laurence J. Brahm）：《朱镕基传——朱镕基与现代中国的转型》，丁力译，香港中和出版有限公司 2013 年版。

陆学艺主编：《北京社会建设 60 年》，科学出版社 2008 年版。

罗毅：《西安市市容综合监察总队成立》，《中国市容报》1998 年 7 月 17 日第 2 版。

马怀德主编：《共和国六十年法学论争实录·行政法卷》，厦门大学出版社 2009 年版。

马怀德、车克欣：《北京市城管综合行政执法的发展困境及解决思路》，《行政法学研究》2008 年第 2 期。

孟庆超：《简评 1943 年〈中华民国违警罚法〉》，《行政法学研究》2003 年第 3 期。

明雪菲：《我国首次统一城管制服 推进规范执法、文明执法》（http://finance.people.com.cn/n1/2017/0217/c1004 - 29089032.html）。

牟佳：《一个美国小区警察的一天》，《平安时报》2009 年第 127 期第 5 版。

南京市统计局等编：《南京统计年鉴·2010》，中国统计出版社 2010 年版。

南宁市年鉴编纂委员会编：《南宁年鉴》（1998—2002 各年份），广西人民出版社。

〔美〕道格拉斯·C. 诺思：《制度、制度变迁与经济绩效》，杭行译，上海人民出版社 2008 年版。

逄博：《全省集中执法队伍法制骨干培训研讨班在哈举办》，《龙江集中执法》2005 年 8 月第 3 期。

彭志平：《园林绿化：南宁城市发展的助推器》，《中国市容报》1999 年 6 月 6 日第 2 版。

戚名琛：《中国的城市住宅》，载中国城市经济社会年鉴理事会编《中国城市经济社会年鉴·1985 年本》，中国城市出版社 1990 年版。

钱雄耀：《广西城建监察队伍壮大》，《中国市容报》2000年7月14日第2版。

秦甫编：《城市管理行政执法手册》，中国建筑工业出版社2004年版。

《仇保兴副部长在全国数字化城市管理工作总结交流会上的讲话》（http://www.mohurd.gov.cn/lswj/ldjh/qiubx.htm）。

邱金平：《深圳城市管理的特点、存在的问题及对策（上）》，《中国市容报》1997年11月2日第4版。

裘萍、姜圣慧：《专家激辩走鬼难题 共识不多分歧不少》，《南方都市报》2010年9月4日第GA03版。

饶雷际、秦玮：《论城管执法权来源的非法性》，《江南大学学报》（人文社会科学版）2010年第9卷第6期。

任伟：《中共新政权与底层百姓的互动磨合——新中国初期北京整治无照摊贩》，《二十一世纪》2014年10月号。

任重、陈仪：《魏晋南北朝城市管理研究》，中国社会科学出版社2003年版。

Ronald C. Brown、马志毅：《中美巡警制度的比较研究》，《中外法学》1996年第2期。

阮笃成编：《租界制度与上海公共租界》，编于《民国丛书·第四编·政治·法律·军事类·24》，上海书店1992年版。

上海共同租界工务局编：《上海共同租界工部局年报·1932》，编于沈云龙主编《近代中国史料丛刊·三编·第四十二辑》，台北文海出版社有限公司1988年版。

上海共同租界工务局编：《上海共同租界工部局年报·1933》，编于沈云龙主编《近代中国史料丛刊·三编·第四十二辑》，台北文海出版社有限公司1988年版。

上海共同租界工务局编：《上海共同租界工部局年报·1934》，编于沈云龙主编《近代中国史料丛刊·三编·第四十二辑》，台北文海出版社有限公司1988年版。

《上海年鉴》编纂委员会：《上海年鉴·2000》，上海年鉴社2000年版。

上海综治网：《轨道交通成立综合执法工作站综合整治"四乱"问题》（http://www.shzfzz.net/node2/zzb/jrgz/xw/u1a12707.html）。

沈丽琼：《贵阳市"两公开一评议"最后一场 城管局全票满意》（http://gzdsb.gog.com.cn/system/2011/01/15/010995539.shtml）。

沈顺梅：《宋代东京的市容管理》，《中国市容报》1998年2月1日第4版。

深圳市统计局等编:《深圳统计年鉴·2010》,中国统计出版社2010年版。
〔英〕盖伊·斯坦丁:《中东欧的社会保护:一个滑行的锚和破裂的安全网的故事》,载〔丹〕戈斯塔·埃斯平—安德森编《转型中的福利国家:全球经济中的国家调整》,杨刚译,商务印书馆2010年版。
苏力:《法治及其本土资源》,中国政法大学出版社1996年版。
孙斯:《民国初年成都的警察与城市管理》,硕士学位论文,四川大学,2009年。
孙文晔:《罚不出个好秩序——访市政府法制办主任周继东》,《北京日报》2009年11月16日第3版。
孙志丹:《关于〈浙江省相对集中行政处罚权条例(草案)〉的说明》(http://www.locallaw.gov.cn/dflfw/Desktop.aspx?PATH=dflfw/sy/xxll&Gid=de472f1e-0a61-4d89-9e2f-0ff08091ec29&Tid=Cms_Info)。
唐华:《美国城市管理:以凤凰城为例》,中国人民大学出版社2006年版。
田来耘:《依法管理城市最佳模式初探》,《中国市容报》1999年10月22日第7版。
田雷:《"差序格局"、反定型化与未完全理论化合意——中国宪政模式的一种叙述纲要》,《中外法学》2012年第24卷第5期。
万宇:《住建部将统管全国城管执法》(http://epaper.xxsb.com/showNews/2014-11-21/193328.html)。
王家俭:《清末民初我国警察制度现代化的历程(一九〇一——一九二八)》,台湾商务印书馆1984年版。
王立帆、何小英:《上海城市管理综合执法的基本经验》,《上海城市管理学院学报》2001年第5期。
王绍光:《学习机制、适应能力与中国模式:中国农村合作医疗体制变迁的启示》,《开放时代》2009年第7期。
王绍光:《中国公共政策议程设置的模式》,《中国社会科学》2006年第5期。
王绍光、樊鹏:《中国式共识型决策:"开门"与"磨合"》,中国人民大学出版社2013年版。
王绍光、胡鞍钢:《中国:不平衡发展的政治经济学》,中国计划出版社1999年版。
王绍光、胡鞍钢、周建明:《第二代改革战略:积极推进国家制度建设》,《战略与管理》2003年第2期。
王薇:《城管培训教材 个别用词欠妥》,《北京青年报》2009年4月23日第 A10 版。

王亚南：《中国官僚政治研究：中国官僚政治之经济的历史的解析》，中国社会科学出版社 1981 年版。

王毅：《城市管理综合执法依据的法律冲突亟待解决》，《中国市容报》1999 年 6 月 11 日第 4 版。

王云骏：《民国南京城市社会管理问题的历史考察》，《江苏社会科学》2000 年第 3 期。

王云骏：《民国南京城市社会管理》，江苏古籍出版社 2001 年版。

魏彬：《城市管理需要更多理解——一位城管队员的呼唤》，《中国市容报》2000 年 8 月 2 日第 2 版。

芜湖市市容管理局：《跨越——纪念改革开放三十周年芜湖市城市管理工作专辑》，内部资料，2008 年。

吴涌植编：《城管监察执法实用全书》，中国政法大学出版社 1993 年版。

厦门城市建设志编纂委员会编：《厦门城市建设志》，鹭江出版社 1992 年版。

《相对集中行政处罚权工作读本》，中国法制出版社 2003 年版。

谢志岿：《外部约束、主观有限理性与地方行政改革的制度供给》，《经济社会体制比较》2011 年第 2 期。

熊一新：《谈行政处罚制度的演进及对我国治安管理处罚制度的发展》，《中国公共安全（学术版）》2008 年第 1 期。

徐长贵：《在全区城管系统工作会议上的报告》（http：//www. nbhscg. gov. cn/zwgk/CurrencyInfo. asp？id = 11656&DeptStreetID = 40&SortNum = C03010）。

徐公肃、邱瑾璋：《上海公共租界制度》，编于《民国丛书·第四编·政治·法律·军事类·24》，上海书店 1992 年版。

薛新群：《占道费流失引发的思考》，《中国市容报》1999 年 8 月 20 日第 4 版。

烟台市芝罘区地方史志编纂委员会办公室编：《芝罘区志·第十八卷·城市管理（讨论稿）》（内部资料），1991 年。

杨诚刚、王平：《江苏省住房和城乡建设厅城市管理局成立》（http：//www. jscin. gov. cn/web/showinfo/showinfo. aspx？infoid = 994514df – b5ea – 4564 – ba1c – 027742af62a7&siteid = 1&categoryNum = 001001）。

杨宽：《中国古代都城制度史研究》，上海古籍出版社 1993 年版。

杨荣：《历史上北京的城市管理形态》，《北京日报》2006 年 3 月 13 日第

19版。

姚爱国：《对症下药治"顽症"：当前违法建设的现状、成因及对策》，《中国市容报》1999年3月5日第2版。

叶根元：《是纠察员还是税务员？》，《中国市容报》1988年4月10日第2版。

叶敏、熊万胜：《"示范"：中国式政策执行的一种核心机制——以XZ区的新农村建设过程为例》，《公共管理学报》2013年第4期。

佚名：《当前市场监督管理改革所面临的问题及对策》（http://www.wfgx.gov.cn/GXQXXGK/SCJDGLJ/201605/t20160505_1632126.html）。

佚名：《全国城管行政执法理论研讨会在我市召开》（http://www.jlcg.gov.cn/listnews.asp?nid=216）。

佚名：《习近平：全面贯彻党的十八届五中全会精神　依靠改革为科学发展提供持续动力》（http://news.xinhuanet.com/politics/2015-11/09/c_1117085752.htm）。

佚名：《习近平主持召开中央全面深化改革领导小组第三十七次会议》（http://www.gov.cn/xinwen/2017-07/19/content_5211833.htm）。

佚名：《住房和城乡建设部关于〈城市管理执法办法（征求意见稿）〉公开征求意见的通知》（http://www.chinalaw.gov.cn/article/cazjgg/201608/20160800481557.shtml）。

尹钧科等：《古代北京城市管理》，同心出版社2002年版。

永泽、涤非：《张家港巡警创中小城市管理科学模式》，《中国市容报》1998年2月18日第2版。

郁建兴、黄飚：《当代中国地方政府创新的新进展——兼论纵向政府间关系的重构》，《政治学研究》2017年第5期。

张克：《全面深化改革顶层设计与基层探索互动机制》，《中国党政干部论坛》2018年第9期。

张辰：《解放初期上海摊贩的管理》，《档案与史学》2003年第1期。

张国瑞：《为了更加美好的生活——全国创建卫生城市活动纪略》，《中国市容报》1998年9月30日第B版。

张凌：《轨道交通综合执法工作站增至4家》，《东方早报》2007年11月22日第A10版。

张希升：《努力探索科学管理城市的新路子》，载吴郝、梅陈编：《城市管理初探：全国首届城市管理学术研讨会文选》，中国建筑工业出版社1988年版。

〔英〕张夏准：《富国陷阱：发达国家为何踢开梯子?》，肖炼、倪延硕等译，社会科学文献出版社 2009 年版。

张型锋：《城管系统编制缺口近半》，《深圳晚报》2010 年 10 月 7 日第 A04 版。

赵国卿：《复转军人在石河子城监大队挑大梁》，《中国市容报》2000 年 8 月 16 日第 2 版。

赵文青：《民国时期广州城市环境卫生治理述论》，硕士学位论文，暨南大学，2007 年。

赵阳：《城管问题是个社会问题》，《人民日报》2011 年 10 月 25 日第 19 版。

郑盛丰、杨茗翔：《超越与升华：南宁市创建"中国绿城"纪实》，《人民日报》2002 年 3 月 27 日第 5 版。

郑文换：《地方试点与国家政策：以新农保为例》，《中国行政管理》2013 年第 2 期。

郑永年：《中国的"行为联邦制"：中央—地方关系的变革与动力》，邱道隆译，东方出版社 2013 年版。

中共中央文献研究室编：《毛泽东文集·第七卷》，人民出版社 1999 年版。

中共中央文献研究室编：《朱德选集》，人民出版社 1983 年版。

中华人民共和国国家统计局：《中国统计年鉴 2010》，中国统计出版社 2010 年版。

周飞舟：《锦标赛体制》，《社会学研究》2009 年第 3 期。

周恒：《城管之"痛"》，《中国建设信息》2009 年 5 月上期。

周宇、袁国礼：《市城管局可能由公安代管　将脱离市容委专家称方便部门间协调》，《京华时报》2010 年 7 月 28 日第 A08 版。

周执前：《国家与社会：清代城市管理机构与法律制度变迁研究》，巴蜀书社 2009 年版。

朱绍侯主编：《中国古代治安制度史》，河南大学出版社 1994 年版。

朱伊迪、吴俊：《说真话曝家丑，得低分也值得肯定》，《扬子晚报》2011 年 2 月 2 日第 A10 版。

邹乐：《记者对话中国首批城管队员：十年执法　十年争议》，《北京晨报》2008 年 1 月 4 日第 A9 版。

英文部分

Alchian, Armen A. , "Uncertainty, Evolution, and Economic Theory. " *Journal of Political Economy*, Vol. 58, No. 3, 1950.

Bell, Daniel, *The China Model: Political Meritocracy and the Limits of Democracy.* Princeton, N. J. : Princeton University Press, 2015.

Beutel, Frederick K. , "An Outline of the Nature and Methods of Experimental Jurisprudence. " *Columbia Law Review*, Vol. 51, No. 4, 1951.

Beutel, Frederick K. , "Relationship of Natural Law to Experimental Jurisprudence. " *Ohio State Law Journal*, Vol. 13, No. 2, 1952.

Beutel, Frederick K. , "Some Implications of Experimental Jurisprudence. " *Harvard Law Review*, Vol. 48, No. 2, 1934.

Bloomberg News, "China's Urban Population Exceeds Rural Dwellers for First Time in History," January 17, 2012, Seattle Times (http: //www. seattletimes. com/nation – world/for – first – time – more – chinese – live – in – cities – than – in – rural – areas/) .

Bray, David, *Social Space and Governance in Urban China: The Danwei System from Origins to Reform*, Stanford, Calif. : Stanford University Press, 2005.

Burca, Grainne de, Robert O. Keohane and Charles Sabel, "Global Experimentalist Governance. " *British Journal of Political Science*, Vol. 44, No. 3, 2014.

Campbell-Verduyn, Malcolm, and Tony Porter, "Experimentalist in European Union and Global Financial Governance: Interactions, Contrasts, and Implications. " *Journal of European Public Policy*, Vol. 21, No. 3, 2014.

Cesur, Resul, Pınar Mine Güneş, Erdal Tekin, and Aydogan Ulker, "The Value of Socialized Medicine: The Impact of Universal Primary Healthcare Provision on Mortality Rates in Turkey. " *Journal of Public Economics*, Vol. 150, No. Supplement C, 2017.

Chang, Sen-Dou, "The Historical Trend of Chinese Urbanization. " *Annals of the Association of American Geographers*, Vol. 53, No. 2, 1963.

Chang, Ha-Joon, *Kicking Away the Ladder: Development Strategy in Historical Perspective*, London: Anthem, 2002.

Chen, Bo, et al. "Local Climate Governance and Policy Innovation in China: A Case Study of A Piloting Emission Trading Scheme in Guangdong Province. " *Asian Journal of Political Science*, Vol. 25, No. 3, 2017.

Cyert, Richard Michael, and James G. March, *A Behavioral Theory of the Firm*, Englewood Cliffs, N. J. : Prentice Hall, 1963.

Department ofEconomic and Social Affairs, UN, "2009 Revision of World Urbanization Prospects. " New York: United Nations, 2010.

DiMaggio, Paul, and Walter W. Powell, "The Iron Cage Revisited: Institutional Isomorphism and Collecive Rationality, " in Walter W. Powell and Paul DiMaggio, Eds, *The New Institutionalism in Organizational Analysis*, Chicago: University of Chicago Press, 1991.

Eberlein, Burkard, "Experimentalist Governance in the European Energy Sector, " in Charles F. Sabel and Jonathan Zeitlin, Eds, *Experimentalist Governance in the European Union Towards a New Architecture*, Oxford; New York: Oxford University Press, 2010.

Edin, Maria, "State Capacity and Local Agent Control in China: Ccp Cadre Management from a Township Perspective. " *The China Quarterly*, No. 173, March 2003.

Florini, Ann, Hairong Lai and Yeling Tan, *China Experiments: From Local Innovations to National Reform*, Washington, D. C. : Brookings Institution Press, 2012.

Fossum, John Erik, "Reflections on Experimentalist Governance. " *Regulation & Governance*, Vol. 6, No. 3, 2012.

Frank, Jerome, "Realism in Jurisprudence. " *American Law School Review*, Vol. 7, 1934.

Gattoni, Goerge L. , "Foreword. " in Ronald McGill, Eds, *Institutional Development: A Third World City Management Perspective*, Basingstoke: Macmillan Press, 1996.

Geertz, Clifford, *Local Knowledge: Further Essays in Interpretive Anthropology*, New York: Basic Books, 1983.

Goodman, David S. G. , *Deng Xiaoping and the Chinese Revolution: A Political Biography*, London; New York: Routledge, 1994.

Hall, Peter A. , *Governing the Economy: The Politics of State Intervention in Britain and France*, Cambridge: Polity Press, 1986.

HallPeter A., and Rosemary C. R. Taylor, "Political Science and the Three New Institutionalisms." *Political Studies*, Vol. 44, No. 5, 1996.

Hanser, Amy, "Street Politics: Street Vendors and Urban Governance in China." *The China Quarterly*, Vol. 226, No. June 2016.

Hassard, John, Jonathan Morris, Jackie Sheehan, and Xiao Yuxin, "Downsizing the Danwei: Chinese State-Enterprise Reform and the Surplus Labour Question." *The International Journal of Human Resource Management*, Vol. 17, No. 8, 2006.

Hayek, Friedrich A. von, *The Constitution of Liberty*, Routledge & K. Paul: London, 1960.

Heilmann, Sebastian, and Elizabeth Perry. "Embracing Uncertainty: Guerrilla Policy Style and Adaptive Governance in China." in Sebastian Heilmann and Elizabeth Perry, Eds, *Mao's Invisible Hand*, Cambridge, MA: Harvard University Asia Center, 2011.

Heilmann, Sebastian, "From Local Experiments to National Policy: The Origins of China's Distinctive Policy Process." *The China Journal*, No. 59, 2008a.

Heilmann, Sebastian, "Policy Experimentation in China's Economic Rise." *Studies in Comparative International Development*, Vol. 43, No. 1, 2008b.

Henry, Peter Blair, and Conrad Miller, "Institutions Versus Policies: A Tale of Two Islands." *American Economic Review*, Vol. 99, No. 2, 2009.

Huntington, Samuel P., *Political Order in Changing Societies*, New Haven: Yale University Press, 1968.

Huntington, Samuel P., "Political Development and Political Decay." *World Politics*, Vol. 17, No. 3, 1965.

Jefferson, Gary H., and Thomas G Rawski. "Enterprise Reform in Chinese Industry." *The Journal of Economic Perspectives*, Vol. 8, No. 2, 1994.

Lampton, David M., "The Implementation Problem in Post-Mao China." in David M. Lampton, Eds, *Policy Implementation in Post-Mao China*, Berkeley: University of California Press, 1987.

Levenson, Joseph Richmond, and Franz Schurmann, *China: An Interpretive History, from the Beginnings to the Fall of Han*, Berkeley: University of California Press, 1969.

Levitsky, Steven, and Maria Victoria Murillo, "Variation in Institutional Strength." *Annual Review of Political Science*, Vol. 12, 2009.

Li, Hongbin, and Li-An Zhou, "Political Turnover and Economic Performance: The Incentive Role of Personnel Control in China." *Journal of Public Economics*, Vol. 89, No. 9 - 10, 2005.

Li, David D., "Changing Incentives of the Chinese Bureaucracy." *The American Economic Review*, Vol. 88, No. 2, 1998.

Lieberthal, Kenneth, *Governing China: From Revolution through Reform*, New York: W. W. Norton, 1995.

Longman Dictionary of Contemporary English, Harlow, England: Pearson/Longman, 2009.

Lü, Hsiao-po, and Elizabeth J. Perry, *Danwei: The Changing Chinese Workplace in Historical and Comparative Perspective*, Armonk, N. Y.: M. E. Sharpe, 1997.

Ma, Liang, "Site Visits, Policy Learning, and the Diffusion of Policy Innovation: Evidence from Public Bicycle Programs in China." *Journal of Chinese Political Science*, Vol. 22, No. 4, December 2017.

Mantzavinos, C., Douglass C. North, and Syed Shariq, "Learning, Institutions, and Economic Performance." *Perspectives on Politics*, Vol. 2, No. 1, 2004.

Mei, Ciqi, and Zhilin Liu. "Experiment-based Policy Making or Conscious Policy Design? The Case of Urban Housing Reform in China." *Policy Sciences*, Vol. 27, No. 3, 2014.

Mertha, Andrew, " 'Fragmented Authoritarianism 2. 0': Political Pluralization in the Chinese Policy Process." *The China Quarterly*, Vol. 200, December 2009.

Naughton, Barry, *Growing Out of the Plan: Chinese Economic Reform, 1978 - 1993*. New York, NY: Cambridge University Press, 1995.

Nolan, Peter, *State and Market in the Chinese Economy: Essays on Controversial Issues*. Houndmills, Basingstoke, Hampshire: Macmillan Press, 1993.

North, Douglass Cecil, and Robert Paul Thomas, *The Rise of the Western World: A New Economic History*, Cambridge [Eng.]: University Press, 1973.

North, Douglass C., *Institutions, Institutional Change and Economic Performance*, Cambridge, Cambridge University Press, 1990.

North, Douglass C., *Structure and Change in Economic History*, New York, W. W. Norton, 1980.

North, Douglass C., "Economic Performance through Time", *The American Eco-

nomic Review, Vol. 84, No. 3, 1994.

North, Douglass C., "Five Propositions About Institutional Change." in Jack Knight and Itai Sened, Eds, *Explaining Social Institutions*, Ann Arbor: University of Michigan Press, 1995.

North, Douglass C., "Institutions and Economic Growth: An Historical Introduction." *World Development*, Vol. 17, No. 9, 1989.

North, Douglass C., "Some Fundamental Puzzles in Economic History/Development." in W. Brian Arthur, Steven N. Durlauf and David A. Lane, ed., *The Economy as an Evolving Complex System II*, London: Addison-Wesley, 1997.

Oikawa, Shin, "Application of Beutel's Experimental Jurisprudence to Japanese Sociology of Law." *Nebraska Law Review*, Vol. 39, 1960.

Penner, Andrew M., Thurston Domina, Emily K. Penner, and AnneMarie Conley. "Curricular Policy as a Collective Effects Problem: A Distributional Approach." *Social Science Research*, Vol. 52, No. July, 2015.

Peters, B. Guy, *Institutional Theory in Political Science: The New Institutionalism*, London; New York: Pinter, 1999.

Raymond, Walter John, *Dictionary of Politics: Selected American and Foreign Political and Legal Terms* (7th ed.), Lawtenceville, Virginia: Brunswick Publishing Corporation, 1978.

Robson, Reginald A. H., "Review: Some Potentialities of Experimental Jurisprudence as a New Branch of Social Science." *The University of Chicago Law Review*, Vol. 26, No. 3, 1959.

Sabel, Charles F., and Jonathan Zeitlin, Charles F. Sabel and Jonathan Zeitlin, "Learning from Difference: The New Architecture of Experimentalist Governance in the EU." in Charles F. Sabel and Jonathan Zeitlin, Eds, *Experimentalist Governance in the European Union: Towards a New Architecture*, Oxford: Oxford University Press, 2010.

Sabel, Charles F., and Jonathan Zeitlin, Eds, *Experimentalist Governance in the European Union: Towards a New Architecture*, Oxford: Oxford University Press, 2010.

Sabel, Charles F., and Jonathan Zeitlin, "Experimentalism in the EU: Common Ground and Persistent Differences." *Regulation & Governance*, Vol. 6, No. 3, 2012.

Sabel, Charles F., and Jonathan Zeitlin, "Learning from Difference: The New

Architecture of Experimentalist Governance in the EU." *European Law Journal*, Vol. 14, No. 3, 2008.

Schubert Jr., Glendon A., "Review: *Some Potentialities of Experimental Jurisprudence as a New Branch of Social Science.*" *Administrative Science Quarterly*, Vol. 2, No. 2, 1957.

Scott, James C., *Seeing Like a State: How Certain Schemes to Improve the Human Condition Have Failed*, New Haven [Conn.]: Yale University Press, 1998.

Shirk, Susan, *The political logic of economic reform in China*, Berkeley: University of California Press, 1993.

Smith, A. J., "Public Health in China." *The British Medical Journal*, Vol. 2, No. 5917, 1974.

Soulsby, Anna, and Ed Clark, "The Emergence of Post-Communist Management in the Czech Republic." *Organization Studies*, Vol. 17, No. 2, 1996.

Thelen, Kathleen Ann, and Sven Steinmo, "Historical Institutionalism in Comparative Analysis." in Sven Steinmo, Kathleen Ann Thelen and Frank Longstreth, Eds, *Structuring Politics: Historical Institutionalism in Comparative Analysis*, , Cambridge; New York: Cambridge University Press, 1992.

Tsai, Wen-Hsuan, and Nicola Dean, "Experimentation under Hierarchy in Local Conditions: Cases of Political Reform in Guangdong and Sichuan, China." *The China Quarterly*, Vol. 218, 2014.

United Nations Development Programme, *Human Development Report* 2002, New York; Oxford: Oxford University Press, 2002.

Volden, Craig, "States as Policy Laboratories: Emulating Success in the Children's Health Insurance Program." *American Journal of Political Science*, Vol. 50, No. 2, 2006.

Wakeman, Frederic E., *Policing Shanghai 1927 – 1937*, Berkeley: University of California Press, 1995.

Walder, Andrew G., *Communist Neo-Traditionalism: Work and Authority in Chinese Industry*, Berkeley: University of California Press, 1986.

Wang, Shaoguang, "Adapting by Learning: The Evolution of China's Rural Health Care Financing." *Modern China*, Vol. 35, No. 4, 2009.

Weyland, Kurt, "Toward a New Theory of Institutional Change." *World Politics*, Vol. 60, No. 2, 2008.

White, Tyrene, "Implementing The 'One-Child-Per-Couple' Population Program in Rural China: National Goals and Local Politics. " in David M. Lampton, Eds, *Policy Implementation in Post-Mao China*, Berkeley: University of California Press, 1987.

Whyte, Martin King, and William L. Parish, *Urban Life in Contemporary China*. Chicago: University of Chicago Press, 1984.

Widerquist, Karl, and Michael Wayne Howard, *Exporting the Alaska Model: Adapting the Permanent Fund Dividend for Reform around the World*. New York, NY: Palgrave Macmillan, 2012.

Wittfogel, Karl August, *Oriental Despotism: A Comparative Study of Total Power*, New Haven, Conn. : Yale University Press, 1957.

Zhang, Yongmei, and Bingqin Li, "Motivating Service Improvement with Awards and Competitions: Hygienic City Campaigns in China. " *Environment and Urbanization*, Vol. 23, No. 1, 2011.

Zhu, Xufeng, and Hui Zhao, "Experimentalist Governance with Interactive Central-Local Relations: Making New Pension Policies in China. " *Policy Studies Journal*, forthcoming.

Zhu, Xufeng, "Inter-regional Diffusion of Policy Innovation in China: A Comparative Case Study. " *Asian Journal of Political Science*, Vol. 25, No. 3, 2017.

Zweig, David, "Context and Content in Policy Implementation: Household Contracts and Decollectivization, 1977 – 1983. " in David M. Lampton, Eds, *Policy Implementation in Post-Mao China*, Berkeley: University of California Press, 1987.

致　　谢

书的致谢有长有短，不过对我而言，必须要写得长一些。我算是个"半路出家"走向学术道路的人，这不仅涉及专业更换，还有职业发展道路的变化；其间有太多运气的成分。能够遇到众多关心和帮助我的人，就是运气的主要组成部分。虽然他们的名字很难在这篇致谢中被囊括，但有些人是我必须要在这里提出并表达我的感激之情的。

这本书是由我在香港中文大学政治与行政学系的博士论文的基础上修改而成。我要感谢我的多位师长在论文写作过程中给予的指导、关心和帮助。这其中首先是我的博士生导师王绍光教授。在我读博的三年时间里，他渊博的学识、开阔的思路、敏锐的洞察力，以及包容的胸怀都令我钦佩不已。他不仅大度地允许我数次更换研究题目，而且在选题和写作方面总能给我高屋建瓴般的指导。他虽事务繁忙，却不吝惜时间为我们答疑解惑。即将成书之际，他还欣然答应为书作序。可以说，这篇论文从选题到成稿都凝聚着王老师诸多的心血。其次，我要向中文大学政治与行政学系的其他老师，尤其是李连江老师、詹晶老师、曹景钧老师、吴逢时老师等表达我的敬意。他们的言传身教，将会让我受益终生。我特别要感谢曹景钧老师在如此繁忙的情况下，仍欣然同意担任我的论文答辩委员会成员。这里，我还要感谢南京大学政府管理学院黄健荣教授长期以来对我的关心和指导。此外，我还需要特别感谢南开大学周恩来政府管理学院杨龙教授能在百忙之中担任我论文的校外评审。也请清华大学公共管理学院崔之元教授、南京大学政府管理学院的魏姝教授、扬州大学法学院王毅教授、北京师范大学经济与资源管理学院院长李晓西教授、广西大学法学院魏敦友教授、中山大学政务学院刘军强教授、时任德国特里尔大学的韩博天教授(Sebastian Heilmann)、哈佛大学肯尼迪政府学院原博士候选人 Christopher Carrigan，以及清华大学公共管理学院原博士生贾开和高臻同学接受我的谢意，因为他们的热心帮助为我论文的写作提供了很多非常有价值的资料。

同样需要致谢的是我在南京十年的求学、工作和生活经历中结识的众多亲朋好友,尤其是朱敏勇夫妇、王忠耀夫妇、徐劲松夫妇、徐翠茹夫妇、张洁、郑智敏、赵德威、邓树升、严黎坚、马晶、廖锋江、陈宝胜、杨欣文、王峰、纪洵、于陆军、朱东君、王松、祁淑琴、唐南慧、周文、刘晓舟、孟凡菊等等。他们给予我的亲情和友情,与其他难以言表的学习、工作和生活的片段交织在一起,构成了那些年我的成长经历中最美好的回忆。这其中,朱敏勇先生作为对我后天的性格及三观养成影响最大的人,在那些年的人生道路上给予了我莫大的关心和灯塔式的教导。在我心里,他早已是像父亲一样的存在。在修改这本书稿的时间里,他先后两次因病住院,我衷心地希望他能长命百岁。这里还要特别感谢我原来的同事赵阳,他作为城管执法部门的一线执法人员,不仅身体力行地宣传和推动城管执法体制的完善,并在我博士论文写作期间提供了大量的文献资料和信息,还在此书稿修改期间仔细阅读了全文,并指出了诸多错漏之处。

其次,我还要感谢香港求学期间遇到的热心朋友,他们包括中文大学政治系的助教和工作人员,特别是江秀华、焦桂芬、陈羡英、黎志荣四位。他们耐心细致而又高效的工作,为大家创造了如此温馨的学习环境。我也要感谢香港中文大学研究生院和政治与行政学系为我的田野调查慷慨提供了资金支持。在香港能与以下同学同窗学习是我的荣幸:欧树军、汪卫华、樊鹏、刘鹏、褚洧、段海燕、魏英杰、夏瑛、蒋璐、李明坤、彭林、梁雪村、Alexander Korolev(萨沙)、张献华、袁效贤、马柏华、史焕高等。他们在整个论文写作过程中给我提供了很多富有见地的点评和建议。我也感谢香港中文大学中国研究服务中心的工作人员周全的工作,那里众多的资料为我的研究提供了极大的便利。

再次,我要感谢我在上海交通大学国际与公共事务学院任教期间所结识的前辈和同事。他们的宽容和帮助,使得我能较好地完成了从学生到教师的角色转换。我也要感谢我曾任教的重庆大学人文社会科学高等研究院的领导和同事们,是他们的努力营造了一个如此温馨和富有激情的集体。我还要感谢我现在任职的山东大学政治学与公共管理学院的领导和同事们,在我2016年前后面临工作调动的窘迫之时,承蒙诸位的不弃收留了我;能在这个团结的大家庭继续从事我热爱的教学和科研,是我的又一大幸运。

本书是国家社科基金后期资助项目(项目号:15FZZ013)的最终成果;在此书的修改和完善过程中,我还受到了重庆大学中央高校基本科研业务费专项资金,以及山东大学青年学者未来计划项目的经费支持,这里我一并表示感谢。本书的部分内容,先后有幸刊载于《马克思主义与现实》《国外社会科学》《国外理论动态》《中大政治学年度评论·2015》《中国社会科学报》《中国城市研究》等期刊报纸。我衷心地感谢以上书刊的各位编辑老师对拙文的抬爱！

我还要感谢所有接受我访谈的各界人士，是他们的不吝赐教使我论文的写作和书稿的修改建立在了丰富的信息之上。出于匿名的原因，他们的名字不能直接出现在这里，我只能通过这种方式向他们表达我的谢意。当然，书中所有的错漏之处，文责全应由我一人承担。

我也要特别感谢中国社会科学出版社的赵丽老师在课题申请和结项、书稿出版过程中给予的悉心指导和热心帮助；没有她，这本书既不可能获得国家社科基金的资助，也不可能顺利得以出版。

最后，我要把这本书献给我的父母和两个姐姐。过去20年里，常年在外求学和工作的我，与他们总是聚少离多；每每念起"父母在不远游"的古训时，总令我深感愧疚！在有记忆以来的30多年时间里，亲人们的关心一直是我前进的动力，也使我在很多时候总能感到自己并不是形单影只地走着。

李 振

2019年3月31日于青岛